魂振り

琉球文化・芸術論

高良勉

未來社

魂振り——琉球文化・芸術論　目次

第一部　琉球文化論

第二部　琉球芸術論

絵画批評・展評

第三部　比較文化論

魂振り——琉球文化・芸術論

装幀——高麗隆彦

第一部　琉球文化論

琉球王国と世界遺産

1

沖縄県の世界遺産について知っていますか。二〇〇〇（平成十二）年十二月二日、沖縄県の七市町村・九つの遺跡が「琉球王国のグスク及び関連遺産群」としてユネスコによる世界遺産に登録された。九つの遺跡とは、首里城跡《しゅりじょうあと》、今帰仁《なきじん》城跡、座喜味《ざきみ》城跡、勝連《かつれん》城跡、中城《なかぐすく》城跡の五つのグスク。そして、園比屋武御嶽《そのひゃんうたき》石門、斎場《せーふぁ》御嶽の二ヵ所のウタキ。それに、王家の陵墓である玉陵《たまうどぅん》と庭園の識《しき》名《な》園である。これらの遺跡が「琉球王国のグスク及び関連遺産群」として人類共有の世界遺産になったのである。

私は、沖縄県教育庁文化課の職員としてこの世界遺産登録事業を担当する機会に恵まれた。そこで、登録過程から見ることのできた沖縄県の世界遺産の価値と特徴について以下に紹介してみたい。

まず「琉球王国のグスク及び関連遺産群」は、どのように評価されて世界遺産に登録されたかをふり返ってみよう。周知のように、ユネスコの世界文化遺産登録の基準は六項目あり、今回の登録には

ⅱとⅲとⅵが適用された。その第ⅱ項とは「ある期間を通じて、又はある文化圏において、建築、技術、記念碑的芸術、町並み計画、景観デザインの発展に関し、人類の価値の重要な交流を示すもの」（世界遺産委員会「世界遺産条約履行のための作業指針」）である。

この第ⅱ項によって、沖縄県の世界遺産は日本列島最南端の島嶼という地理的特性をもった琉球「文化圏において」日本や中国、朝鮮、東南アジア諸国との「人類の価値の重要な交流」の過程で成立した独立琉球王国の特異性を示す文化財であることが高く評価されたのである。

また、登録基準の第ⅲ項は「現存する、又は消滅した文化的伝統又は文明の唯一の又は少なくとも希な証拠となるもの」となっている。今回の世界遺産は、琉球王国という「消滅した文化的伝統」が明確に存在したことを示す「唯一の証拠」として評価されたのである。とりわけ、首里城跡をはじめとする五つのグスク群は、十五世紀に統一琉球王国が成立する歴史、文化の過程を示す重要な考古学的遺跡であると評価された。

これらの高い評価によって、琉球王国の歴史、文化的存在が世界に広く発信され知られるようになった。このことの意義はきわめて大きい。これによって、今後の沖縄、日本の歴史が変化せざるをえない、と言っても大げさではない。

というのも、いままで独立琉球王国の存在とその意義については真正面から充分に評価され認識されてはこなかったからである。とりわけ、日本本土においては一九七二年の沖縄返還まで、琉球王国の歴史は無視されるか、正しく評価されてこなかった。信じられないような話だが、一九七〇年代までは「琉球王国など存在しなかった」と主張する学者たちもいた。「あれは中国の属国でしかなかった」「いや、あれは薩摩の属国だった」という議論がまかり通っていたのである。

しかし、琉球王国は十五世紀後半から一八七九年まで、まちがいなく存在していた。しかも、約四五〇年余も続いたアジアでは長命な方の王国だったのである。それが世界文化遺産として登録された現在、「琉球・沖縄の歴史と文化」ぬきでは、もはや「日本の歴史と文化」は語れなくなっているのだ。

2

世界遺産「琉球王国のグスク及び関連遺産群」の中核をなすのは、首里城跡をはじめとする五つのグスクである。

グスクには「城」という漢字が当てられたりしているが、琉球独特の史跡である。それは、日本本土の城郭とは異なる性質をもっている。もちろん、中国やヨーロッパのような「城塞都市」でもない。グスクも、その発生から現在まで歴史的に変化してきたが、簡単にまとめると古代集落から城塞、そして信仰の対象である聖域としての特徴を包摂してきた。それゆえ、ほとんどのグスクの内部に御嶽とよばれる聖域が存在する。

考古学の成果によると、琉球のグスクのような山城型の城郭の発生は日本本土より早いと言われている。周知のように、石垣をもつ山城型の城郭が誕生したのは一五七六年に織田信長が安土城を築城した時からだということである。ところが、今帰仁城跡は遅く見積もっても十三世紀末には築城が始まっている。琉球のグスクの築城技術の方が約二、三百年も早いのだ。

しかも、グスクの石垣は上から見ると波線のように曲線的に積まれている。これは、姫路城や大坂城など本土の城壁が直線的に積まれているのと大きく異なる特徴である。ただし、なぜ曲線的に積まれているのかは、研究者の間でも論争中でまだ定説はない。一方、石垣の積み方は初期の「野面《のづら》積み」と呼ばれる方法から「布積み」「相方《あいかた》積み」と技術的にきわめて高い水準まで発展している。

このようなグスクが、北は奄美諸島から南は八重山諸島まで琉球弧には多数存在する。沖縄県内だけの調査でも、すでに三四〇ヵ所以上の遺跡が確認されている。世界遺産に登録された五つのグスクは、そのなかの代表的な史跡なのだ。

すべてのグスクが、興味深い個々の歴史をもっている。だが、今回の世界遺産登録にあたっては、十五世紀に統一琉球王国が成立する歴史、文化の過程で重要な考古学的遺跡と評価された五つのグスクが選ばれたのである。

まず、今帰仁城跡は琉球の三山時代（北山《ほくざん》、中山《ちゅうざん》、南山《なんざん》）の北山国王の居城であった。したがって、一四一六年に北山王国が滅ぼされるまでの王府だったのである。座喜味城跡は、北山の旧勢力を見張る目的で、一四二〇年代に護佐丸按司《ごさまるあじ》によって造営されたと言われている。

勝連城跡は、統一琉球王国が安定していく過程で、最後まで国王に抵抗した有力按司の阿麻和利《あまわり》の居城であった。中城城跡は、その阿麻和利を牽制するために、王命で護佐丸を座喜味城跡から移住させて増強させたグスクであった。

これらのグスクの歴史が、すべて琉球国王の居城であった首里城跡に収斂していくのである。首里城跡は、言うまでもなく一八七九年まで王国の政治、経済、外交、文化の中心的役割を果たしたのであった。

これら、五つのグスクをはじめとする九つの世界遺産が、すべて技術的に優れた石造建造物であることも大きな特徴である。したがって日本本土の世界遺産が「木の文化」であるのに対し、沖縄県のそれは「石の文化」とも呼ばれている。その代表であるグスクは、いまや世界遺産として世界じゅうの事典に「GUSUKU」として掲載されつつある。

3

世界遺産「琉球王国のグスク及び関連遺産群」は、沖縄県の七市町村に所在している。一県の中で七市町村にまたがって登録された世界遺産は日本国内では前例がなく、これも大きな特徴の一つだ。そして、九つの遺産群のなかには、グスク以外に御嶽が二ヵ所と陵墓や庭園が含まれている。御嶽とは、自然崇拝と祖先崇拝が結合した琉球独特の御嶽信仰の聖域である。

園比屋武御嶽石門は首里城跡の一部でもあり、第二尚氏王統・第三代の尚真王《しょうしん》（在位一四七七〜一五二六年）によって創建された石造建造物である。その門と背後の樹林地が園比屋武御嶽と呼ばれる聖域で、国王の行幸をはじめ、王族の城外への旅立ちのときに最初に参拝する御嶽であった。

斎場御嶽は、沖縄島南部の知念村に所在するが、久高島とともに琉球王国の国家的な祭祀の場として重要な役割を果たした。そのなかでも、聞得大君《きこえおおきみ》の就任儀式「御新下り《おあらお》」が行なわれた御嶽として有名である。聞得大君とは、琉球王国の宗教制度であったノロ制度における最高位の高級神女で国王の姉妹か王妃が就任した。斎場御嶽は「琉球地方に確立された独自の自然観に基づく信仰形態を表わす顕著な事例である」と高く評価された。自然の巨岩や樹木を中心に、独特の雰囲気をもった聖域となっている。

玉陵は、尚真王によって築かれた第二尚氏王統の陵墓である。琉球王国独自のデザインを示す石造建造物として国指定の重要文化財と史跡に指定されていた。墓室の配置や装飾、中庭に敷き詰められたサンゴ骨片の砂利などから、琉球独特の生死観や宗教観がうかがえる。

識名園は、一七九九年に造営された王家の別邸の庭園である。そのデザインと造園技術は、中国、日本、琉球の文化を融合させた貴重な事例として評価され、特別名勝（国宝級）にも指定されている。また、識名園は王族の保養の場として使われただけでなく、中国皇帝の使者であった冊封使たちを歓待する場としても活用され、琉球王国の外交面において重要な役割を果たした。

これらの関連遺産群は、世界遺産登録基準の第viが適用され高く評価された。基準第viは「顕著な普遍的な意義を有する出来事、現存する伝統、思想、信仰又は芸術的、文学的作品と、直接に又は明白に関連するもの」と規定されている。沖縄県の世界遺産は、そのなかでも「現存する伝統、思想、信仰」と「直接に又は明白に関連する」と評価されたのである。

とりわけ、御嶽や陵墓に見られる信仰や精神文化が住民の生活のなかに現存していることが注目された。また、識名園は琉球王国の文化を中心にした平和外交の伝統と思想のシンボルとしても評価されている。このように、世界遺産「琉球王国のグスク及び関連遺産群」は単に石造建造物の史跡・名勝が評価されただけでなく、今日まで継承されている伝統や精神文化面も重視されたのである。

その意義は、きわめて大きい。というのも、沖縄の伝統文化は明治時代から一九七〇年代まで、すべて日本本土に比べてレベルの低い遅れた文化だと評価されてきたからである。とりわけ、自然崇拝や御嶽信仰は「土俗の迷信」だと攻撃もされていた。世界遺産は、なによりも琉球文化の再評価と、沖縄県民に大きな自信と誇りをもたらした。しかも、それは戦前、戦後を通じてハワイやブラジルをはじめとする海外に「移民」で渡った世界じゅうの沖縄人へ広がりつつある。

世界遺産へ

沖縄の人々が、琉球王国時代から続いている自らの伝統文化に自信と誇りをもつようになってきたのは、いつ頃からだろうか。私の感受と記憶では一九八〇年代後半からだと思う。私が日本本土に留学した一九六〇年代までは、琉球諸島は米軍政府支配下の〈外国〉であった。私（たち）は本土社会で堂々と「沖縄人です」とは名乗れなかった。自分たちの伝統や琉球文化には劣等感をいだいていた。また、学校ではそのように教育され、琉球語を使用することも禁じられた。いま、私は偶然にも沖縄県教育庁文化課へ出向して記念物係として働いている。しかも、主な仕事は「琉球王国のグスク及び関連遺産群」をユネスコの世界遺産リストへ登録する作業だ。

周知のように、日本政府は昨年（一九九九年）六月「琉球王国のグスク及び関連遺産群」を世界遺産登録へ推薦した。グスクとは「城」の漢字をあてている。琉球弧では三百余のグスク遺構が確認されている。今回推薦されたのは今帰仁《なきじん》城跡、座喜味《ざきみ》城跡、中城《なかぐすく》城跡、勝連《かつれん》城跡、首里《しゅり》城跡、玉陵《たまうどぅん》、識名《しきな》園、園比屋武御嶽《そのひゃんうたき》石門、斎場《せーふぁ》御嶽の九資産である。

これらが世界遺産に登録されると、琉球弧の文化遺産は中国の万里の長城やエジプトのピラミッドのように、人類共有の文化遺産として普遍的価値が評価され、保護・活用されることになるのだ。

しかも、今回の推薦で注目すべきことは、琉球弧が固有の琉球王国を形成し独特な文化を継承してきたことと同時に、物質文化としてグスクの城壁に代表される石造建造物群と、精神文化として御嶽に代表される生きた固有信仰が高く評価されたことである。日本本土の文化の特徴を「木の文化」とすると、琉球文化のそれは「石の文化」と言えるだろう。

一方、琉球弧の生きた固有信仰とは日本古神道の基層とも比較される自然崇拝と祖先崇拝である。その信仰行事が行なわれる聖域が斎場御嶽に代表されるウタキなのだ。琉球弧ではどの村落共同体にも二、三ヵ所の御嶽があると言っても過言ではない。また、首里城跡をはじめどのグスクもウタキを内包している。そして、正月から始まって一年じゅう、村落単位で、あるいは氏族そろって、さらには個人でもウタキに参拝して祈願が行なわれている。琉球弧にはいまでも「ウタキからは石ころ一つ、草木一本も持ち帰ってはならない」というタブーが生きている。この生きた固有信仰が世界遺産に推薦されたのだ。

私たちは、文化庁の指導のもと、九資産が所在する市町村とともに登録作業を進めている。市町村の住民には、資産を保護するために「緩衝地帯（バッファゾーン）」を新たに指定するご協力をいただいた。すでにユネスコの世界遺産委員会への英文による申請書提出も終わり、一月の現地調査も乗り越えた。予定どおりにいけば、今年の十二月上旬には登録決定がなされるであろう。日本では十一番目の世界遺産が誕生するわけである。

この「琉球王国のグスク及び関連遺産群」が世界遺産登録されたとき、有形／無形の影響は大きいと思われる。

まず、世界じゅうの事典類に「琉球」「グスク」「ウタキ」という単語や項目が追加されていくだろう。すると、日本列島のなかには少なくともアイヌ文化、日本文化、琉球文化という三つの大きな文化の歴史があるという、日本社会の複合性／重層性が世界じゅうの人々に理解されていくだろう。

世界の沖縄人・琉球民族への影響は言うまでもない。琉球弧は世界地図や地球儀の上では針先ぐらいの点でしか示されていない群島である。それでも、約三〇万人の沖縄系人がブラジルやハワイ、ペルーをはじめとする海外へ移民して活躍している。海外移民の方々は、いままで自分のルーツを説明するときに困ることが多かったに違いない。

しかし、これからは「琉球」といえば「琉球王国のグスク及び関連遺産群」という世界遺産に代表される文化のある所さ、で説明できる時代が来る。自らの故郷に対する誇りと自信は、いよいよ強まっていくであろう。

地域の子どもたちへの教育効果も大きいだろう。自分たちが小さい頃から遊び、親しんできたグスクやウタキが世界遺産登録されて、学校の授業や生涯学習の場で教えられる時代が来るのだ。そして、諸外国から来訪する見学者にその歴史と文化を説明できる能力を身につけなければならなくなる。

私たちが「地域説明会」などをもったとき「ほんとにウチのムラのグスクが世界遺産としての値打ちがあるのでしょうか」という質問が多々あった。思えば、琉球弧の祖先たちは「琉球処分」「日本同化政策」「沖縄戦」「米軍支配」などと、歴史の激動をくぐりながら、よくぞ固有の文化遺産を保護し継承してくれたものである。

私は、この祖先たちや地域住民の御労苦に感謝しつつ登録作業に加わっている。自らが新しい文化を創造していく義務を忘れずに。

世界遺産登録

「琉球王国のグスク及び関連遺産群」が世界遺産に登録された。沖縄県が文化庁の指導のもと、関係市町村とともに八年間かけて準備してきた事業が大きく実を結んだのだ。

今回の世界遺産への登録は、まず政府・文化庁の推薦がなければ始まらなかった。さいわい沖縄の文化遺産は一九九二年（平成四）年、日本が世界遺産条約を批准した年に、政府が世界遺産センターに提出した「暫定リスト（十件）」に掲載されていた。そのときの名前は「琉球王国の城・遺産群」であった。

二年後の九四年に、沖縄県教育委員会は予算をつけて作業を開始した。関係市町村の教育委員会といっしょになって航空写真や地図などの資料を集めたり、「緩衝地帯（バッファゾーン）」に関する条例を制定してもらう等の準備作業を進めてきた。

それらの作業を基にして九八年に世界遺産推薦書の原案ができ、昨年（一九九九年）の六月二十五日に政府は「琉球王国のグスク及び関連遺産群」世界遺産登録推薦書をユネスコへ提出した。今年の一月にはイコモス（国際記念遺跡会議）から派遣された中国のグォ・チャン（郭旃）先生による現地審査があった。そして、六月には、世界遺産委員会のビューロー会議での審査があって、やっと十一月三十日、オーストラリア・ケアンズで開かれた世界遺産委員会で登録決定されたのである。

ところで、どんな文化財でも世界遺産に推薦されるわけではなく、次のような五つの条件をクリアしなければならない。

第一に「顕著な普遍的価値を有すること」。第二に「国内法によって保護されていること」。つまり国指定の文化財であること。第三に「材料、意匠、技術、環境の真実性を有すること」。第四に「不動産であること」。第五に「緩衝地帯（バッファゾーン）が設定されていること」。

わかりやすく言うと、国指定の重要文化財や史跡、名勝であれば、第二、第三、第四の条件は満たすことができる。したがって、問題は第一、第五の条件をクリアすることができるかどうかにかかってくる。

第五の条件にある「緩衝地帯（バッファゾーン）」とは、世界遺産をゆで卵の中身に喩えると、黄身に相当する史跡や名勝などのコアの指定範囲を、さらに大切に保護するための白身の部分に当たる。この領域も条例等の法律で指定してもらわねばならなかった。

さらに今回の世界遺産登録ではユネスコの「登録基準」に基づいて厳密に審査され、「琉球が統一国家へ向け胎動を始めた十四世紀後半から、王国が確立したあとの十八世紀末にかけて生み出された、琉球地方独自の特徴を示す文化遺産群」が「顕著な普遍的価値を有している」と高く評価されたわけである。

したがって、五つのグスクと四つの関連遺産からなる「琉球王国のグスク及び関連遺産群」は有機的な関連性をもち、どれ一つとして欠くことのできない世界遺産となったのである。

琉球弧の文化財が世界遺産に登録されて、私は大きな喜びと誇りを感じると同時に、厳しい緊張感に包まれている。

このたび「琉球王国のグスク及び関連遺産群」が世界遺産になったということは、九つの遺産が人類全体の宝物になったということであり、同時に私たち住民は人類全体に対し、これらの遺産を恒久的に保護・活用していく責務を負うたわけである。

すると、これからの琉球弧では「人類全体への責務」に対する創造力や思想力が試されていくことになる。その創造力や思想力は、地域の利益、沖縄県の利益、日本国家の利益という狭い枠を超えて発想されなければならない。そして最終的には、地域住民という人類の幸福にも還元されなければならない。私が二十数年前に書いた「私たちは琉球弧から垂直に世界へ飛翔するのだ」という夢が実現したのである。

ただし、世界遺産に登録されても五、六年に一度のモニタリング（監視）制度によるチェックが待ち受けている。はたして数年後に「世界遺産に登録されてよかったね」と素直に喜んでいただけるかどうか。これからの、地域住民と行政が一体となった努力が問われてくるのである。

そのためにも、世界遺産を琉球弧の住民がどのように保護し、活用していくのか、あらゆる人々が、あらゆる機会に議論し実践していく必要がある。そのときの基本的姿勢は、私たちのオジー、オバーたちが口癖のように言っていた「くゎうまがぬたみ（子々孫々のため）」という視点が重要だと思う。

したがって、世界遺産をはじめとする文化財を、指定されたとき以上に立派にして、次の世代へ継承させていかなければならない。大人たちが模範を示すと同時に、児童生徒への教育・普及を第一に考えていかなければならないと思う。さいわい、関係市町村をはじめとする地域では、郷土史学習など一覧表に収まらないぐらいの多様な取り組みが行なわれている。その豊富な経験の蓄積を、点から線へ、線から面へと拡大していきたいものだ。

世界遺産登録へ向けて

奄美諸島の貴重な自然が、世界遺産に推薦されようとしている。屋久島に続いて、世界自然遺産に登録されれば画期的であり、こんな嬉しいことはない。そして、世界自然遺産登録が琉球諸島全域へ連動することを祈っている。

私は、一九九八年から沖縄県教育庁文化課へ異動して世界遺産登録係の一員になった。そして、二〇〇〇年に「琉球王国のグスク及び関連遺産群」を世界文化遺産に登録することに成功した。周知のように、この世界文化遺産は今帰仁《なきじん》城跡、座喜味《ざきみ》城跡、中城《なかぐすく》城跡、勝連《かつれん》城跡、首里《しゅり》城跡の五つのグスクと、斎場御嶽《せーふぁうたき》、園比屋武《そのひゃん》御嶽石門、玉陵《たまうどぅん》、識名《しきな》園という四つの御嶽や陵墓、庭園の文化財から構成されている。それらを登録していく過程の経験を述べて、奄美諸島の世界自然遺産登録実現への一助にでもなればと思っている。

世界遺産登録へ向けて、最も大切なことは地元住民の自然や歴史・文化に対する愛情と自信と誇りである。世界遺産に登録するからには、住民は自然や文化を子々孫々にまで永久に保護すると同時に、人類共有の財産として守り抜く決意をもち表明しなければならない。

具体的には、県の行政機関と地元市町村の担当者、そして地域住民が何度も「住民説明会」をもち、自然や文化財の保護と活用について協議し、その合意事項を公表する必要がある。私たちの登録作業の約三分の一は、この「住民説明会」を重ね、地元市町村に関連条例を制定してもらうことだった、と言っても過言ではない。私たちは、地元の市町村議会に「世界遺産登録区域（コアゾーン）」とその周辺の乱開発を防止する「緩衝地帯（バッファゾーン）」に関係する条例を制定していただいた。これらの条例こそ、地元住民が全人類へ約束する決意表明だと言ってよい。したがって、奄美諸島も「屋久島憲章」等を参考にして自主・主体的に議論を蓄積する必要がある。

一方、世界遺産登録のためには、ユネスコの世界遺産委員会の審議に合格しなければならない。そのためには、現地での事前審査を受ける義務がある。自然遺産の場合は、国際自然保護連合（IUCN）がこの事前審査を委託されており、科学者などを現地に派遣して厳格な現地調査報告を含む「評価報告書」を作成し提出している。

それゆえ、登録作業の約三分の一はこの現地調査への準備と対応が中心となった。沖縄県の世界文化遺産には、イコモス（ICOMOS）から調査官が派遣され九ヵ所の文化財に対し厳格な現地調査が行なわれた。

現地調査では、まずなによりも「世界遺産登録申請書」の内容と現地の状況が一致しているかどうか、が重視された。そのなかでも、世界遺産登録予定地域のコアゾーン保護状況が厳しくチェックされた。また、バッファゾーンの制定状況や面積にも質問が集中した。バッファゾーンでの乱開発や原子力発電所の建設等が指摘されて不合格になった事例もあるという。調査では、自然・文化財保護区の活用方法についても質問された。世界遺産は、住民によって保護されると同時に有意義に活用することが求められている。

したがって、奄美諸島の自然遺産をどのように保護し活用すべきかを活発に議論し実行することが重要になる。できれば、行政機関だけでなく民間の自然保護団体などが中心になった方が望ましい。沖縄県では、那覇市の「案内親方」や知念村の「文化財愛護少年会」など地元の住民が積極的に活動している。

私たちはいま、沖縄県の北部・ヤンバル地区を世界自然遺産に推薦させる住民運動に取り組んでいる。しかし、ヤンバルには米軍基地が多く前途は厳しいものがある。その点から言っても、奄美諸島が先行的に世界自然遺産に登録される意義は大きい。そして、私たちは奄美の世界自然遺産に続きたいと願っている。

❖文化遺伝子論

琉球文化の可能性

一、「文化遺伝子」という新概念

♪うみ童　しかち　なまどぅ　うみ知ゆる　昔わん守てる　人ぬ情け（子守歌）
歌意（愛する子どもを　子守して　いまこそ　思い知った　昔わたしを　子守して育ててくれた
あの人たちの情けを）

琉球弧の文化状況は、いま相対的にエネルギッシュで元気である。創造的で活動的でパワーがある。ここ半年（一九九六）に、私の身近で起こった文化的に注目すべきことがらでも、一月に友人の又吉栄喜が「豚の報い」で第百十四回芥川賞を受賞した。又吉の外にも、芥川賞候補になった崎山多美や小浜清志ら有望な作家がひかえている。

七月には、喜納昌吉《きなしょうきち》とチャンプルーズがアトランタ・オリンピックのアートフェスティバルに「アジアの輪および日本の代表として招待」され、「すべての人の心に花を／すべての武器を楽器に」

をテーマに公演活動を成功させてきた。琉球弧の音楽界は海勢頭豊《うみせどゆたか》や知名定男《ちな》をはじめ、「ネーネーズ」や「りんけんバンド」「ディアマンテス」など、さまざまな個人やグループが精力的な活動を展開している。

伝統的な琉球文化も活発である。琉球芸能や空手などは相変わらず国際的に高い評価を受け国内外での公演を行なっている。日本の民謡大会では奄美群島代表が連続して日本一になったというニュースも聞いている。とくに最近は、各地域でエイサー踊りや民俗芸能が盛んになっている。

このような創造力やエネルギーはどこから出てくるのであろうか。

従来それは「伝統文化の力」などと評価されてきた。しかし、私はこの伝統文化を「文化遺伝子」という新しい概念で読み換えてみようと考え、その作業を続けている。つまり伝統文化のなかに遺伝子的な力をもっている素因を発見しようというわけである。

周知のように、あらゆる生命体はＤＮＡという遺伝物質をもっている。この遺伝子は遺伝情報を伝達すると同時に、環境の変化によって、変容したり、組み換えが行なわれる。また遺伝子どうしの雑種交配も行なわれる。

このＤＮＡ遺伝子をモデルにして、文化や精神、観念の継承や創造の問題が考えられないか、どうか。これが「文化遺伝子」という新概念にたどり着いた、私の問題意識であった。

もし、「文化遺伝子」という新概念を認めてもらえれば、従来の伝統文化に対する評価や伝統と創造の問題に、かなり自由な新しい領域が開かれる可能性がある。

たとえば、伝統文化というと、保存や継承の面が重視されて、保守的になりがちである。これに対し、「文化遺伝子」という概念は、継承はもちろんだが、変容や、創造による組み換えを大胆に肯定することができる。

また、伝統文化はどうしても一地方や一国家の枠に閉じ込もりがちであるが、「文化遺伝子」だと、遺伝子情報としてグローバルに交流が可能である。

さらに、「文化遺伝子」という概念の方が時間的には何千年や何万年というスパンで分析することができるようになる。伝統文化という概念がもつ時間的尺度よりも長くなるのは明らかであろう。

それでは、「文化遺伝子」の具体的イメージはどうなるのか。ＤＮＡなら物質として実体があるから取り出して見せることが可能だが、「文化遺伝子」は実体と観念にまたがっているから、いまのところイメージで提示することしかできない。

その事例を琉球弧の文化のなかから取り出してみよう。

二、琉球民族文化の代表的特徴

♪夜走らす　舟や　子の方星　目あてぃ　わんなちぇる　親や　わんどぅ　目あてぃ（ちんさぐぬ花）

歌意（夜の航海をする　舟は　北極星を　目当てにする　私を産んでくれた　親は　私が　目当てなのだ）

琉球文化のなかで「文化遺伝子」として貴重なものは、血液中のＧｍ遺伝子のようにまず数万年の時間に耐えて残ってきたものから考え、観察しなければならない。

周知のように、日本最古の人骨化石は沖縄島の南部・具志頭《ぐしかみ》村の港川《みなとがわ》区で発見され「港川人」と命名されている。年代的には一万六千年以上前の人骨化石だと言われている。すると、この琉球弧には少なくとも一万六千年以前から人類が住み着き、それは現在まで連綿と歴史を積み重ねてきたと仮定する。

すでに、現在の「サル学」の研究成果が示すところによれば、ゴリラやチンパンジーなどの類人猿の段階から一定程度の文化生活を営んでいることが知られている。すると、「港川人」から現在まで、琉球弧には一万数千年以上の文化的蓄積があるはずだ。

その長い歴史に耐えて蓄積された文化とは何か。それを研究し、明らかにしていくのが文化人類学や民俗学などの課題だと言えるだろう。そして、その原初から現在までの文化的蓄積の諸相が観察しやすい場が、琉球弧の各シマ島の「神祭り」だと思う。私は、「神祭りこそ文化遺伝子のタイムカプセルだ」と考えている。

では、私がこれまでの「神祭り」を中心にしたフィールドワークと生活体験に基づいて観察し、考察してきた琉球民族文化の代表的特徴を述べ、「文化遺伝子」の具体像に迫ってみよう。

まず、原始から現在まで続いている古層文化として自然崇拝(アニミズム)の信仰が挙げられるだろう。それと祖先崇拝が琉球の信仰の二大特徴と言われている。

周知のように自然崇拝(アニミズム)は精霊への信仰が中心になっている。おもしろいことに、琉球語で精霊を表わす言葉は「サー」、「シー」、「スー」、「セー」、「ソー」という音で成りたっている。偶然なのだろうか。たとえば霊力は「セジ」と言い、木の精は「キーヌシー」と言い、精気がぬけることを「シーヌギトーン」と表現する。

そして、この精霊や、霊力は太陽、月、星をはじめ、風、水、火、土はもちろん、海、山、川、岩、石、草、木など、自然界の万物に宿っており「カミ」として崇拝されている。とりわけ、「ウタキ(御嶽)」や「カー(井泉)」などの聖域からは草木一本、小石一個持ち帰ってもだめというタブーが生きているし、むやみに汚したり、荒らしてはならない。

そして、これら太陽、月、星や風、水、火、土などの「カミ神」は、平等に大切にされ崇拝されているのである。それは、アマテラスオオミカミという太陽神を最高神とし、カミ神に階級制をしく天皇制の神道とは明らかに異なる信仰である。

また、自然崇拝や祖先崇拝には、教祖や教典などはないから、私はこれらを「宗教」とは区別して「信仰」と呼んでおきたい。英語では〈Religion〉＝宗教と〈Belief〉＝信仰を分けているのに倣いたいのである。

次に、琉球文化は独自の言語である琉球語をもっている。この琉球語も一万数千年の歴史をもっているにちがいない。現在は「琉球方言」などと呼ばれ日本語の一方言と分類されているが、琉球語はまだまだ正当に評価されていないと思う。

その琉球語は沖縄方言群と、宮古方言群、八重山方言群、与那国方言群に大きく分類されている。それらのなかでも宮古方言群がより古い基層の言語を保持していると思われるが、その研究の深まりはまだまだこれからである。

これらの琉球語によって、神話や神謡、琉歌や民謡が歌われ、表現され、琉球舞踊や沖縄芝居が支えられている。そして、琉球舞踊などの所作や身体表現のなかにも原始から伝えられてきた、身ぶりなどの文化を読み取ることができる。たとえば、琉球舞踊の〈基本の手〉と言われる「拝み手」や「こねり手」、「押す手」が祈りの所作に起源している、と私は確信している。

一方、社会的な価値観や行動儀式のなかに母系的な文化が、かなり強く残っているのも見逃せない。とりわけ女性の霊力への崇拝があり、「オナリ神信仰」はまだ生きている。家庭や地域共同体でも自然崇拝の神事の中心は女性たちであり、女性は男性を守る霊力（セジ）をもっていると信じられている。

また、共働きの伝統はごく自然に受け継がれている。これは儒教道徳や封建制度が、シマ島の末端まで徹底しなかったという歴史体験の影響もあるだろう。そして、共働きの伝統は女性の社会的地位を高めるうえで重要な意義をもっているように思われる。

さて、琉球文化の重要な特徴の一つに、〈雑種文化への自覚をもっている〉という点がある。琉球弧の人々は自分たちの生活や文化が東南アジアや中国、日本、朝鮮、太平洋、さらにはアメリカから強い影響を受けてきたことを自覚しており、むしろ誇りにしている。

そして、自らの文化の特徴を「チャンプルー文化」と呼んでいる。「チャンプルー」とは野菜や肉、豆腐などをごちゃまぜにして炒める料理の名前に由来している。まぜる主な材料名をとって「豆腐チャンプルー」とか「ゴーヤー（苦瓜）チャンプルー」とか呼んでいる。

したがって、「チャンプルー文化」とは混合文化とか雑種文化を意味しているのである。琉球弧の人々は自らの文化が雑種文化であり、しかもそれを琉球独特の文化にまで融合していることを誇りにしているのである。このことは、あらゆる分野で血統や純血、純粋さにこだわろうとする日本文化の傾向とは大いに異なる。それに、世界じゅうどこの地域の文化をみても雑種、混合文化である事実は普遍的である。

また、琉球文化は常に多様的で重層的であることを自覚している。八重山群島、宮古群島、沖縄群島、奄美群島の文化は共通の特徴をもちながら強烈な個性で、お互いに異なって多様である。言葉や歌や踊りをとってみても多様な個性を発揮している。

さらに、島嶼《とうしょ》社会であり、海洋民族性があるために、きわめて国際性に富んでいる。この特性は琉球王国時代に徳川幕府の鎖国制度には閉じ込められなかった、三百余年の歴史体験も大きく影響している、と私は考えている。

琉球弧の人々はシャイではあるが、外国の人々に対してかなりオープン・マインドである。その精神伝統を琉球語で「イチャリバ、チョーデー（出会ったそのときから、兄弟姉妹のようなものだ）」と表現している。

三、〈原種〉のなかの「文化遺伝子」

♪天と地やー　一かたみやー　海と山とー　二かたみやー　いやーとぅわんとー　けーうさーてぃ　うねひゃー　三かたみやさ（子守歌）

歌意（天と地は　一かつぎだね　海と山とは　二かつぎさ　あなたと私が　心と力を　合わせれば　ほらほら　三かつぎさ）

琉球弧の民族文化の特徴をいくつかあげながら、私は「文化遺伝子」の遺伝情報となる例を検討した。そこにあげた、信仰や言語、歌謡、舞踊などの最も古層から現在までの伝統と変容が集中して一挙に観られる時空が、ウタキを中心とした〈神祭り〉の場だと言えるだろう。

そして、起源も定かでない、八重山群島の「プーリヨイ（豊年祭）」や宮古群島の「ウヤーン（祖神祭り）」などの古い伝統を誇る〈神祭り〉に参加したり、見聞するたびに、琉球文化は〈人類文化の原種〉の一つであることを確信するのである。

私たちは日本列島における原種文化として琉球民族文化、アイヌ民族文化、そして縄文文化などを確認することができる。とりわけ、アイヌ民族文化は、かつて国家権力を形成しなかった分だけ、琉球文化よりより古層を保持していると思われる。

さいわい、私はいままでアイヌ民族とともに「アシリチェプノミのカムイノミ（新しい鮭を迎えるための神祭り）」や「チプサンケのカムイノミ（新しい舟おろしの神祭り）」、「チセのカムイノミ（新しい家の神祭り）」、「イチャルパ（祖先供養）」などに参加し体験することができた。

これらのカムイノミやアイヌ民族の生活・文化を見聞するたびに、琉球文化のもつ信仰と共通する部分をかなり体験し、発見することができる。とりわけ、アイヌ民族のライフスタイルがカムイノミを中心に展開されていることに深く感動した。

また、イヨマンテやアシリチェプノミなどに見られるように、アイヌ民族のアニミズムは現在でも力強く生きており、より徹底的だと思う。たとえば、アイヌ語には「自然」という概念を表わす言葉はないという。これは、琉球語にも共通しており、古代日本語もそうであっただろう。

アイヌ民族にとっては、山も海も、川も動物も植物もカムイであり、人間と切り離された「自然」

なるものは存在しないのだ。つまり、人間生活と対立したり、人間が征服したり開発する対象としての近代的「自然」なる概念は成立しなかったのである。

したがって、アイヌ民族の友人たちは「自然保護運動という発想法はおかしい」と言う。「人間がカムイである自然を保護するなんておこがましい。カムイが人間を保護しているのだ」というわけである。徹底した宇宙のリズムとの共生思想だと言えるだろう。

現在、アイヌ民族や琉球民族が保持している伝統文化は縄文文化のなかにも共通の部分が認められるだろう。それらの比較研究の課題はこれから始まるところだと言える。

そして、これらの共通部分は世界各地の先住民族の文化にも通ずることだろう。とりわけ古モンゴロイドの子孫である、アジアやアメリカの先住民族には。その先住民族たちが数万年かけて保持してきた伝統文化こそ、人類の文化の〈原種〉であり、そのなかの〈文化遺伝子〉に注目し大切にしたいものである。

すると、「世界遺産」というのは建造物や自然環境などの有形のモノに限定してはならない。神話や歌謡、音楽、踊りや信仰など、無形な文化も重視しなければならない。

さいわい、最近になって私たち琉球弧の人々の間からも「琉球民族は世界の先住民族の一員である」という意識や主張が明確に行なわれるようになってきた。すると琉球文化は単に日本国内の一地方文化にとどまることなく世界の先住民族文化の一つとして、どのような可能性をもっているかという視点から検討していかなければならない。

四、二十一世紀への可能性

落とし　越え　流せ
身体にまとわりつく
〈日本―琉球〉の錆びた観念
いま始まるか　〈わが神話〉への旅

（「越える」・詩集『越える』より）

筑波大学名誉教授の綾部恒雄によれば「現在、世界には三千数百の民族ないし民族集団が存在している。このうち少数民族とよばれる人々は三〇〇〇を下まわらないと思われる」（『世界の民』明石書店）ということだ。そのなかにさらに、先住民族が存在するのである。

すると、一九九二年現在、国連に加盟している国は一七八ヵ国であるから、近代国家はわずか一七八ヵ国で三〇〇〇余の少数民族や先住民族を国境・国家で分断し、支配や差別を行なってきたということになる。

しかし、もはやこのような近代主義や国家主義が破産しつつあるのは、世界じゅうの民族紛争や少数民族への差別・抑圧に対する人権闘争の高揚を見れば、誰の目にも明らかである。また、国連も一九九四年から「世界先住民族の十年」を宣言し、さまざまな活動が展開されている。

したがって、綾部も指摘するように、世界の先住民族や少数民族は現在の国境や国家のあり方を批判し、近代国家や資本・企業による環境破壊を鋭く告発している。たとえばアイヌ民族の場合は近代だけを見ても北海道や千島列島、樺太に居住していた。

私もまた、「豊饒な先住民族文化」を「守ることが地球の未来を約束する」と思っている。わずか一七八ヵ国の国民国家のなかの支配的民族が、三〇〇〇余の先住民族や少数民族を支配し、差別、抑圧することは、これ以上許されない。二十一世紀には、環境問題や、女性の人権、子どもの人権とともに、先住民族や少数民族の自決権の問題が人類にとって大きな課題になるのはまちがいない。するど、琉球文化やアイヌ民族の文化は、この世界の三〇〇〇余の少数民族や先住民族と交流し、相互に活性化することによって、人類に「すべての民族の文化はすばらしい」という、真に普遍的な共通文化を提示することができる。

すでに、西欧や経済的先進国の文化はモダニズムやポストモダニズムのどれをとっても行き詰まり、エネルギーを失っている。日本でも、経済の空洞化だけでなく、東京中心のマスメディアやジャーナリズムによる精神文化は空洞化してしまっている。

そのような状況のなかで、琉球民族文化やアイヌ民族文化は十七世紀から今日まで、大和民族や日本国家から侵略され、差別、抑圧を受け、何度も絶滅の危機に陥ってきた。そして、同民族のなかからも自らの民族文化に対する劣等感や卑屈感を生み出し、大和民族への同化を主張する人々も出してきた。

だが、そのような侵略と支配、差別、抑圧の長い歴史にもかかわらず、多くの先人たちの血のにじむような努力によって、琉球民族文化もアイヌ民族文化も、なんとか今日まで生き延びてきた。これらの〈文化遺伝子〉のもっている差別、抑圧に対する抵抗力や生命力のエネルギーは実にすばらしい、としか言いようがない。これらは病気に強い生物のDNAのようなものだ。

生物学や農学の教えるところによれば、どんなに品種改良されたハイブリッドでも、ときどき〈原種〉との交配をしないと病気などへの抵抗力が低下するらしい。そして雑種の方こそたくましく、さまざまな能力に優れていることは身のまわりの動植物を見ても明らかである。

文化もそうではないか。異文化接融や異文化交流を行なった方が、活性化し、新しい創造力が生まれるのは、日本の文化史を見ても一目瞭然である。朝鮮や中国、そして西洋やアメリカとの文化交流が、どれだけ日本の文化・学芸を発展させたことか。

したがって、行き詰まり、空洞化していく西欧や経済的先進国の文化状況の未来を考えるとき、少数民族や先住民族の〈文化遺伝子〉との交流や交配がいかに重要であるかは明白であろう。それは、単なるコマーシャリズムに乗った流行のレベルで片づくようなものでは決してない。

すでに日本でも、アイヌ民族文化や琉球民族文化、朝鮮民族文化との交流による成果が文学や思想、音楽や芸能などを中心に表われ始めている。日本文学史や思想史は、もはやアイヌ民族の文化や琉球民族の文化をぬきにしては語れなくなっている。

一方、海外でもリージョナリズム（地域主義）はフェミニズムやエコロジーの問題とともに現代思想の重要な課題になっている。アメリカの詩人でエコロジストの先駆者でもあるゲーリー・スナイダーたちも、次のような思想と運動を展開している。

「七〇年代初期から先住民の政治運動は国家的レベルの問題にも影響を与え、『亀の島の住人』たちの運動はバイオリージョナリズム（生命地域主義）と呼ばれるようになってきました。バイオリージョナリズムとは、われわれの国を政治的な行政の網の目をかぶせる前に、地形や植物相、気候パターン、季節の変化のありように従って見直すことです。人々が『再定住』することを提唱しているのです。再定住とは、移動の激しいアメリカ人にとって、自分が住んでいる場所に将来も長期間住み続けるため、その場所について学びながら生活することなのです。」（「読売新聞」一九九六年八月二十三日）

ゲーリー・スナイダーたちは、私たちの友人であり、お互いに文化・思想を交流しながら運動を進めている。彼らは石垣島・白保の海とサンゴを保護するために大きな力を貸してくれた。

このように、琉球民族文化はいまや〈東アジア列島〉の、また〈環太平洋〉の先住民族文化の一つとして、大きく人類文化に貢献し始めているのである。

主要参考文献

高良勉『琉球弧（うるま）の発信』御茶の水書房、一九九六年
チカップ美恵子『風のめぐみ――アイヌ民族の文化と人権』御茶の水書房、一九九一年
萱野茂『アイヌの碑』朝日新聞社、一九九〇年
信濃毎日新聞社編『世界の民』上・下、明石書店、一九九三年
梅原猛・中西進編『霊魂をめぐる日本の深層』角川書店、一九九六年
佐々木高明『日本文化の基層を探る』日本放送出版協会、一九九三年

ガジマルを渡る風——人類の進化と文化遺伝子への一考察

一、はじめに

長い間、私淑し、敬愛してきました琉球大学法文学部教授の米須興文《こめすおきふみ》先生が、このたび四〇年の職責を全うし定年退官なさると聞きました。

私は進学した大学や学部・学科が違うため、米須教授の講義を直接受講したことはありません。しかし、先生の著書から多くを学び、その講演を拝聴し、一九七七年頃からは、先生の研究室に伺って、文学、文化、思想について直接的に指導を受ける機会を得るようになりました。(1)

私や作家の又吉栄喜《またよしえいき》、中原晋などが米須先生から受けた文学上の影響は、きわめて大きいものがあると思います。私はその学恩に深く感謝しています。

私が米須先生の文学、文化、思想の理論をどれくらい理解できたかは、はなはだ心もとないのですが、その影響の一端を紹介してみたいと思います。

私は最近、米須先生に励まされながら「文化遺伝子」という新概念の確立と、それによる文学、文化、思想の変革に取り憑かれています。すでに、その概略は「神奈川大学評論」(2)に発表してきました。

ここでは、「文化遺伝子」という概念のさらなる緻密化と、米須理論との関連性、そして今日の文学、文化、思想をめぐる諸論議との横断的関連性について、一考察を試みたいと思います。リゾームのイメージを連想させるガジマル（バンヤン）の枝葉を渡る緑の風のように。（以下、敬称は略します。）

二、「文化遺伝子」という新概念

米須は日本語による本格的な文学論をまとめた『ミメシスとエクスタシス——文学と批評の原点』(3)を次のような印象的結論でしめくくっています。「作家は、観察者であると同時に予言者であること」。

私は、この「作家」を「創作者」や「詩人」と読みかえ、詩・文学における思想の大きな指針にしてきました。私の詩作品の多くは、この指針に支えられながら書かれてきましたし、「文化遺伝子」という新概念も、伝統文化に対する徹底した「観察」のなかから生まれてきました。

そして、「文化遺伝子」という概念を次のようにまとめて「神奈川大学評論」に初めて発表しました。少々長くなりますが、初出のイメージを確かめるためにも、引用してみましょう。

〔……〕つまり伝統文化のなかに遺伝子的な力をもっている素因を発見しようというわけである。

周知のように、あらゆる生命体はＤＮＡという遺伝物質をもっている。この遺伝子は遺伝情報を伝達すると同時に、環境の変化によって、変容したり、組み換えが行なわれる。また遺伝子どうしの雑種交配も行なわれる。

このDNA遺伝子をモデルにして、文化や精神、観念の継承や創造の問題が考えられないか、どうか。これが「文化遺伝子」という新概念にたどり着いた、私の問題意識であった。

もし、「文化遺伝子」という新概念を認めてもらえれば、従来の伝統文化に対する評価や伝統と創造の問題に、かなり自由な新しい領域が開かれる可能性がある。

たとえば、伝統文化というと、保存や継承の面が重視されて、保守的になりがちである。これに対し、「文化遺伝子」という概念は、継承はもちろんだが、変容や、創造による組み換えを大胆に肯定することができる。

また、伝統文化はどうしても一地方や一国家の枠に閉じ込もりがちであるが、「文化遺伝子」だと、遺伝子情報としてグローバルに交流が可能である。

さらに、「文化遺伝子」という概念の方が時間的には何千年や何万年というスパンで分析することができるようになる。伝統文化という概念がもつ時間尺度よりも長くなるのは明らかであろう。（本書三〇ページ）

私が、この「文化遺伝子」という考え方を米須に話したときに「それは重要な考え方だから、よく研究し、どんどん発展させるように」と激励してくださいました。

米須は、この「文化」と「遺伝的」問題を、すでに『ピロメラのうた』(4)のなかの第一章「文化的プロセスへの視点」で次のように考察し、発表しています。

「この文化の多様性と変容性を説明するためには、（一）大脳のなかに遺伝的に文化の多様化と変容を可能にするメニューがプログラムされているか、（二）普遍的な大脳機能が異なった環境に条件づけられているか、いずれかの前提が必要であろうと思います。」(5)

ここで、米須が「チョムスキーの合理論的な言語習得の説明や、生理学的な大脳機能の説明」を批判的に検討しながら「大脳のなかに遺伝的に文化の多様化と変容を可能にするメニュー」をイメージしていることに注目したいと思います。

一方、「文化遺伝子」という考え方は、私一人が取り憑かれた概念かと思っていましたが、そうではありませんでした。私は「現代詩手帖」(6)の吉本隆明と岡井隆の特別対談のタイトルが、「文学の『遺伝子』をめぐって」と題されているのを見てビックリしたものです。

この対談で、岡井の「日本語の、古代から現在までずっと続いてきた短歌・和歌のレトリックを含めた、さきほどおっしゃられた日本語の遺伝子のようなものが、自覚はされていないにせよいろいろな分野で表われてきていると私も考えているんです」という発言を受けて、吉本は次のように話しています。

「現代詩の場合は、俳句の世界くらいまでなら日本語として遡ってかんがえることもできるような感じもしますが、日本語の、伝統とは言いたくないので遺伝子といっておきますが、そうしたものを表現することができるのは短歌だけで、日本語の遺伝子を摑まえることができるぎりぎりのところにいるのが短歌なんだという気がするんです。」(7)

ここで、吉本は「日本語の遺伝子」という注目すべき発言をしています。この吉本の発言が、単なる思いつきによるものでないことは、梅原猛や中沢新一との鼎談集である『日本人は思想したか』(8)を読んでもわかります。

吉本は「日本人の『思想』の土台」という鼎談のなかでリチャード・ドーキンスの『利己的な遺伝子』(9)を読んだときの感想を述べています。それに触発されて、中沢が「いま、たまたま話が遺伝子のことになりましたが、じゃあ思想についても、お孫さんがかわいいという現象があるんじゃないか。思想の遺伝子みたいなことは考えられないだろうか。するとここでやっぱり日本語という問題が出てくると思いますね。つなげていくものとしての日本語です」(10)と発言しています。

中沢は「思想の遺伝子」とか「言葉という遺伝子」とか、抽象的な概念を提示しながら、さらに話を次のように発展させていきます。

「思想の遺伝子というのは、伝統というような言葉で言われてきたものだろうと思いますが、そういうふうにして伝わっていくものは果たしてあるのか。あるとしたらどういうふうにして梅原さんのなかには縄文が伝えられ、吉本さんのなかには南島や東国やアフリカ的なものが言葉を通して伝えられ得たのか。とても大きなものになるという予感がします。」

このように、吉本隆明や中沢新一も伝統のなかに含まれているモノを「日本語の遺伝子」とか「思想の遺伝子」、「言葉という遺伝子」というイメージで表現しようとしています。

それればかりではなく、現代音楽家の武満徹も『創造の周辺』(11)という対談集に収められた大江健三郎との対談で、次のような注目すべき発言をしています。

「ただ音楽の場合やはり、これはぼく自身よくわからない、まだまったく判らないことなんですけれども、人間の遺伝子というものが人間の記憶までも遺伝するというふうに仮定すれば、そういう人間の生というか神秘的なものと関わる、結局ことばや何かではどうしても規定し得ないところに働きかけるものなんじゃないかというふうに思うんですね。」

このように、現代の第一線に立つ詩人や思想家、音楽家や学者たちが、共通して問題意識に対象化している「人間の記憶までも遺伝する」という仮定や「言葉という遺伝子」、「思想の遺伝子」というイメージを、私は「文化遺伝子」という概念で名づけてみたわけです。

すると、この「文化遺伝子」は二つの側面をもっていることが考えられます。

ひとつは、もっぱら観念や記憶の領域で、伝統文化のなかに含まれている、言語によって対象化される「文化の遺伝子」という側面です。

もうひとつは、物質的実体として、DNAの中に、文化情報伝達を記憶化する塩基配列の領域があるか、どうか。つまり、DNAの中に「文化遺伝子」が分子レベルで組み込まれているか、という側面です。

三、人類の進化と文化遺伝子

そこで、まずいままでに知られているDNAの中に組み込まれている物質的な「文化遺伝子」の実例から見てみましょう。

立花隆著の『サル学の現在』(12)を読むと、ゴリラやチンパンジーなどの類人猿の社会で、すでに道具を使ったり、近親相姦を回避する社会システムを作ったりなどの「文化」が形成されていることがわかります。

そして、現在のサル学の研究成果からすると、類人猿と人類の決定的な違いは、①直立二足歩行で生活できること、②音節化された言語によるコミュニケーションが可能であること、の二点に集約できるそうです。

つまり、アウストラロピテクスなどによって知られている人類の始源における「ヒト化」は、この二つの能力の獲得によって成し遂げられたというのです。そして、音節化された言語を話せるという能力は、類人猿と比べると咽喉の構造の決定的な違いによって「ヒト化」したそうです。(13)すると、人類のDNAの中に組み込まれている直立二足歩行を可能にする骨格や筋肉などの身体機能を形成させる塩基配列の遺伝子コードは、人類特有の咽喉構造を形成させる塩基配列とともに、最も原初的で重要な「文化遺伝子」と呼んでいいでしょう。

現在、米国と日本を中心に人間のDNAに含まれているすべての塩基配列を解明しようという「ヒトゲノム計画」の壮大な研究が進んでいますが、その研究成果のいかんによっては、私たちが予想だにしなかった未知の領域が、一歩一歩解明されるかもしれません。一説によると、生物のDNAの大部分は直接は作動しないで休眠状態にあるとも言われています。

一方、記憶や言語によって継承され、表現される観念や、精神、身体表現などによる「文化遺伝子」はどうでしょうか。人類の記憶の累積は、DNAの塩基配列にインプットされているのでしょうか。今後の研究成果が待たれるところです。

米須が紹介しているように「言語学者N・チョムスキーは、人間には生得的に普遍的言語能力が備わっており、この能力のおかげで、人間は生まれ落ちてから現実に遭遇する言語経験を通して、ある特定の言語の文法を獲得して言語形成の規則として活用することが出来る」(14)と考えていたようです。この「生得的な普遍的言語能力」と表現されている内容も一種の「文化遺伝子」と言えそうです。

また、米国の著名な進化生物学者S・グールドは『パンダの親指』(15)という著書のなかで最近の進化論の注目すべき考え方を、次のように述べています。

「人類の文化的進化の本性は、生物学的歴史とはまったくちがって、ラマルク的である。われわれは一世代の間に学んだことを、教えたり書いたりすることによって、次の世代に直接伝える。科学技術や文化に関しては獲得形質が受けつがれるのだ。」

ここでグールド博士は「科学技術や文化」は「教えたり、書いたりすることによって」遺伝すると言っていると考えてよいでしょう。

したがって、人類の文化的進化を推し進めているのが「文化遺伝子」であるとも言えそうです。ところで、記憶に関するDNA上の塩基配列はどうなっているでしょうか。武満徹が仮定するように「人間の遺伝子が人間の記憶までも遺伝する」ことが、ありうるのでしょうか。

残念ながら、人間の脳や大脳生理学の方は分子生物学レベルでの研究がスタートしたばかりで、まだまだよくわかっていません。ただし、「人間の脳の進化を考えると三種の脳、爬虫類脳(古皮質)、旧哺乳類脳(旧皮質)、新哺乳類脳(新皮質)の順に階層的にできあがってきたと考えられる」(16)そうですから、脳の認識や記憶能力についても、分子生物学のDNAレベルでの解明が期待できます。

四、脱植民地時代の多文化主義

さて、ＤＮＡレベルでの「文化遺伝子」をめぐる論考はひとまず措いて、伝統文化のなかに現象する「文化遺伝子」の今日的意義を考えてみましょう。

まず、「文化遺伝子」という新概念を承認していただけたら、人類のすべての民族の伝統文化は、それぞれ遺伝子情報源として尊重されるようになります。現在、全世界では三千数百以上の民族が確認されていますから、それらの文化は、人類のジーン・バンクとして評価されるようになるのです。

すると、必然的に「文化の普遍性」や「人類の普遍性」に対する既成概念や内容も変わらざるをえません。近代までの「普遍性」概念はあまりにも欧米中心か、経済的先進国中心の基準に偏向していたと批判されるようになったのです。

周知のように、一九九六年十二月十五、十六日に、「沖縄文学フォーラム」が那覇市で開かれました。そのときのメインテーマは「沖縄・土着から普遍へ――多文化主義時代の表現の可能性」でした。

このフォーラムには、アメリカからポスト・モダンの研究者であるイーブン・ハッサン教授と、アイルランドから詩人のジョン・モンターギュ氏がゲストとして招かれ、記念講演を行ないました。

両日とも、数百人の参加者で、会場の席は一杯となり、大盛況でした。その成果の一部分は「文學界」(17)に特集「沖縄――文学の鉱脈」として収録され紹介されています。

その「沖縄文学フォーラム」の〈主催者あいさつ〉で実行委員長の大城立裕は次のように述べてい

ます。

「今日、文化の異文化間交流が地球的規模で急速に進み、多文化主義ともいうべき状況があるなかで、土着によって自らの世界を守り、表現しながら、異文化圏に対しても発言し得る文学を、沖縄で創造することを、私たちは望んでいます。これは世界からも期待されているところであると信じています。」(18)

ここで、大城も「多文化主義ともいうべき状況」を認めています。ところで、「沖縄文学フォーラム」全体の論議は「土着と普遍」をめぐる表現思想や表現技術の問題に集中しがちで、「多文化主義時代の表現」については論議が深められなかった、と感じるのは私だけでしょうか。

また、せっかくアイルランドから詩人のモンターギュ氏を招聘しながら、「文学」の内容を「小説」のジャンルだけに狭めてしまい「詩」や「俳句」、「エッセー」などについてはほとんど論議されなかったのは、とても残念でした。文学を「小説」のみに狭めがちな、日本の文化状況や文学研究のありかたは、今後ぜひ変革してほしいものです。

さて、「多文化主義時代」の到来とは、一方で「中心と周縁」というパラダイムが崩壊していく過程でもあります。つまり、「西欧文化」とか「欧米文化」や「経済的先進国文化」の中心性や優位性に対する神話や価値観が崩壊しつつあるのです。

そして、そのことは、戦後五〇年余の間における「脱植民地主義時代」の過程とコインの裏表の関係にあることは言うまでもありません。

第二次世界大戦後におけるアジア諸国の植民地支配からの独立。そして、キューバをはじめとする、中南米、アフリカ諸国の脱植民地化と独立。ベトナム戦争の勝利による統一と独立。バルト三国をはじめとする、東欧、中央アジア諸国の脱植民地化と独立。

これら、代表的な脱植民地化の過程を見ても、二十一世紀へ向けて人類の歴史は確実に「脱植民地主義時代」と「多文化主義時代」の方向に進みつつあると言えるでしょう。

五、先住民族文化のもつ可能性

本格的な多文化主義時代を迎える二十一世紀において、最も注目され、重要な役割を担うのは世界の「先住民族の文化」だと思います。

この間、文化人類学者や社会人類学者らの精力的な調査・研究によって、多くの先住民族の文化や社会について論文や著書が報告されてきました。その成果はレヴィ＝ストロースの『悲しき熱帯』や『野生の思考』をはじめ現代思想に大きな影響を与えてきました。

筑波大学名誉教授の綾部恒雄は『世界の民』(19)所収の「国家と近代文明のはざま」という論文で次のような報告を行なっています。

「現在、世界には三千数百の民族ないし民族集団が存在している。このうち少数民族とよばれる人々は三〇〇〇を下まわらないと思われる。」

「一九九二年現在、国連に加盟している国は一七八ヵ国であるが、すでに触れたように、世界の民族ないしは民族集団の数は三千数百にのぼると考えられている。三千数百の民族が、わずかに一七八の国に分散居住しているわけであるから、平均しても一ヵ国に約二〇の民族集団が住んでいる計算になろう。」

そして、綾部は「豊穣な先住民族文化――守ることが地球の未来約束」という節で次のように述べています。

「こうしたコミュニタス論から先住民族をみるとき、現代文明社会における少数民族は、民主主義・平等・基本的人権を理念とする国民国家の社会構造の裂け目からその欺瞞性を暴き、周辺において国民文化の普遍性を否定し、国民国家の底辺からラディカルに文化の多元性を主張していると考えることができる。」

さて、綾部の報告する「三〇〇〇を下まわらない」少数民族のうち、先住民族はどれぐらい居るのか、まだ確定できないと言われています。というのも、まだまだ調査中や論争中の先住民族が居るからです。我が琉球民族はどうでしょうか。

伊波普猷《いはふゆう》や比嘉春潮《ひがしゅんちょう》などが初期の論文に表記しているように、私は「琉球民族」はアイヌ民族と同様、日本の先住民族だと考えています。そして、自然人類学やウィルス学の方向も、学術的にアイヌ民族と琉球民族は日本列島の先住民族であることを定説化しつつあるように見られます。

私は綾部の「豊穣な先住民族文化――守ることが地球の未来約束」という主張に共鳴して、その内容を「文化遺伝子」という概念を導入することによって、さらに発展させてみたいと思います。

つまり、先住民族の文化は「ラディカルに文化の多元性を主張している」と同時に、三千数百の民族からなる人類社会に、貴重な「文化遺伝子」を保持し、その情報を提供していると評価したいのです。

すでに私たちは、日本文化の歴史体験から、朝鮮や中国、そして西洋やアメリカとの異文化交流が、日本の文化・学芸を大きく発展させた事実を知っています。

したがって、行き詰まり、空洞化して、ニヒリズムのなかで「脱植民地主義時代」や「多文化主義時代」を迎えざるをえない、欧米や経済的先進国の文化状況の未来を考えるとき、いままで無視されたり、差別されてきた少数民族や先住民族の「文化遺伝子」との交流や交配がいかに重要であるかは明白だろうと思います。

日本でも、アイヌ民族や琉球民族との異文化交流による成果が文学や思想、音楽や芸能などを中心に表われてきています。たとえば藤井貞和、古橋信孝らを中心にした『日本文芸史』(20)を見てもわかるように、日本文学史や思想史は「ユーカラ」をはじめとするアイヌ民族文化や『おもろさうし』などをもつ琉球民族の文化をぬきにしては、もはや語れなくなっています。

それゆえ、日本政府もやっと重い腰を上げて「アイヌ新法」を制定したのです。

六、沖縄学の再改革

最近の遺伝子工学や分子生物学などの研究成果を雑誌「現代思想」(21)などで読んでみますと〈遺伝子情報の発現〉にとって大切なことは、ＤＮＡの塩基配列はもちろんですが、ＲＮＡや細胞内タンパク質の環境などの〈相互作用の重要性〉が強調されています。

すると、遺伝子として重要なことは〈どのような遺伝情報をもっているか〉、〈それはどのようにして発現し、変容するか〉ということだ、と言えるでしょう。その視点から琉球文化のもつ「文化遺伝子」を考えたらどうなるでしょうか。

私はすでに第三評論集『琉球弧（うるま）の発信』(22)や「神奈川大学評論」などで「琉球文化の可能性」について論考し、「文化遺伝子」として評価できる実例をいくつか挙げておきました。その詳細な考察は、本書二九ページ以降を参照していただくとして、ここではそのとき対象とした事例を箇条書きにして整理し、その先の問題を考えてみたいと思います。私は、その実例として①自然・精霊信仰、②琉球語、③神話や神謡、④琉歌や民謡、⑤琉球舞踊、⑥沖縄芝居を挙げておきました。

これらに、⑦琉球料理、⑧琉球民族衣装、⑨琉球の工芸、⑩空手などを付け加えることができるでしょう。これらのなかに、たとえばオモロなどの神謡や神話、自然をカミと畏れて崇拝する共生思想など、人類文化に大切な遺伝情報を与える要素が含まれているのです。

琉球文化のなかで「文化遺伝子」として評価するには、血液中のＧｍ遺伝子やＡＴＬウィルスのように、まず数万年の時間に耐えて残ったものから考え、観察した方がいいでしょう。

周知のように、日本最古の完全な人骨化石は沖縄島の南部・具志頭《ぐしかみ》村の港川区で発見され「港川人」と命名されています。年代的には一万六千年以上前の人骨化石だと言われています。そこで、この琉球弧には一万六千年以前から人類が住み着き、それは現在まで連綿と歴史を積み重ねてきたと仮定します。

その長い歴史に耐えて、変容しながら蓄積された文化とは何か。それを研究し、明らかにしていくのが文化人類学や民俗学など「沖縄学」と呼ばれてきた領域の課題だと言えるのではないでしょうか。

そして、その原初から現在までの文化的諸相を、現在でも最も観察しやすい場が、琉球弧の各シマ島の「神祭り」だと思います。私は「神祭りこそ文化遺伝子のタイムカプセルだ」と考え、観察し、主張してきました。

私は従来唱えられた「沖縄学」の思想や内容も、再改革が必要だと痛切に感じます。周知のように、「沖縄学」はそのスタートにおいて、伊波普猷や柳田国男、折口信夫の「日琉同祖論」思想の影響を色濃く受けています。

その「沖縄学」は、戦後になって第一期の大きな改革が行なわれたと言っていいでしょう。すなわち、一方で科学的、実証主義的方法の導入による〈研究の緻密化〉であり、他方で各専門家によるジャンルおのおのの〈研究の細分化〉が推し進められたのです。その成果には大きいものがありますが、ただその結果、いまや「沖縄学」という概念そのものが成立するか、あやしくなってきています。

そのような「沖縄学」の現況を屋嘉比収《やかびおさむ》も歴史研究の分野から次のように憂えています。屋嘉比は『琉球民族』への視点――伊波普猷と島袋全発との差異」(23)という論文で「それ以後の歴史研究において、沖縄研究のもう一つの支柱である、沖縄のアイデンティティの追求という思想的側面が、以前よりも看過されるようになったという点である」と述べています。

よく知られているように、柳田国男や折口信夫は「琉球は異族の地ではない。むしろ日本人にとっては源郷の地である」、「琉球には日本文化の古層がまだ残っている」と考えて、琉球の文化や民族を重視しました。

しかし、そのような柳田「民俗学」は赤坂憲雄が『柳田国男の読み方――もうひとつの民俗学は可能か』(24)の第四章「北の異族、南の同朋」で指摘するように次のような限界をもっていました。

「山人への訣れに続いたアイヌ文化への厳しい訣れは、昭和三、四年という、ほかならぬ稲と常民と祖霊が三位一体をなす『民俗学』への出立のときに果たされた。柳田の後期思想の足元には、漂泊の民や被差別の民、先住異族の末裔である山人、そして蝦夷やアイヌの人々の冷たい屍が転がっている。民俗学はその発祥からして屍臭の漂う学問であった、そう三島由紀夫は語った。」

赤坂は、このような柳田「民俗学」の「思想的な限界と可能性をともに問う」なかから「発生的に再構成する」作業を続けています。

一方、柳田らが排除したアイヌ民族文化と比較しながら、日本民族文化や琉球民族文化を再評価する研究も、先述した『日本文芸史』や『日本人は思想したか』、さらに梅原猛、中西進編による『霊魂をめぐる日本の深層』(25)、中本正智著『日本語の系譜』(26)をはじめ、続々と開始され、成果をあげつつあります。

したがって、今後の「沖縄学」の再改革の方向は、もはや柳田国男や伊波普猷たちの「日琉同祖論」のイデオロギーから解放される必要があると思います。琉球民族はアイヌ民族と同様、〈日本列島の先住民族の一つである〉という歴史的事実に立脚すればいいのです。

そうすると、琉球民族文化はしいて日本民族文化の枠内に「源郷」や「一支流」、「地方文化」として組み込まれる必要はないのです。むしろ、アイヌ民族文化と同様、先住民族文化の「文化遺伝子」を保持している〈原種〉のひとつとして、世界の諸民族の文化と比較研究が可能となり、異文化交流も活発になっていけると思うのです。

七、スーパーカルチャー——沖縄のアイデンティティ

さて、以上のような思想状況と問題意識のコンテキストのなかで、私は米須の『ピロメラのうた——情報化時代における沖縄のアイデンティティ』を、くりかえし読んできました。

この評論集も『ミメシスとエクスタシス』同様、私には難解な問題を投げかけており、刺激的内容ですが一気に読み通すことはできませんでした。現在でも「充分に理解できた」という感覚は湧いてきません。

そこには、「沖縄のアイデンティティ」をめぐって「過去の異民族支配の経験から抽象された加害—被害・支配—被支配の図式は、もはや時代後れであり、現在から未来へ向けての沖縄文化を予言するには有効性をほとんど失っているといってよい」という「新しい認識に立って書かれた」（あとがき）学芸における最前線の思想的課題が論じられているからです。

たとえば、第三章「おきなわ近代化の悩み」では次のような問題が提示されています。

「コンピューター言語によって全世界が情報のネットワークに組み込まれ、画一的なスーパー・カルチャーが生まれようとしている今日、文化の多様性を尊重する心は貴重なものではありますが、同時に、スーパー・カルチャーの中心から一方的に『処分』されてしまう弱点も有していることを認識しておく必要があります。一方的に処分されてしまった後は、もうわれわれの文化や地域は自律性を失い、自分たちの力ではどうすることもできません。」(27)

このような、スーパー・カルチャーの出現による沖縄のアイデンティティの危機に対し第六章「沖縄文学の可能性」の「ピロメラのうた」では「情報化時代の状況は、沖縄にとってきわめて悲観的にみえますが、しかし、われわれは、この状況を逆に利用することもできます。すなわち、情報化のネットワークに組みこまれることは、弱小文化にとって、情報の受信者の立場に立たされることを意味すると同時に、発信者の立場を獲得する可能性も秘めています。ピロメラの歌う妙なる調べに世界の詩人たちが耳を傾けたように、沖縄文化が獲得した新しいことばによる香り高い文学表現に世界が耳を傾ける日が来ないとは、けっしていえないのではないでしょうか。」(28)と、悲観も楽観もせず、主体的に対応するよう提起しています。そして、「われわれに求められているものは、文化的問題をそれ自体の文脈で真剣に考えていくことであろう。われわれは、自らの文化を支配権力や優勢な異文化と対置させて考えるのではなく、それ自体の生成創造のプロセスの文脈に戻して考えていかなくてはならないであろう」(あとがき)と鼓舞しています。

私は、この「それ自体の生成創造の文脈に戻して考え」るという方法に大きな勇気を与えられるような気がします。私の「文化遺伝子」という考え方が、その「生成創造のプロセス」にアプローチする、ひとつのアイデア(概念)にでもなればと祈るばかりです。

この『ピロメラのうた』が出版されてから六年が経ちました。それでも、議論したいことはたくさんあります。

たとえば、「沖縄文化が獲得した新しいことば」とは、単に日本語をのみを指すのか。あるいは「ウチナー・ヤマトグチ」と呼ばれている日常会話は「クレオール言語」と化していくのか。さらに、琉球語はこのまま必然的に滅亡していくのか。そして、自国語の喪失は、ただちにアイデンティティの喪失につながるかどうか、など。

これらの諸問題は、さらに探求を深めて、稿を改めて考え続けたいと思っています。そのときも米須の提示した「われわれは、沖縄の文化的アイデンティティに関して、従来よくみられたように、自我否定的なスタンスとナルシスト的スタンスに意識を分極化させるのではなく、平衡感覚を堅持して、批判的に自文化に対していかなくてはならない」（あとがき）という「一貫して流れる思想」に共鳴しつつ、思索していきたいと思います。

八、おわりに

スーパー・カルチャーの出現によって、人類文化は画一化されていくかどうか、この問題は二十一世紀の大きな文化・思想問題になっていくでしょう。

私のアイルランド文学やアイヌ民族文化の勉強(29)の経験から考えると画一化の方向にはいかないのではないかと予想されます。

いや、むしろ「画一化されたときは、人類文化の死滅を迎える」と言った方がいいかもしれません。たとえば、J・ボードリヤールと吉本隆明の『世紀末を語る――あるいは消費社会の行方について』(30)を読んでみても、経済的先進国における「消費資本主義社会」とか「過剰消費社会」がいかに思想的に空洞化しており、未来への展望を失っているかを見せつけられて白々しくなるばかりです。

フランスや日本を代表すると言われる二人の発言に欠けているのは、世界のスーパー・カルチャーをマスメディアやコンピューター等を使って支配し、大衆の消費欲望さえも操作しようとする、ロックフェラー一族やロスチャイルド一族のような国際金融独占資本や多国籍企業の実体や動向に一言も触れていないことです。

と同時に、この「消費資本主義社会」を支え、収奪されている先住民族や経済的後進国の実状に対する評価はきわめて甘いと思います。

とまれ、もし私たちが「人類文化の進歩」というものを認めるならば、二十一世紀の中心課題は①平和問題、②女性の人権、③子どもの人権、④環境保護、⑤先住民族の人権をめぐる思想・文化の変革となるでしょう。

そのとき、一万数千年以上の文化蓄積を保持している世界の先住民族の「文化遺伝子」がきわめて重要な役割を果たすことはまちがいないと思います。琉球民族の「文化遺伝子」も。

註

（1）「地域と文化」第八五・八六合併号所収の高良勉「琉球アイルランド友好協会・前史」に詳述（一九九四）
（2）「神奈川大学評論」第二五号・神奈川大学（一九九六）。本書所収二九ページ。
（3）米須興文『ミメシスとエクスタシス――文学と批評の原点』勁草書房（一九八四）
（4）米須興文『ピロメラのうた――情報化時代における沖縄のアイデンティティ』沖縄タイムス社（一九九一）
（5）前掲書一六頁
（6）「現代詩手帖」一九九六年八月号　思潮社
（7）前掲書一八頁
（8）吉本隆明・梅原猛・中沢新一『日本人は思想したか』新潮社（一九九五）

（9）リチャード・ドーキンス『利己的な遺伝子』日高敏隆他訳、紀伊國屋書店出版部（一九九一）
（10）『日本人は思想したか』五二頁
（11）武満徹対談集『創造の周辺』芸術現代社（一九九七）
（12）立花隆『サル学の現在』平凡社（一九九一）
（13）前掲書「化石で探る人類の起源」
（14）『ピロメラのうた』一五頁
（15）スティーブ・J・グールド『パンダの親指』ハヤカワ文庫（一九九六）
（16）『サル学の現在』「サルの脳でヒトを知る」
（17）「文學界」一九九七年四月号　文藝春秋社
（18）大城立裕『沖縄文学フォーラム』沖縄文学フォーラム実行委員会（一九九六）
（19）信濃毎日新聞社編『世界の民』明石書店（一九九六）
（20）藤井貞和・古橋信孝他編『日本文芸史』河出書房新社（一九八六）
（21）「現代思想」一九九五年十二月号・特集「思考するＤＮＡ」青土社
（22）高良勉『琉球弧（うるま）の発信』御茶の水書房（一九九六）
（23）屋嘉比収「『琉球民族』への視点――伊波普猷と島袋全発との差異」、「浦添市立図書館紀要」浦添市立図書館（一九九七）
（24）赤坂憲雄『柳田国男の読み方』筑摩書房（一九九四）
（25）梅原猛・中西進編『霊魂をめぐる日本の深層』角川書店（一九九六）
（26）中本正智『日本語の系譜』青土社（一九九二）
（27）『ピロメラのうた』九九頁

（28）前掲書二〇九頁
（29）チカップ美恵子『風のめぐみ――アイヌ民族の文化と人権』御茶の水書房（一九九一）、萱野茂『アイヌの碑』朝日新聞社（一九九〇）
（30）J・ボードリヤール・吉本隆明『世紀末を語る』紀伊國屋書店出版部（一九九五）

❁琉球文化論

うるまの伝説

閉じない環礁の
潮路から
ニライ・カナイの神が
渡り来るのを信じている
そんな村に

（「老樹騒乱」・詩集『夢の起源』より）

私の生まれた玉城《たまぐすく》村は隣りの知念村とともに古くから「知念、玉城、石と神のシマ」と歌われてきました。

そのなかでも百名《ひゃくな》、新原《みいばる》の海岸は浜川御嶽《うたき》、受水《うきんじゅ》・走水《はいんじゅ》を抱きかかえるように、白い砂浜と浦原《うらばる》の田んぼが広がっていました。

浜川御嶽は琉球開闢神話の始祖神であるアマミキョ・シネリキョが、久高島から渡ってきて「ウフジー（大地）」＝沖縄本島に第一歩を印した場所であるヤハラヂカサの渚から始まり、最初に住いを作った場所だと言われています。

また、受水・走水はニライ・カナイから琉球へ初めて稲作がもたらされたと言われる場所で、現在でも「御穂田《みふーだ》」と呼ばれる神田が残っています。そして、浜川御嶽や受水・走水は「東廻い《あがりまーい》」という首里《しゅり》から知念、玉城までの聖地巡礼の重要な参拝所として沖縄各地の人々の信仰を集めています。

その新原海岸で生まれた私たちは幼いころから、数々の神話や民話、伝説を聞かされて成長してきました。始祖神のアーマンチュ（アマミキョ・シネリキョ）は久高島から七歩で浜川御嶽まで渡ってきたそうです。

なるほど、①久高島から⑦浜川御嶽までは②コマカ島、③タマタ大島、④タマタ小島、⑤アドゥチ島、⑥アーヂ島と七つの島が飛び石のように並んでいます。すると、アーマンチュはとてつもない巨大な神様だったイメージが残っています。

あるいはまた、ニライ・カナイの国から稲穂を喰わえて来たのは、神様の使いの鳥、それはツルともワシだったとも言われています。ニライ・カナイの国とはどこにあるのか。幼い頃からの疑問はいまでも解けません。生と死のあらゆる〈世（ゆー）＝エネルギー〉が満ちあふれていると言われる、あのユートピア＝ニライ・カナイは？

南は八重山群島から、北は奄美群島までを含む、この「琉球弧のシマ島」を私たちはどのように呼べばいいのでしょうか。かつて四百年余も続いた琉球王国に統治され、母なる共通の文化をもつシマ島。

そして、日本国家に併合されたり、分離されたり、再併合されたりという荒々しい歴史の波をかぶり、いまだ鹿児島県（奄美群島）と沖縄県に行政的に分断されているシマ島。

周知のように、このシマ島を中国側は「琉球」と呼び、日本側は「沖縄」と呼びました。ではシマで生まれて、島で死んでいく私たちは？　とりあえずは、島尾敏雄にならって「琉球弧」と呼んでおきます。

だが、私たちの感性や思想にもっとピタッとくるのは「うるま」ではないでしょうか。すでに、私の第三評論集『琉球弧（うるま）の発信』（御茶の水書房）のなかで、アイヌ民族の友人・チカップ美恵子とも語り合ったことですが、「うる」とは「珊瑚樹」または「珊瑚骨片」あるいは「砂」であり、「ま」とは「時空間」のことです。すると、「うるま」とは「珊瑚礁にとり囲まれた時空間」と理解してさしつかえないでしょう。あるいは「珊瑚島」とも。

かつて、私の師・故安里清信は『海はひとの母である』（晶文社・一九八一年）という著書を残し、わかりやすくて美しい真理をその書名で指し示して下さいました。そうです、あらゆる生命は海から誕生したのです。この「うるまのシマ島」も。

約数万年前の昔から、この〈東アジア列島〉に先住しているアイヌ民族は、千島、樺太、北海道のシマ島を「アイヌモシリ（人間の住む静かなる大地）」という神々しくも美しいアイヌ語で呼んでいます。そして、同じ古モンゴロイドの子孫の私たち琉球民族は琉球弧のシマ島を「うるま」という琉球語で呼んでいるのです。アイヌ民族も、琉球民族も長い間、政治的、経済的、文化的な差別・抑圧を受け、何度も滅亡の危機に立たされました。それでも、自然崇拝（アニミズム）と祖先崇拝の信仰を大切にし、民族文化を誇りにして二十一世紀のとびらを開きつつあります。

おそらく、アイヌ語にも琉球語にも「自然」という概念に一致する単語はないはずです。海や山や川や湖や動物や植物や風や水や土や火や万物に琉球語で言う〈精霊〉＝「サー」＝「シー」＝「スー」＝「セー」＝「ソー」は宿り、すべてがカムイ＝カミとして崇拝されているのです。人間／自然と二項対立する近代的「自然」などなかったのです。この宇宙の万物との流転と共生への信仰と祈り。それが今後の人類と地球の文化、文明、思想へ与える智恵は計り知れない可能性を秘めています。

ニライの海の底から湧き上がる小さな小さな泡つぶのように。カムイの山の草木の葉先からこぼれる露や雪や雨の一滴一滴のように。私たちの魂の奥の、そのまた奥の祈りのなかから。そうです、神話や民話や詩歌や踊りなどが生まれ、渦巻いているのです。

美らしま　清らぢむ

受水走水《ウキンジュハインジュ》

玉城村《たまぐすく》の百名《ひゃくな》、新原《みいばる》ビーチへ行ったことがあるだろうか。いまや、沖縄島南部で数少ない無料で遊べる天然ビーチとなった新原ビーチが、私の故郷である。

その百名海岸には有名な浜川御嶽《うたき》とヤハラヂカサ、受水走水などの聖地があり、琉球王国の開闢神話の古里となっている。私たちは、幼い頃から数々の神話や伝説を聞かされて成長してきた。

その神話によると、琉球の始祖神アーマンチュは、久高島からコマカ島、タマタ大島、タマタ小島、アドゥチ島、アーヂ島と七つの島を足場にして七歩で「ウフヂー（大地）」＝沖縄本島へ渡り、ヤハラヂカサの渚に第一歩を印して、浜川御嶽に住んだそうである。巨大な神よ。

また、受水走水は、琉球へ初めて稲作がもたらされたと言われる場所で、現在でも「御穂田《みふーだ》」や「親田《うぇーだ》」と呼ばれる神田が残っている。さらに、近年は「天親田《あまうぇだー》」と呼ばれる田植えの民俗行事も復活して行なわれている。

この百名海岸へニライ・カナイから稲穂をくわえてきたのは、神様の使いの鳥ツルだと言われている。それはワシだという伝説もある。受水走水の神名は『琉球国由来記』（一七一三年）に「浜川ウケミ

ゾハリ水　神名　ホリスマスミカキ君ガ御イベ」と記されている。

言うまでもなく、浜川御嶽と受水走水は世界遺産の斎場御嶽《せーふぁ》とともに、琉球王国時代から現在まで「東御廻り（あがりうまーい）」の巡礼聖地として有名である。旧暦四月の稲の初穂儀礼のときは、国王自らが参拝して、儀式を行なったという。

私たちが小学生時代の一九六〇年前後まで、受水走水から百名浜までの間には「浦原《うらばる》」と呼ばれる田んぼ地帯が広がっていた。『おもろさうし』には百名を歌ったオモロが数々収録されているが、百名浦の美しさは次のように謡われている。

一、百名　浦白　吹けば
　うらうらと　若君　使い
又　我が浦は　浦白　吹けば
又　手数は　蒲葵花　咲き居ら
又　掻い遣るは　波花　咲き居ら

（巻の第十八　一二五八番）

その浦原の田んぼは、楽しい遊びと生活の場であった。学校の帰り道に、わざと遠回りして幼なじみたちとさまざまな遊びをやった。トンボ釣りやイナゴ採り。タニシや田ウナギ、川エビは夕食のおかずにもなった。田植えや稲刈りは、子どもたちにとって一種の「祭り」であった。のどが渇くと、受水走水の清水がうるおしてくれた。そのような体験の数々が、私の詩・文学の源泉となっている。

閉じない環礁の
潮路から
ニライ・カナイの神が
渡り来るのを信じている
そんな村に

（「老樹騒乱」）

百名の歴史の道から徒歩で下りて、海に向かって右側が受水、左側が走水の湧泉である。その清水は、はるか古代から現代まで変容しながら湧き続けている。美しい浦原の田んぼは少なくなったが、二〇〇〇年玉城村全体が沖縄県で初めて「田園空間博物館」に指定され、「歴史と湧泉と稲作発祥の郷」の復元への努力が始まっている。

現在も、沖縄じゅうから「東御廻り」をはじめ一年中拝みに来る人々が絶えない。私たちの門中も正月二日の「初うびー」で受水走水・浜川御嶽から参拝しないと、一年が始まらないのである。

あのときあの味　「島米」

私の家は十三人家族で、新原区で一、二番を争う貧乏であった。田んぼがなく、一九六〇年前後まで主食はイモで、米のご飯は一年に数えられる日しか食べられなかった。正月、お盆、遠足、運動会、病気のときなど。

したがって、一番のごちそうは「島米」のご飯を腹一杯たべることだった。田んぼがないので、同期生の家の稲刈りなどを手伝いに行った。すると、浦原の田んぼからとれた「島米」のミーメー（新米）をほうびにもらえた。あのミーメーご飯のおいしかったこと。

御嶽——その聖なる空間

コンクリート建築の家屋やビルが立ち並ぶ沖縄の都市地区は遠くから眺めると「白い街」に見える。その風景をアルジェリアのカスバの街にたとえる旅人たちもいる。その白い街にポツリポツリと小さな緑の森が残っていたりする。そこには古代から地域の人々の信仰を集めた御嶽《うたき》がある場合が多い。また、琉球弧の村々やシマ島に行くと、集落の後背地にこんもりとした森がある。これも、その集落を守護する御嶽かグスク（城）であるのが普通である。大部分のグスクは首里《しゅり》城や中城《なかぐすく》城をはじめ、古代において御嶽であったか、御嶽を内包している。私の生まれた玉城《たまぐすく》村にも「アガリウマーイ（東御廻り）」の聖地巡礼で有名な浜川御嶽やミントゥン城、玉城城がある。

御嶽には、一見すると何もないように見える。だが、気をつけて見るとどこの御嶽にも必ず「イベ」と呼ばれる石がある。そして、蒲葵《くば》やアコウなどの聖なる樹や大きな岩がある場合が多い。この聖なる樹木や自然石から神々は降りて来るのである。また、御嶽には岩の周りを石で囲っただけの古いお墓がある場合が多い。このお墓には祖先の遺骨が「骨神《ふにしん》」として祀られ、神として崇拝されているのである。

沖縄学の創始者として著名な伊波普猷《いはふゆう》は「自然界の現象を神としたものと、祖先を神としたものと二種の観念の混合したもの」を「琉球の民族的宗教」(『古琉球の政治』)と呼んだが、その信仰の中心となる聖域が御嶽である。それゆえ、今日まで「御嶽からは草や木はもちろん、石ころ一つさえ持ち帰ってはならない」というタブーが生きている。

私は一年に最低二度は御嶽にお参りする。まず、正月の二日には村の御嶽と拝所を巡礼して一年間の「御願立て」をやる。また、旧暦の二月には一年の「結願」と御礼に「孵でぃ果報(しでがふー)」の御願をしに行く。そして、四年に一度は門中の人々と「アガリウマーイ」の御願のため御嶽を巡礼して歩く。さらに、七年に一度は「ナチジンヌブイ(今帰仁《なきじん》上り)」と呼ばれる巡礼に出かける。

一方、外国や日本本土から友人・知人が来たとき、沖縄案内を頼まれたら、最高のコースの一つとして「アガリウマーイ」の聖地を案内している。「アガリウマーイ」とは、首里城から始まり、園比《そのひ》屋武《やん》御嶽、弁が嶽、与那原親川、を経て斎場御嶽《せーふぁうたき》などの知念半島を廻り、受水走水《うきんじゅはいんじゅ》、玉城城に至る聖地巡礼の道のりである。

そのなかでも有名な斎場御嶽は、さすがに神々しい。ここは以前は男子禁制の聖地であった。私は必ず女性を先頭に立て、様式に従ったお祈りをしてから参拝することにしている。斎場御嶽の大庫裡の石灰岩が巨大な三角形洞穴を造っているのを見ると、宇宙と自然の造形力に驚嘆し、神々の実在を感じざるをえない。三角形のトンネルは産道であり、大庫裡は子宮だと言えるであろう。

私は御嶽に参拝するたびに、太陽・月・星と祖先の神々に祈り、詩のイメージをいただき、生きるセジ(霊力)を受感して帰って来る。

島々と神々の諸相

一、久高島

私の生まれた島尻郡玉城《たまぐすく》村字新原《みいばる》では、朝日は久高島の方角から海面を真紅に染めながら昇ってくる。小さい頃から、毎日というほど久高島を見ながら生活してきた。

知念、玉城村の人々にとって、いや沖縄全島の人々にとって「久高島は神の島」として崇拝されている。私たちは「久高島からは草木一本、石ころ一つも持ってきてはならない」という厳しいタブーを教えられ、身体に叩き込まれてきた。

久高島は、琉球王国の神話のなかで、アマミキョ、シネリキョという祖先神が初めて降り立った島だと信じられている。アマミキョ神は、久高島から百名《ひゃくな》海岸の浜川御嶽に渡ってきたと言われている。

したがって、久高島は琉球王国の「神の島」として王権宗教の支柱となり、国王の参拝まで行なわれたという。現在でも、十二年に一度行なわれるイザイホー祭りが中断していながらも有名だが、一年じゅう他の神祭りが行なわれている。

二、奥武島

一方、私たちのムラの西側の海には奥《お》武《う》島が浮かんでいる。この島は漁業とハーリー（海神祭）と観音堂で有名だが、小さいときから何故か近寄りがたい雰囲気をもっていた。

この奥武の語源が「おーるー（青）」から来ており、「おう」名の地名や御嶽《うたき》名、神名が「青の世界」として重要な意味をもっていると教えられたのは仲松弥秀著『神と村』（伝統と現代社）を読んだときであった。

仲松は「沖縄には『奥武』名のついた地先の小島が七つほど見出される。そのいずれも無人の小島であったところであるが、またその何れも古代の葬所となっていたと推定される島である」と書き、この「青の世界」がニライ・カナイ信仰の一つの側面であると説いている。

なるほど、私たちも小さい頃「奥武島はむかし墓であった」と聞かされたことがある。近寄りがたい雰囲気は、それらのことと関係していたのだろう。

この「おー島」の分布を調査し、アマミキョ神話とニライ・カナイ信仰との関係を比較研究したのが外間守善《ほかましゅぜん》・桑原重美共著の『沖縄の祖神アマミク』（築地書館）である。

三、八重山群島

ところで、奄美群島から八重山群島までの琉球弧の島ジマの神祭りに参加してみると、アマミキョ、シネリキョ神話とは別の多様な祖先神が祀られていることが体験できる。

たとえば、八重山群島にはマユンガナシやアカマタ・クロマタの神々を祭っている地域がある。そして、島ジマによってはこれらの神祭りを記録したり、文章に書いたり、語ることすらタブーにしている地域がある。

したがって、私もいくつかの島の「豊年祭」に参加させてもらったことがあるが、このタブーを守っている。「豊年祭」の神祭りで、何を見て、何を感じ、考えたか、いっさい発表していない。まずは、このタブーを守って島に渡り祭りに参加させてもらうしかない。

八重山群島には「アマン（やどかり）」を祖先神とする神話（白保部落・一九一六年採録）があることも紹介しておこう。

四、宮古群島

一方、宮古群島には大蛇を祖先神として祭る「人蛇婚伝説」で有名な漲水御嶽《はりみず》が海の玄関口である平良港《ひらら》にある。また、池間島には「卵から七つの神々が生まれた」という神話をもつウハルズ御嶽がある。

そして、大神島《おおがみ》、狩俣ムラ、島尻ムラには有名な「ウヤガン（祖神）」祭りがある。そのなかでも、大神島の「ウヤガン」祭りは現在でも数々のタブーに包まれていて、島外の人は自由に参加することは許されていない。

いや、大神島に行ってみると、日常でも神話的なタブーを守っており、自由に島じゅうを歩き回ることはできない。沖縄島と久高島の関係と似たような関係が、宮古島と大神島の間にはあるように思われる。

また、島尻ムラには「パーントゥー」という鬼面の来訪神を祭る神祭りがあることも有名である。

五、奄美群島

奄美群島は琉球文化圏として共通の神話や文化をもっている。しかし、私は奄美群島の神祭りには充分参加できていない。

ただし、行くたびに強く印象に残るのは港や湾の入口に浮かんでいる「立神《たちがみ》」と呼ばれる岩や小島である。名瀬港や大里の「立神」が目に浮かぶ。奄美の島ジマは、この「立神」から渡ってくる神々に守られているという。

また、湯湾岳に代表されるような「オボツ山」と呼ばれる山や森も気になる。神々は、オボツ山に降りて村々を守るという。

六、やおよろずの神

このように、私が実際に見たり、参加して体験した狭い範囲でも、琉球弧の島ジマには実に多数の神々と多様な神祭りが存在していることがわかる。

祖先神だけ見ても、琉球王国の王権を支える神話の神々はアマミキョ神、シネリキョ神であり、この神話は奄美群島や沖縄群島に広く分布している。しかし、大蛇やアマンや卵などを祖先神とする地域も存在するのである。

一方、火の神、水の神、海の神、山の神、川の神、太陽、月、星と、琉球弧では自然界のすべてが「神様」として崇拝されている。これらは、アイヌ民族をはじめ世界じゅうの先住民族に共通する自然崇拝＝アミニズムの信仰である。

いや、日本本土も古代は「やおよろずの神」を信じる自然崇拝のクニであったという。そう、「やおよろず＝八百万の神」という非常に多い数の神々を信じていたのである。しかし、天皇制国家が成立することによって太陽神崇拝を中心とする神道宗教に支配されていった。だが、琉球弧では現在でも「やおよろずの神」に匹敵する神々を信じているのである。

七、ニライ・カナイ

琉球弧の島ジマで、自然崇拝と同時に大切にしているのは祖先崇拝である。この祖先崇拝は十五世紀頃に仏教が伝わったあとや、中国文化の道教などの影響を受けることによってかなり変容してきている。死んだ人は、どんな人でも三三年忌の供養を受けると「カミになり祖先神の仲間入りをする」という信仰もその例の一つだ。

しかし、琉球弧全体の信仰の基層には自然崇拝と祖先崇拝を統合するニライ・カナイ信仰が横たわっている。このニライ・カナイとは何か。

仲松弥秀は「ニライ・カナイは、ニライ・カナイの神のもとに安らかな世界をなしており、われわれの父祖もここに安住しているといわれる『青の世界』であるとともに、あらゆるものの根源の世界ともなっている。いわば二つの側面を担っている世界をなしている」(『神と村』)と書いてある。

私も、ニライ・カナイの質問をされると「海の彼方にある理想郷で、あらゆるものやエネルギーが生まれると同時に死んだあとに帰っていくところ」と説明している。人間を含むあらゆる生命もニライ・カナイで生まれて、ニライ・カナイへ帰っていくのである。

八、御嶽

このニライ・カナイからの神々が渡って来るところ、また祖先たちの霊が祀られているところが「ウガンジュ」とか「ウガン」、「オン」、「ウタキ（御嶽）」と呼ばれる聖域である。琉球弧の島ジマの古い村落ならば、だいたい二つ以上の御嶽を崇拝している。

そして、島ジマの年中行事である神祭りはこれらの御嶽を中心に執り行なわれている。また、村落共同体はこれらの御嶽をクサティ（腰当て）として守護され生活している。おまけに、御嶽には現在でも男性が入ってはならないタブーの聖域をもっている所が多い。

それゆえ、島ジマには「ウタキからは草木一本、石ころ一つ持ち帰ってはならない」というタブーが生きているのである。もし、それを破ると必ずタタリの罰が当たると信じられている。

四方を海に囲まれた島ジマでは、海の彼方にニライ・カナイの神々のクニがあると信じられている。そして、大きな島（ウフジー）のまわりに点在する小さな島ジマは、久高島や大神島のようにニライ・カナイの「神の島」としての信仰も集めているのである。

そして、離島のさらに離島へ行けば行くほど太古からの信仰と神祭りを守り続けている。それらの島ジマや御嶽、さらに神祭りに対する信仰やタブーが守られている限りはニライ・カナイ信仰や自然崇拝、祖先崇拝の信仰は二十一世紀になっても生き続けるであろう。美しい神謡や踊りとともに。

参考文献
◇仲松弥秀『神と村』（伝統と現代社　一九七五年）二一四頁

琉球弧の神々と島々と村落共同体の関係について、調査し研究した古典的名著である。最も重要な基本的文献である。

◇比嘉康雄『神々の古層』（ニライ社　一九八九年）全一二巻　全巻一〇〇頁以上

民俗写真家である著者の代表的な労作。琉球弧の島々の年中行事と神祭りを芸術的な写真で記録してある。と同時に、その取材地に長期に滞在して民俗調査を行ない研究して文章化してある。写真と文章を通じて琉球弧の島々の信仰と神祭りを深く理解することができる。

この全一二巻は第十二回風土研究賞、第四二回日本写真協会年度賞、第一四回沖縄タイムス出版文化賞、第五回小泉八雲賞、第一六回沖縄タイムス芸術選賞大賞を受賞した。

◇外間守善・桑原重美『沖縄の祖神アマミク』（築地書館　一九九〇年）二〇六頁

琉球弧のアマミク祖神信仰と「青の世界」のフィールドワークを日本列島の海人族の動きまで拡大して研究した文献である。桑原の写真と、外間の文章による共著である。これでアマミク信仰の基本点は確認することができる。

仏教とアニミズム

　私にとって、仏教は苦手である。私の生まれた沖縄島玉城《たまぐすく》村には、二十一世紀の今日まで一つのお寺も、神社もない。あるのは、琉球弧独特の聖域であるウタキ（御嶽）やウガンジュ（御願所）である。私（たち）は、正月の初日の出は海中にある「ヤハラヂカサ」という聖域に参拝して迎える。正月二日には、「初ウビー」と呼ぶ聖地巡礼で一年間のカミ拝みが始まる。

　沖縄には、日本本土に見られるような檀家制度や氏子制度は定着していない。一つの村落には、それぞれ数ヵ所の聖地があり、村落共同体の全員がそこへ参拝する。したがって、私（たち）がお寺に接するのは、お葬式や法事のときぐらいである。琉球弧のお墓は、「亀甲墓」に代表される「門中制度」の一族共同墓であり、それらは集落のはずれの墓域に建てられている。したがって、お寺の墓地にお墓があるのは、村落共同体から何かの理由で離散した家族であり、沖縄では少数派である。

　琉球弧の伝統的信仰は、祖先崇拝と自然崇拝である。それは、日本の縄文時代やアイヌ民族の信仰と共通しているという指摘もある。琉球弧では、太陽、月、星、海、山、川、風、水、土、火、石、牛、馬、猪、豚、人間等々、自然界のすべてが「カミ」として崇拝されている。その伝統的信仰の儀式を行なう聖域がウタキである。したがって、現在でも「ウタキからは、草一本、石ころ一つ持ち帰ってはならない」というタブーが生きている。

私は、そのような信仰世界で成長してきたので、仏教はお釈迦様や、親鸞、道元等の伝記を読んだり、「般若心経」や「歎異抄」、「正法眼蔵」等を読んで独学しているのみである。それでも「般若心経」は大好きで、写経して覚えようと努力している。私は、仏教の核心を「宇宙のダルマ（法）を悟ること」と思っているので、それは太陽、月、星等の自然界すべてを「カミ」として崇拝するアニミズムの根本と共通しているのでは、と考えたりする。

奄美への恋文——21世紀への序奏

一、はじめに

アマミとつぶやいて、ほーっと息を吐いてみる。胸がキュンとなって言葉では表わせないような感情の波が押し寄せてくる。くり返し返し。

やはり、後ろめたい。裸世《はだかゆー》からアマン世。アマン世から那覇世に変わるときに、奄美、喜界を侵略したのは、琉球王国の私の祖先たちであった。奄美の友人たちの視線が痛い。この歴史のトラウマは止揚されなければならない。

それでも「アーマンチュ（アマミキョ）」と呼ばれる琉球開闢の神々の原郷に引かれるように、アマミへ通う。一九七九年に、パスポートなしで奄美に渡って以来、何度通っただろうか。もう記憶が追いつかない。道の島ジマよ。

琉球弧とつぶやいてみる。琉球弧は分断されたままである。鹿児島県と沖縄県に分裂したまま、二十一世紀を迎えつつある。

二、隔ての海を結びの海へ

奄美群島、沖縄群島、宮古群島、八重山群島からなる島ジマを「琉球弧」と再認識し、常に共時的、共空間的に思考し続けるように教えて下さったのは島尾敏雄、ミホ夫妻であった。トートゥガナシ・ウートートゥ。

生まれて初めて奄美大島へ渡ったときに、真っ先に訪ねたのが詩人の藤井令一氏であり、住民運動家の新元博文氏であった。当時、宇検村の枝手久島をめぐる石油基地反対運動は勝利へ向けて盛り上がっていた。

沖縄では、枝手久闘争に学びつつ金武湾の石油備蓄基地（CTS）反対運動が闘われていた。私たちは「隔ての海を結びの海へ」をスローガンに「琉球弧の住民運動交流合宿」を始めた。

第一回の合宿が沖縄・金武湾で。第二回目が奄美・宇検村で。第三回が宮古島、第四回が西表島、第五回が石垣島・白保と続いていった。住民どうしの海を越えた交流が始まったのである。

三、多様性、重層性のなかで

いま私の手元には、吉増剛造氏から贈られてきた雑誌「ＦＲＯＮＴ」二〇〇〇年四月号の「特集大奄美」と大橋愛由等氏から贈られてきた神戸奄美研究会の「キョラ」五号がある。そして「南海日々新聞」のコピーの束。

水の文化情報誌「ＦＲＯＮＴ」の「大奄美」特集では島尾ミホと吉増剛造の対談「アマミの宇宙（そら）を歩いて――風土の、さらなる深みへ」が大きく頁を取って巻頭を飾っている。「アンマアの光と『聞こえないメロディー』の中を」深く深くくぐって、湧き上がってくる二人の魂よ、詩よ。

特集「再考　琉球弧　ヤポネシア」を編集した「キョラ」では奄美の若き論客・前利潔《まえとしきよし》と私の対談「複眼の琉球弧」が収録されている。奄美—琉球弧—ヤポネシアをめぐる、私たちの問題意識のレベルは充分に議論されている。

〔二〇〇〇年〕四月二十九日、沖縄県立芸術大学で開かれた「沖縄で奄美を考える会」第一二回研究例会は、琉球大学民俗学研究室の「沖永良部島《おきのえらぶじま》調査報告」会であった。二年目を終えつつある研究例会は五〇人余の参加者で準備されていた席が足りないぐらいの盛況であった。

民俗学実習の授業の一環として、沖永良部郷土研究会（先田光演会長）の協力の下で行なわれた調査に一六人の学生が参加し、その代表として六人の若き学徒が発表をした。

このように、いまや奄美群島と琉球弧の他の島々、そしてヤポネシアをめぐる交通・交流は多様性と重層性を帯びて大きく発展している。沖縄にいても、奄美群島との文化・芸術、経済、政治等のさまざまなレベルでの交流の広がりを、生き生きと感じることができる。そして、E—メールのネットワークなどで日々交わされている情報。

四、自立・自決の新世紀へ

島尾敏雄はくり返し返し「奄美・琉球弧が変われば日本・ヤポネシアが変わる」という主旨の予言をした。私は、この予言は当たると直感している。大島の金作原《きんさくばる》の原生林の中や加計呂麻《かけろま》島に立つと、それは確信に変わる。

紙幅がないので、結論を急ごう。二十一世紀の奄美群島の未来は奄美人の手で自決し、自立することだ、というあたりまえのことである。しかし、この「自立・自決」というあたりまえのことがいかに困難かを私たち琉球弧人は知っている。まず精神の革命から始めなければならない。結婚と離婚の自由を獲得しなければならない。私たちは琉球弧の自決・自立・独立へ向かう。

願わくば、奄美群島が自然と文化を価値観の基軸とした「循環型社会」を創造して、持続的な発展に向かわれんことを。大奄美と大西表こそ琉球弧とヤポネシアの至宝となる時代が来ることを。

そのために、女性たちと、子どもたちの意見が尊重される社会への転換を。そして、奄美群島と沖縄の交流が、ますます盛んになることを。

来たる二〇〇九年に薩摩侵略四百年目を迎える琉球弧。分断、分裂の歴史は克服できるのか。この私の恋文が、片思いに終わりませんように。

琉球弧の文化交流

一、分断と交流

北は奄美群島から、南は八重山群島に連なる琉球弧では政治、経済、文化、教育をはじめとする諸分野で交流と分断の歴史がくり返されてきた。

古くは、先史時代から十一世紀のグスク時代前まで（考古学の研究成果によれば）琉球弧は奄美群島、沖縄群島から成る北琉球文化圏と、宮古群島、八重山群島の南琉球文化圏という二つの文化圏に分かれて異なった歴史、文化を形成していたという。

この二つの文化圏から統一された「琉球文化圏」が生まれたのがグスク時代であった。そして、十五世紀の前半に「琉球王国」が建国されると共通の「琉球文化」が創造されていった。

しかし、一六〇九年の薩摩藩による琉球侵略によって、琉球王国は植民地化され、徳川幕府の幕藩体制のもとで「日支両属支配」を受けるようになった。その結果、王国の領土は分割され、奄美群島は薩摩藩の直轄地となり分断支配が始まった。奄美群島は、再び別個の社会と文化の歴史を歩むようになったのである。

明治の琉球処分によって、琉球王国は滅亡し沖縄県が設置された。沖縄県は、「国内植民地」と呼ばれ、日本政府から差別支配された。そして、琉球弧の近代社会は第二次世界大戦と沖縄戦によって総破産の地獄に叩き込まれた。

日本国の敗戦によって、琉球弧は再び米軍政府の支配下で共通の歴史を歩んだ。琉球弧の島々にアメリカ文化が押し寄せてきた。米軍政府の占領植民地下で、奄美群島政府、沖縄群島政府、宮古群島政府、八重山群島政府が設置され、独特の戦後民主主義が生まれた。

それでも、奄美群島は一九五三年に日本復帰し、また鹿児島県の一部分となった。一九七二年には、沖縄が日本復帰し、沖縄県が復活した。それ以後今日まで、琉球弧は鹿児島県と沖縄県に分断されたまま相互交流が続いている。

二、戦後の交流

琉球弧の独特な分断と交流の歴史によって、戦前の社会には首里、那覇中心の「離島差別」問題が鬱積していた。いや、それは戦後や今日もまだ充分に克服されていないと言えるかもしれない。

私は、一九七二年に新城兵一の「辺境論――沖縄の内なる差別」(『中央公論』六月号)を読んで大きなショックを受けたことがある。また、川満信一著『沖縄・根からの問い』(泰流社、一九七六年)所収の「宮古論・島共同体の正と負」を読んで、宮古差別の問題とその克服の課題について多くを学ぶことができた。

私が、戦後から今日までの琉球弧の文化交流史を考えるときに特筆すべき重要なことが何点かある。そのいくつかを述べ、考察してみたい。

私(たち)にとって、奄美群島在住だった島尾敏雄・ミホ夫妻によって提唱された「ヤポネシアと琉球弧」の思想は、大きな衝撃であると同時に恩恵であった。その思想の核心点は、島尾敏雄『琉球弧の視点から』（朝日文庫、一九九二年）等で読むことができる。戦後の琉球弧で「ヤポネシアと琉球弧」論は最も根源的で幅広い影響を与えた思想の一つと言ってよい。

私は、この思想から常に奄美群島を忘れることなく思考する「琉球弧の視点」を学んだ。と同時に、琉球弧の歴史と文化をアジア・太平洋の視点で比較・考察するよう心がけるようになった。日本―沖縄の枠内と二項対立の呪縛は、相対化されるようになった。

島尾の「琉球弧論」は、地域住民運動や文化交流運動にも影響を与えた。一九七〇年代後半から、「琉球弧の住民運動交流合宿」が始まり、今日では韓国、台湾をはじめアジア・太平洋規模で拡大している。

また、一九九〇年代からは美術団体による「琉球弧・美の交流展」も奄美群島と沖縄県で交互に開催され交流を深めている。さらに、文学では山之口貘賞が奄美群島を含めた琉球弧全域に関係する詩人を対象に選考・授与されている。

一方、琉球弧の文化交流を考えるうえで沖縄タイムス社による『沖縄大百科事典』（一九八三年）の刊行を見逃すことはできない。この事典は、琉球弧の歴史において奄美から八重山までの事項を徹底して記述・採録した初めての百科事典であった。そして、その編集方針にも「琉球弧の視点」が大きな影響を与えたのである。

私は、戦後の島唄・音楽・芸能の交流の変化に対しても注目してきた。私（たち）は、『けーし風』第十五号（一九九七年）で「琉球弧を貫く音楽」を特集した。そのなかで、私は「奄美・宮古・八重山の歌が沖縄島で市民権を得るまで」という一文を書いた。

そこでも触れたが、かつて（一九七二年頃まで?）、琉球弧の各島ジマの民謡は宮廷音楽の伝統をもつ古典音楽よりも社会的価値として低く見られていた時期があった。とりわけ、奄美や宮古の島唄はそうであった。離島差別は、音楽の評価にまで反映していた。そのような状況を打破し、琉球弧の島ジマの民謡が相互に交流し「市民権」を得るのに大きく貢献したのが上原直彦を中心にした琉球放送のラジオ・テレビ番組であったと言える。

周知のように、琉球弧の文化は中国、日本、朝鮮をはじめアジア・太平洋の諸国・地域との交流のなかから形成された。そして、「琉球文化圏」という共通の母胎の上に、各島ジマの個性ある文化を開花させている。それゆえ、今後とも琉球弧をめぐる文化交流をさらに活性化させると同時に、アジア・太平洋との地域交流を重視していきたいと思う。

世《ゆ》や直《なう》れ

〽唐《とー》ぬ世《ゆー》から　大和《やまと》ぬ世
大和ぬ世から　アメリカ世
アメリカ世から　また大和ぬ世
ひるまさ変わゆる　くぬ沖縄《うちなー》
（中国主導の時代から　日本支配の時代
日本支配時代から　アメリカ支配の時代
アメリカ支配時代から　また日本支配時代
めまぐるしく変わるよ　この沖縄）

（「どぅーちゅいむにー」）

この歌は、一九七二年の沖縄施政権返還＝日本復帰の頃に流行っていた、佐渡山豊のフォークソング「どぅーちゅいむにー（一人ごと）」の一節です。当時大学生だった私たちも、佐渡山と同世代で、この歌をよく歌ったものでした。

あれから長い間、佐渡山は沈黙を守っていましたが、ここ数年再びライブ活動を展開しています。そして、この歌はＴＶのＣＭソングとしても流れ、中学三年生になる私の娘も好んで口ずさんでいます。

琉球弧の歴史にとって「唐ぬ世」、「大和ぬ世」、「アメリカ世」がいつ頃を指すのかの説明は要らないですよね。この歌には「ひるまさ変わゆる」琉球の歴史と、それに翻弄されながらも「自立・独立」を願う私たちの心情が良く表現されていると言えるでしょう。

沖縄は「また大和ぬ世」を迎えてから二五年が経ちました。ここで、再び「沖縄世《うちなーゆー》」の未来を築く議論が活発になってきました。そうです、佐渡山は直接的には歌っていませんが、「唐ぬ世」の以前には一万数千年にも及ぶ、長い長い「沖縄世」があったのです。

ところで、「世」という漢字を当てられている「ゆー」には、実に重層的で多様なイメージが込められています。すでに拙著『琉球弧（うるま）の発信』（御茶の水書房・一九九六）所収の「基層の根源へ――うふゆー論序説」でも書きましたが、「琉球弧の神人たちは宇宙の時間的深まりと空間的拡がりを『クニ（国）、ユー（世）、ウフユー（大世）』と三分法で表現」します。

そして、原始から現代までの歴史的、時間的流れを「ハダカユー（裸の世・原始時代）、ウサチユー（御先の世・古代）、ナカヌユー（中の世・中世）、イマメーヌユー（今前の世・近現代）」と表現するのです。このように「ゆー」には「世」とか「時代」という意味とイメージが込められています。

しかし、それだけではありません。「ゆー」は宮古群島の「ユークイ（世乞）」祭祀に見られるように「豊穣」とか「豊年」という意味もあります。

また、これらの祭祀でお供えされる稲や粟のオニギリも「ゆー」とよばれますから、「稲粟」の意味ももっていることがわかります。さらに、そのような豊穣をもたらすエネルギーという意味も「ゆー」のなかには込められているのです。

それゆえ、「ユークイ」祭祀などの神歌では「ユンテル（豊穣よ、満ちよ）」と唱和され、また「ユンクイ・ユンクイ」とはやし立てられるのです。

あるいは、現在歌われている島唄＝民謡のなかでも「ユーヤナウレ（世や直れ）」というハヤシがくり返し返し表われてくるのです。たとえば「カナガマヤウドー　ドゥニスミャヤウドー　ユーヤナウレー」（「根間の主」）というハヤシのように。

したがって、琉球弧の島ジマの祭祀における祈りの中心に「ユークイ」とか「ユーニガイ」と「ユーヤナウレ」という祈りがあることがわかります。琉球弧の島人にとって「ゆー」は一年に一度、再生してもらわねばならないのです。

すると「ゆー」は過去、現在、未来を包摂する根源的なエネルギーのイメージであることも理解できると思います。また、「ウフユー（大世）」とは宇宙そのものであることも。

さて、この「ユーヤナウレ」と祈るときに、琉球弧の精神・文化・信仰の基軸が何であるのかが視えてきます。すなわち、琉球弧の精神世界の基層は「畏れ、祈り、感謝」の祭祀・文化が基軸として残っています。琉球弧の信仰の中心は祖先崇拝と自然崇拝だと言われています。

この祖先崇拝を徹底していけば、進化論の教える通り、私たちの祖先は人類共通の祖先であるアウストラロ・ピテクスを経て恐竜まで遡ります。さらに恐竜から先カンブリア期の生物たちを経て、三十数億年前の単細胞生物に行き着くでしょう。さらに、さらに祖先をたずねれば、最後は生命の起源であるＤＮＡ分子になるはずです。ここで、祖先崇拝は宇宙のすべての生命が共通の祖先から始まったという、すばらしい信仰となります。

一方、自然崇拝の方も、根源は祖先崇拝といっしょになります。自然崇拝は、山や川や海、風や土や水、火をはじめ、石や木など自然の万物にカミ＝精霊が宿っていることをおしえます。それゆえ、自然の万物を畏敬し、生態系を大切にするのです。

琉球弧の祖先崇拝と自然崇拝が合流する聖域を私たちは「ウタキ（御嶽）」と呼んでいます。したがって、各シマ島の祭祀はウタキを中心に行なわれます。「ウタキからは木一本、石一つでも取ってはならない」というタブーが今日でも生きているのです。

ウスリ（畏れ）に関しては、最近こんなおもしろくて興味深い体験をしました。

私は同じ村の人たち二四人と親睦のための「モアイ（模合）」とよばれる頼母子《たのもし》講をやっています。私たちのモアイは毎月一人一万円を出しあって、二人ずつ必要な人が一二万円ずつもらうのです。モアイをもらえるのは一回きりですから、一年間で全員が一二万円もらえるわけです。

ところで、いままで早くもらった人は、利息の分を五百円出していました。したがって、一度モアイをもらった人は、次の月から一万五百円を毎月出さなければならないのです。こうすると、最後の月にもらう人は合計一二万五千五百円もらえることになります。

しかし、二年目にはいった今年、ある会員から「これでは親睦モアイにはならないから、利子の分の五百円は廃止しよう」という提案がなされました。出席したほとんどの会員が「なるほど」と賛成して、提案はほぼ決まりかけていました。

ところが、別の年配の会員が「いや、せめて二、三百円は銭のウスリとして残そう」と提案したのです。その先輩は、小さい頃から父や母に「銭ぬウスリをもちなさい」と教えられたそうです。したがって「銭はタダでもうけたり、タダで使ったりしてはいけない。いつもウスリをもって使わなければならない」と説明したのです。

私は、この「銭ぬウスリ」という精神文化に感銘を受けました。他の会員も共感したらしく、結局「銭ぬウスリ」の分として三百円を残すことにしました。

一見、非近代的な迷信と片づけられそうですが、沖縄では現在でも、金銭にすら「ウスリ」をもって接している人々がいるのです。そう言えば「くとぅばじんじけー（言葉銭使え）」＝「言葉は金銭のように大切に使いなさい」という諺も生きています。

しかし、このような「ウスリ」や「感謝」の精神文化を失うと「拝金主義」がはびこります。お金を持っていることが最高の価値になり、お金をもうけるためなら何をやっても良く、お金を持っているなら何をやってもいい、という価値観と精神文化です。

その結果は「使い捨て」と「大量消費型」の経済活動による精神文化の荒廃がもたらされていると思うのです。とりわけ、その傾向は日本本土や経済的先進国に強いでしょう。

この「拝金主義」や「大量消費型経済」の克服は二十一世紀の人類文化の大きな課題だと言えるのではないでしょうか、別の言い方をすれば人間一人一人が「欲望の自己コントロール」が可能かどうか、問われていると思います。いまや個々人の欲望までマスメディアとコマーシャリズムによって刷り込まれ、コントロールされている現代で。

そこで、文化的、思想的に大きなヒントを与えるのが、世界の先住民族の文化や生活スタイルだと思います。日本では、具体的にはアイヌ民族や琉球民族の伝統的な文化や信仰、生活スタイルです。その中軸になるのが、先述した「畏れ、祈り、感謝」の精神文化です。

周知のように、最近の自然人類学やＤＮＡ人類進化学などの成果によって、アイヌ民族や琉球民族は日本列島（ヤポネシア）の先住民族であり、縄文人の祖先であることが明確になってきました。どちらも古モンゴロイドから分かれた遺伝子をミトコンドリアＤＮＡに刻み込まれているようです。

そして、アイヌ民族も琉球民族も信仰を中軸にした伝統文化や生活スタイルを大切に保持していま す。それゆえに未来の「沖縄世」を考えるときに、アイヌ民族の未来をともに考えざるをえません。

いままでの、さまざまな沖縄研究や沖縄論にはこの視線が決定的に欠けていた、と言っても言いすぎではないと思います。あまりにも、東京中心や京都、大阪中心の思想、学術、文化に囚われすぎたのです。あるいは、柳田国男、折口信夫、伊波普猷《いはふゆう》の学術・思想の影響を受けすぎた、とも言えるでしょう。

私たちは、未来の「沖縄世」の一つの選択肢として「琉球自立・独立」を考えています。私は、日米安保体制や、米軍基地、あるいは日本国憲法よりも日米安保条約を優先させる政策や制度から「琉球の自立・独立」を希望しているのですが、なによりも、精神文化における「拝金主義」や「大量消費経済」からの脱却のために、「琉球の自立・独立」と「アイヌモシリ（北海道、千島列島など）の自立・独立」を望んでいるのです。

すると、本州、四国、九州の大和人＝和人はどうなるのでしょう。私には、よくわかりません。ただ、最低これだけは言えると思います。二十一世紀は、まちがいなく「女性の人権」、『障害者』の人権」、「子どもの人権」、「先住民族の人権」が真正面から、全世界的に思想・文化の大きな課題になる新世紀だと。それは、ここ最近の国連決議やＮＧＯの動きを見れば納得がいくでしょう。

したがって、大和人＝和人の未来については、まず「女性の声」や『障害者』の声」、「子どもの声」を真っ先に聴いた方が良さそうです。いまこそ、「女、子ども」と差別した近代日本の伝統文化と訣別するのです。そのことは、アイヌ民族や琉球民族の未来にも言えることです。

一方で、琉球弧とアイヌモシㇼの「自立・独立」は日本の「共和社会」への近道かもしれません。しかし、それよりも、私たちは先住民族の伝統文化や生活、信仰の智恵のすばらしさを伝え、発展させ、人類文化の未来にプレゼントしたいのです。

世界には約三五〇〇の先住民族がいると言われています。それをわずか約一八〇の近代国家が国境で分断支配してきました。しかし二十一世紀はもはや、そうはできないでしょう。私たちは、世界の先住民族とともに「沖縄世」をめざします。ユヤナウレ、ユヤナウレ。

新しい島言葉の時代へ

――しまくとぅばの日制定へ寄せて

今年（二〇〇六年）三月の県議会で、島言葉の普及促進を図るために「しまくとぅばの日に関する条例」が全会一致で可決され、九月十八日《とぅば》が「しまくとぅばの日」として制定された。そして、私たちは第一回目の記念すべき日を迎えようとしている。

この条例の制定は、画期的なことでありその意義と課題をともに考え積極的に活用したいものだ。すでに、県当局や県議会、地方自治体、民間団体では、さまざまな普及事業の企画が実施されている。たとえば、沖縄県は八月十五日に県庁内で全職員を挙げて講演会を開いた。また、九月十一日からは上映実行委員会等と共催で「島クトゥバで語る戦世」の上映・展示会が県庁舎ホールで開かれる。また、十六日には沖縄県文化協会との共催で「しまくとぅば語やびら大会」が、十七日は沖縄テレビ放送等との共催で沖縄芝居「喜劇ウチナーグチ万歳」の上演が予定されている。そして、十八日には「しまくとぅばの日」制定記念式典や芸能のつどいが企画されている。

一方、市町村でも関連事業が始まっている。八月二十六日の読谷村を皮切りに、沖縄市、うるま市、南風原町などで「沖縄口大会」が開始されている。また、西原町のように「うちなーぐち入門講座」も行なわれている。

いまや、各地域の島言葉が評価され奨励・普及される、新しい島言葉の時代が到来したのである。思えば、ここまでくるのに長い、苦しい歴史があった。

島言葉は、言うまでもなく琉球・沖縄文化の土台であり中柱である。琉球芸能や琉球・沖縄文学をはじめ、工芸や信仰等の伝統文化の継承や創造は、島言葉なくしてはありえない。

しかし、周知のように島言葉は一八七九年の琉球処分以来、差別され弾圧されてきた。戦前の学校教育では、島言葉を使用することが禁じられ、有名な「方言札」で弾圧された。たとえば、旧制中学校で島言葉を使うと方言札を渡され「素行点」が悪くなり、落第させられ高等学校、大学へ進学できなくなった。それに反抗して、結果的に中学校を中退する生徒らもいた。

また、沖縄戦が近づいてきた一九四〇年には、県当局が〈挙県的運動〉として「方言撲滅運動」を展開し、柳宗悦ら日本民芸協会の人々との間に「方言論争」が起きた。そして、四五年の沖縄戦のときは、日本軍司令部から「沖縄語の使用を禁ずる。沖縄語をもって談合する者はスパイとみなして処分する」という主旨の命令が出された。実際に、スパイと見なされ殺された住民についての証言がある。

戦後も、一九六〇年前後の学校では「共通語励行」が指導され、「方言札」が出回った。私たちが小学生の頃の体験である。そのような苦難の歴史のなかで、島言葉は多くの人々の努力によって守られ、継承されてきた。そのなかでも、沖縄芝居や琉球音楽をはじめとする琉球芸能関係者の尽力を特筆しておきたい。また、それを支えたマスコミの郷土文化振興の取り組みも。

また、近年では「島クトゥバで語る戦世」を記録・上映してきた琉球弧を記録する会や、「沖縄方言新聞」を発行し続けている沖縄語普及協議会等の活動を忘れてはならない。

さて、最後に「しまくとぅばの日」の今後の課題について主な点を提起しておきたい。まず第一に、県条例が制定されたということは、逆にそれだけ島言葉が滅亡しつつあるという危機感を共有していかなければならない。文化財を行政側が法律や条例で保護しなければならないのは、それらが危機的状況にあるからだ。

第二に、「しまくとぅば」という以上、沖縄語、宮古語、八重山語、与那国語、そして奄美語を、対等・平等に評価し、普及することである。たとえば、島言葉という単語も宮古語では「スマフツ」、八重山語では「シゥマムニ」、与那国語では「チマムヌイ」等となろう。

第三に、普及方法と学校教育について論議・試行する必要がある。島言葉を継承・発展させるためには、どうしても小・中・高校での一貫した教育が必要である。すでに、沖縄でも南風原《はえばる》高校等で始まっている。そのとき、参考になるのがアイヌ民族やフィリピン、アイルランド等の教育・普及方法であると思う。

以上のような課題を、ともに議論し解決しながら島言葉を楽しみ普及させたいものだ。

標準語励行・方言札とは

今年（二〇〇九年）もまた、九月十八日「しまくとぅばの日」がやってきた。三年前に、県の条例によってこの日が制定されたことにより、各地域で島言葉（琉球語）の復権と普及に向けたさまざまな取り組みが拡大している。私は、いままで島言葉で詩を書き、琉球芸能を支援する等、琉球語にこだわってきた一人としてこんな嬉しいことはない。

しまくとぅばプロジェクト（文化の杜社）もこの間、シンポジウムや島唄コンサート、詩の朗読会等と県立博物館・美術館のホールを中心にさまざまな企画を展開してきた。私も、四月に詩の朗読会と討論会に出演した。

今回は、「しまくとぅばの日」スペシャルとして十八日と二十日に二弾のシンポジウムを行なう。十八日は「しまくとぅばの復権、再活性化に果たすメディアの役割」をテーマに、沖縄タイムスやNHKをはじめ主要なマスメディアの代表がパネリストになって討論が行なわれる。

私たちは、二十日のシンポジウムで「方言札・標準語励行と私たちが得たもの失ったもの」について議論する予定である。プログラムの第一部は、まず沖縄語普及協議会の宮里朝光会長に「しまくとぅばの日によせて」というお話をしていただく。

続いて、私が小学校六年生のときの担任であった恩師・儀間朝善先生に「言語教育のなかの標準語励行と方言札」についてインタビューと対談を試みる。私（たち）は、一九六〇年ごろの小学校で熱心な標準語励行教育を受けた。朝善先生は、その教育を情熱的に推進した教師の一人であった。それは、私たち生徒への愛情あふれる指導であった。当時の指導方法のなかには、週訓「標準語を使いましょう」や方言札も含まれていた。

私は、これまで朝善先生と私的に当時の思い出話を語り合ってきたが、今回主催者の強い要望によりあえて公開の場で話していただくことになった。私は、先生から当時の沖縄の教育状況や教師たちの思いについて聞いてみたい。そして、その教訓を大切に記録・保存して活用していきたいと考えている。おそらく、標準語励行・方言札時代の体験を、当時の教師の側から聞く機会はなかなか得られないだろう。

第二部では、仲里効（評論家）コーディネーターのもと、石川元平（元沖教組委員長）、上原美智子（教諭）と私が、一部の話を受けて「標準語励行によって得たもの失ったもの」について各自の体験と考察を議論する。「しまくとぅばの日」に戦後の方言札について考えることは大切であり、今回はそのキッカケになればと願っている。

戦後沖縄の標準語励行と方言札は、地域によってさまざまな差異があった。聞くところによると、一九八〇年代まで方言札が使われていた地域もあるという。私たちは、その体験の差異を明らかにし、その背景まで考察したい。そして、その議論を島言葉の復権と普及の未来へ生かしていきたいものだと考えている。

伝統文化と観光

一、苦い経験から

観光客なんか、来ない方がいい。私の生まれ育ったこの島が豊かで、外部の見知らぬ人たちに自分をさらけ出して見せたりせず、必要な分だけ他の島々と交流・交易して暮らせるなら、観光産業などない方がいい。一人で星空を見上げて、タバコをくゆらしながら、つくづくそう思う。

私に学芸部から与えられたテーマは、「リゾート観光と伝統文化」だが、まずは自分の六〇年間の苦い体験を述べて、いっしょに考えていただきたい。

私の生まれ育ったシマは、沖縄南部でも唯一の無料で遊べる自然ビーチが広がる有名な観光地になっている。しかし、私（たち）が中学生頃までの一九六〇年前後には、半農半漁の静かなシマで観光客は一人もいなかった。美しい白浜は、主に漁業と稲を脱穀したり、籾を干したり、大豆の脱穀等に使われていた。外部の人間といえば、たまにアメリカ兵たちが海鴨をライフルで撃ちに来るぐらいであった。

ところが、一九六五年頃から主に沖縄島内の家族や自治会が海水浴に来るようになった。シマは色めきたち、部落でビーチを有料化して経営するようになった。また、浜に近い家庭ではシャワー室や手漕ぎボートの貸し出し業、ガラスボート業の経営者が現われた。さらに、七二年の日本復帰後は、ヤマト（本土）からの観光客が増え始め、テレビのロケも行なわれるようになった。

すると、民宿やレストランを経営する人も出てきて、シマ人はだんだん農業をしなくなり、畑はギンネムや雑草に覆われるように荒れ果てた。土、日曜日になると、シマの道路は車であふれ救急車も入れないありさまだった。

シマは喧噪と観光客のきらびやかさに包まれ、殺伐としてきた。観光業をめぐって、親族どうしが分裂し対立した。若者と老人たちの利権争いも始まった。日本復帰前まではどの家も鍵などなくて生活していたのに、観光客が増えると門に扉を付け鍵を掛けるようになった。

二、世界文化遺産登録は……

私は、そのようなシマの変貌ぶりを苦々しく思いながら、自分は仕事のためシマを離れたため、外部から見つめたり意見を述べたりすることしかできなかった。それでも、せめてシマを「沖縄の軽井沢にしたい」と夢見ていた。

そのため、友人たちがシマの近くに移住するのを手伝った。著名な女性史研究者のM先生が家を建てた。芥川賞作家のI氏も移住してきた。有名な国際的演出家のA氏も家を建てた。

一方、私は沖縄県教育庁文化課へ出向し、首里《しゅり》城跡をはじめとする「琉球王国のグスク及び関連遺産群」を「世界文化遺産」に登録する事業を担当し、二〇〇〇年に成功させた。

その作業過程で、日本各地の世界遺産の保存と活用状況を調査してみると、どの都道府県でも登録後に観光客が約二五％以上増加していることがわかった。すると、私（たち）は当時約三〇〇万弱だった沖縄県への観光客が、登録後の将来は五〇〇万人を突破するだろうと予想していた。そして、事実はその予想通りになった。

だが、私の心は晴れない。沖縄県の世界遺産のなかでも、現代的なコンクリート建造物が増え続ける首里城跡や、駐車場近くまで民間の開発が進み、参拝者からも「入場料」を取るようになったウタキ等を見ていると、これらのグスクや御嶽を「世界文化遺産」登録して良かったかどうか自問自答している。

また、生まれジマにはどんどんヤマトからの移住者が増え、古い村落内に家を建てたり、美しい自然のハンタ（稜線）の緑が破壊されていくのを見るにつけ、私の「沖縄の軽井沢」構想の夢は否定的になる。シマの兄弟からは、「もうおまえは外で、このシマがいい所だと自慢したり宣伝することは止めなさい」と忠告されている。

三、観光への理念と戦略の議論を

しかし、現実にシマでは観光客相手の仕事で生計を立てている人々がおり、いやがおうでも観光客たちが来る以上、私たちは「観光産業」に対する理念と戦略と路線を構築する必要があると思う。私は、まず第一に社会全体や観光業者が「拝金主義」の風潮や精神・文化と闘う理念をもつ必要性を感ずる。私たちの祖先が、血と汗をもって大切に守り育ててきた自然や信仰、祭、伝統文化を拝金主義で「観光商品」として安易に売り飛ばしたり破壊してはならない。

そのためにも、シマ外の観光産業に主導された団体観光のあり方を改善する必要がある。とりわけ、日本人観光客は観光大企業がパック商品化した買物中心の団体ツアーに流れがちになっている。また、地元と隔離されたリゾート地へ行って現地の人々とはなんの交流もない人工空間での植民地主義的な優越感に浸った観光旅行に囲い込まれている。詳細な議論はできないが、今後、県が推進しようとしている「沖縄統合リゾートモデル」構想（「沖縄タイムス」二〇〇九年三月十三日）は、そのような拝金主義的観光を助長するようなものである。「カジノ開業」なんて、拝金主義の最たるものであり、とても容認できない。現在の観光産業のあり方の延長上に、たとえ観光客数が増えても利潤の大半は外部の観光大企業に収奪されるだけで終わるだろう。

それよりも、あくまでも地元住民の経営する観光産業を大切にして、できるだけシマの民宿や一般家庭の民泊に長期滞在し、シマ人の生活や行事、伝統文化に現地で触れ、リピーターが増えていくような、持続発展型の観光戦略が望ましいと思う。すでに、私たちは修学旅行生徒の交流学習や、「観光コースでない沖縄」の開発と案内、地元民によるエコ・ツーリズムの路線と経験を蓄積してきている。

第二部　琉球芸術論

❖絵画批評・展評

直線・面・螺旋——安谷屋正義展・展評

安谷屋正義《あだにやまさよし》は、私にとって半ば「伝説の画家」であった。玉城村《たまぐすく》の遠い親戚でもあるので、小さい頃から生活上の風評は聞かされていたが、直接会った記憶はない。おまけに、私が高校三年生の一九六七年夏に急逝してしまった。享年四六歳の若さで。

もの心ついてから、本格的に安谷屋について考えるようになった。一九七九年沖縄県立博物館で開催された「安谷屋正義回顧展」で、初めて彼の代表的な作品を鑑賞した。安い月給から大枚をはたいて『安谷屋正義　絵と文』（一九七三年）を買い、くりかえし彼の絵画をながめ文章を読んだ。

一方で、清田政信の『情念の力学』や『造型の彼方』をはじめとする何名かの「安谷屋正義論」を読み、彼の絵画表現と思想について議論してきた。安谷屋は、まちがいなく戦後沖縄を代表する画家の一人であり、絵画・文化論のリーダーであった。

今回の「安谷屋正義展——モダニズムのゆくえ」で、私は三八年ぶりに彼の初期から絶筆までの年代ごとの代表作をじっくり視ることができた。安谷屋亡きあと、私（たち）はマルクス主義やポストモダンの思想を浴び、美術表現はインスタレーションやミックスメディアの方法が盛んになり、写真や映像文化の時代を迎えている。

私は、沖縄県立美術館の展示場を行ったり来たりして何度も作品を視ながら、しきりに「直線と面と螺旋」について考えていた。私（たち）は、安谷屋の何を継承し、何を乗り越えることができたのか。彼の初期作品は、ほとんど具象画である。そのコーナーでは、彼のデッサン力や構成力と色彩感性の表現技術の高さを楽しんだ。

問題は、作品「新世紀」や「起重機」等の過渡期を経て、「塔」（一九五八年）に代表される鋭い直線の登場である。この時期から、安谷屋の絵画は抽象表現へ向かっている。私は、「秋の塔」や「航跡」等の垂直へ向かう鋭い直線から、自我や個性の確立を告げる精神的格闘を感じる。自我や個性の自立は、水平的、円環的に感じる共同体的な風土・伝統から一度垂直的な離脱感を経なければならないことが多い。

私はこの垂直感覚を一九六〇年代の後半に体験した。私は当時、「私たちは琉球弧から垂直に世界へ飛翔するのだ」（詩集『夢の起源』）と表現していた。この垂直方向への自立・離脱感は、孤独感を伴うものだ。安谷屋の鋭い直線の厳しさは、その自立の決意と孤独感を充分に表現していて痛々しくも感動的である。

その後、安谷屋は「白と直線」の抽象画の時期を展開する。しかし、完全な抽象表現にはいかず絶えず現実の沖縄と対決し反映させ、米軍基地のイメージさえ導入した。その代表作が「滑走路」（一九六三年）、「誘導路」（一九六四年）、「望郷」（一九六五年）である。この「白の時代」三点は圧巻だ。

米軍基地や沖縄の現実は、圧倒的に広がる水平方向の面・空間で表現されている。それに拮抗したり、切り裂くように走る鋭い垂直線や斜線は、現実と厳しく格闘する思想や心象の表現として成功している。そして、「望郷」に立つ半具象の米兵らしき人物の孤独な姿。安谷屋にとって「白色」は、沖縄の風土と戦後風景・現実の心象的象徴であろう。山之口貘が「白い季節を被って」（「会話」）と詩ったように。すると、「望郷」に塗られた青の色彩は何か。原郷としての海か。

安谷屋は、「白と直線」の時期に安住せず、さらに表現方法の自己変革と飛翔を試みた。私（たち）は、その格闘の軌跡を今回約四千点の「エスキース」から選ばれた展示作品で確認することができる。その核心点は、面・空間と色彩との格闘と言ってよい。そして、安谷屋の飛翔の方向を暗示するのが、一九六六年の「壁の詩」（A）（B）（C）の三点であり、「鳥」である。だが、彼はそれらを充分に展開することなく、未完の絶筆「道」を残して逝去してしまった。

おそらく、安谷屋が最も表現したかった方法は「エスキース」五一〜五三番の「バベルの塔」の方向にあるだろう。私は、彼の格闘を継承し自己の思想的自立と風土・現実の総体を変革していく表現方法を曲線と二重螺旋運動にイメージしている。それが、モダニズムもポストモダニズムも越えていく思想・表現方法だと思っている。

山城見信論

躍る魂の微元素たち――第6回山城見信展に寄せて

なんという絵だろう。最近こんなにのびやかな絵を観たことはない。高度管理社会化が強まる昨今、芸術の細分化はますます進み、詩は詩壇の約束事、絵は画壇の約束事にしばられがちだが、こんなに自在で赤裸々な表現に出会うことはあまりない。

山城見信《けんしん》は、第6回目の個展でみごとに自らの魂のコスモスの創世神話を描いたと断言してよい。徹底した抽象化である。一枚の絵の中に空と地と海があるらしい。しかし、それらには具象的な形はいっさい与えられていない。画面では魂の微元素たちが躍っているだけである。

海とか空とか、天と地とかの二分法は斥けられ、水平線も地平線もない未分化な魂の核が表現されている。しかも微妙に変化する画面の色彩のなかから、風や光がにじみ出し、草の波や雲の嶺が湧きだし、名もなき自然の精霊たちが語りかけてくるのだ。

山見《やまけん》さんが、『美尻毛原の神々』や盲学校の生徒たちとの「土の造型展」でこだわってきたオブジェの世界と第5回個展で見せた砂漠の蒼天と星空の世界が、今回ようやく一つに融合し結晶になった

山城見信　2001年

という気がする。ぼくは山見さんのアトリエで、まだ言葉によっては命名されていないタブローたちと向き合い黙って語り合っていた。言葉で限定されていない分だけ、絵は多くの心象を投げかけてくれた。山見さんは、はにかんで「花巻のおじさんとようやく話ができたよ」と言っていたが、この作品群は、海と山、東北と沖縄だけでなく、みごとな詩との対話であると同時に、すでにそれを超えた一つの宇宙の開示である。

　そういえば「花巻のおじさん」こと宮澤賢治も風と光にこだわり「海だべがど　おらおもたれば／やつぱり光る山だたぢやい」（「高原」）とか「まるめろの匂のそらに／あたらしい星雲を燃せ／dah-dah-sko-dah-dah」（「原体剣舞連」）とか詩っていましたなあ。賢治は、東北の鈍色の気圏の底でまっ青な海にあこがれていたのかもしれませんね。かつて山見さんが大陸の地平線にあこがれてシルクロードの砂漠の中へ旅立ったように。

それにしても、油絵の具は、こんなにも自在に手慣れさせることができるのか。祈りを込め幾重にも色を塗りながらも、なおにじみ出てくる透明感と色素の微粒子たち。しかも、今回山見さんの「オーの世界」は青（オー）から黄（オー）、緑（オー）へと深められ、より始源的な色彩感覚へくぐもっている。

さて、名もなきタブローたちは、どんな詩と出会っているのか、と胸おどらせて個展会場へ入ってみた。Ｆ６号のぼくの好きな作品たちは「こんや異装のげん月のした（１）」「同（２）」とか「四方の夜の鬼神をまねき（２）」とか「この野とそらのあらゆる相は」とか名づけられていた。

山見さんの創世神話に、ぼくはぼくの創世記で語るしかない時期が来たようだ。作品群の前で、黙ったまま。

渦巻く時間・空間に浸る――山城見信個展・展評

山城見信の個展を見ると、いつも会場へ行くまでの予想をはるかに超えた作品表現に驚かされ、感動させられる。イマジネーションの渦の激しい圧力よ。

思えば一九七〇年代から山城の個展はほとんど見続けてきた。そして、ヤマケン（山見）の表現方法と表現世界（作品）が、毎回激しく変容するのを見た。すさまじい表現への情熱である。

今回、浦添美術館へ行くと、廊下からすでに山見の表現世界へ変化させられている。そして、彼が現在までのプロセスで蓄積してきた表現方法と表現思想の全力を駆使して、美術館の展示空間全体を一種の「入れ子」状の壮大な「ヤマケン宇宙」へ化学変化させてしまっている。ここで、一点一点の表現物は「一個の作品」としてどのような意味をもつであろうか。私にとって、まずすべてのイメージが時間・空間を自在に運動するのに触発されているだけでもいい。

それでも、山見の表現世界には一貫して追求されている思想がある。それは「人間はなぜ表現するのか?」という自己との真摯な対話である。そして、彼はその表現の根拠を自己の深層の宇宙から顕現させようと格闘してきたのだ。ときにはユーモアを感じさせながらも。今回も、全体的に黒色が基調となっているのは、その対話の深度の現われであろう。

しかも、山見の表現行為は大胆で細心なため、どんな小さなモノの表現にも丁寧な作業が込められている。彼は、おそらく自らの表現意識が無意識層のカオスから立ち上がる瞬間のディテールを慈しむように大切にしてきたにちがいない。そして、小さなモノのコスモスからカオスの波動が生まれ、それがさらに大きなコスモスの渦巻きに変わることも。

私は、そのコアとも言うべき「木喰い虫の音をたどってみたところ……(　)」などの作品の渦巻く時間・空間に楽しく浸っていた。

くりかえしのなかの豊かさ――城間喜宏展・展評

芸術にとって真の敵は自分である。自己の作品を打ち倒すために、作者は新たな創作へ向かうのだ。誰が言った言葉か定かではないが、私はこの言葉が好きだ。城間喜宏《しろまきこう》の絵は美しく堅固である。描かれたイメージ・色彩・マチエール・構図、どれをとっても、確固たる自己表現の世界を築いている。しかも、私たちは一九八二年の第二十回個展「二十五年の歩み展」（県民アート・ギャラリー）で、城間が今日のフォルムを築くまでの苦闘の跡を視てきた。あるときはキャンパスを拒否し、あるときは額縁を取っ払い。

一九八〇年代からはライトブルーの基調色彩と円環の構図が定着していく。そして表現のモチーフも「マンダラシリーズ」が登場し、城間宇宙の一つの円熟を感じさせせつつある。

だが、ここから作者はまた新たなる苦闘をかかえざるをえない。作品が作者に逆襲し、呪縛しようとするのである。視る者も常に新たなる展開を期待する。芸術のなかに死と再生のドラマを体験する悦びを求めるのである。

城間の画面が、今回の個展でまた動き始めた。円環の構図を破ろうとする垂直方向の岩や突起物のイメージが加わってきたのである。画面は動いたが、城間マンダラがどこへ往こうとしているのかまだ予断は許さない。

私には、作品87―2や4のシリーズが大きな可能性を予感させる。人はくりかえすことしかできないかもしれない。しかし、くりかえしのなかにある豊かさを私は信じたい。

表現意識への挑戦——大浜用光展・展評

大浜用光《おおはまようこう》の作品との出会いは、そんなに早くはない。それでも第四回個展（一九八二年、沖縄物産センター画廊）で観た「海嘯《かいしょう》」シリーズには、しばらく言葉を失うほどの衝撃を受けた。画面そのものが言葉を拒否しているかのようであった。禁欲的なほど抑制された構図が、逆に「海嘯」→潮鳴り→大津波の連想を呼び、恐ろしいほどのエネルギーと緊張感がみごとに表現されていた。それ以来、ぼくは大浜の表現活動に注目してきた。

第七回の今個展では最近作の「Monochrome Gold」シリーズが圧巻である。とりわけその「I」と題された162.1×130.3センチの作品は垂直方向へ昇華していくエネルギーの爆発を感じさせる。久しぶりに初めてこの作品を観た帰り道、突然「生命の誕生、または星」という言葉が飛び込んできた。久しぶりに絵画によって新しいイメージが触発されたのだ。

大浜は一九八五年の第六回個展から、キャンバスの上に土を塗り付け、それをバーナーの炎で焼くことによってイメージを表現する方法を試みている。この方法は、単なる思いつきや奇を衒ったものでないことは明らかである。本人は多くを語らないが、そこには既成の絵画表現意識への激しい抵抗と挑戦がある。一度、大宜味《おおぎみ》村の江洲《えす》に籠もって土と火と焼き物とに格闘してきた彼の内面には、個人の表現意識の深層まで下降し、集合的無意識層を火と土の偶発的衝突によってイメージ化していく方法への必然的挑戦があると思われる。さらに彼の前衛意識が絵の具、顔料の原初である土へ回帰させ執着させたのではなかろうか。

大浜の作品は全体的に抑制された寡黙さに包まれているが、その背後には「絵画とは何か」、「素材とは何か」、「イメージとは何か」、「自己表現とは何か」という根源的な疑問符と思想実験が横たわっているように感じられる。

今回展示されている「Untitle」（無題）シリーズは以前にも何点か視たことがあるが、白から茶、こげ茶、黒まで焼き付けられた色調の変化と模様は、その気泡の跡のようなマチエールとともに観る側にとって月のクレーターや火山のカルデラや島の誕生などを連想させる。しかし、まだ画面のどこかに方法実験の生々しさが尾を引いており、作者の精神の抑制感や緊迫感を直接的に押しつけられているような息苦しさを感じてしまう。

ところが今回、金粉を混入したモノクローム・ゴールドシリーズの二点は作者の表現力がより自在になっているように思われる。しかも同時に混入された樹脂やニービヌフニ（砂岩）の石屑の焼け具合が色彩にもマチエールにもおもしろいヴァリエーションをもたらしている。ぼくが星たちを幻視したのもそこにある。

同じ展覧会に二度、三度も足を運びたくなるかどうかは、ぼくの場合イメージの触発を受けるか、表現思想への格闘があるかで決まる。大浜用光はタブロー絵画に縛られながら、必死にそれらに抗っている。

喜久村徳男論

生・エロス・祈り――喜久村徳男個展・展評

黒と白の世界で迷い遊ぶ。不思議と暖かさを感じるのは、画家から受ける有機的イメージと画面の和紙の特質が良く生かされているからであろうか。それでも作品群は一貫して禁欲的で寡黙である。

喜久村徳男の絵画は、初期の具象からデフォルメを経て、抽象度が高くなっているが、最近は色彩まで削ぎ落として墨象画の領域を切り開きつつある。その内的衝動力がどのへんに根ざしているか、興味深いが充分にはつかめない。

彼の作品から受ける印象は、存在の不安と時代の病理に耐えるまなざしの深さである。彼は、現代人の実存における虚と実、生と死とエロス、孤独と連続性のありようをじっと凝視しているように思える。

たとえば画面に滲んで浮かび上がってくる群像。彼らは、人影としてはその肉体的量感さえ削ぎ落とされている。群としての共同性を求めながらも、むしろ孤独な存在の悲しみが伝わってくる。「眺」や「群・兆」、「語り・虚」などの作品。

一方、孤立した像を追うとエロス性が強くなってくるのがおもしろい。「窓B」や「部屋・空」、「部屋にたたずむ」、「翔」などの作品は、フォルムそのものがエロチックだが、喜久村の作品ではイメージの構成と、その材質感からも十分にエロスが伝わってくる。

しかし、そのエロスはどちらかと言うと暗くタナトスに向いている。生命力あふれる風土のおおらかさは突き放されている。むしろ孤独や死の不安におののき、それでも生の持続性にかけようという祈りの方を強く感じてしまう。おそらく、作者の時代意識や資質からして、楽天的な心象は湧いてこないのであろう。

喜久村の作品は方法意識や理念性が強いものが多いが、なかには墨象そのものが思いがけない効果として自由な連想を呼び、視る者のイメージを触発する楽しい作品もある。「二人・悲」や「二人・残」、「二人・陽」、「三様C」などの作品から広がるイメージは、おそらく作者の意図を超えてしまうのではなかろうか。ぼくは沖縄の古代祭祀の神女たちを連想してしまう。

このことは喜久村作品の抽象度の今後の可能性を強く示唆している。もはや余計なタイトルの意味性を取っ払っても、作品は豊かなイメージ世界を奏でてくれる。フォルムと色調、繊細なメチエの交響、あとはテーマをさらに深めていけばよい。

ところで、この『喜久村徳男墨象作品集』は、わずか十部の限定本だそうである。収録されている作品は三十五点もあり、製本からカバー表紙まですべて手作りに近い豪華版なのに、一部の人たちにしか渡らないのはとても残念な気がする。

手に入らない愛好者は、せめて画廊沖縄へ行って、じっくり原画と対面した方がいい。原画の良さを胸内深く焼き付けておくのだ。

飽くなき挑戦──喜久村徳男個展・展評

那覇市泉崎の県庁近くに、ギャラリー在（ＡＲＵ）が誕生した。かつての画廊沖縄があった空間である。優れた美術家で学芸員でもある前田比呂也らが企画し、沖縄県美術家連盟がバックアップする

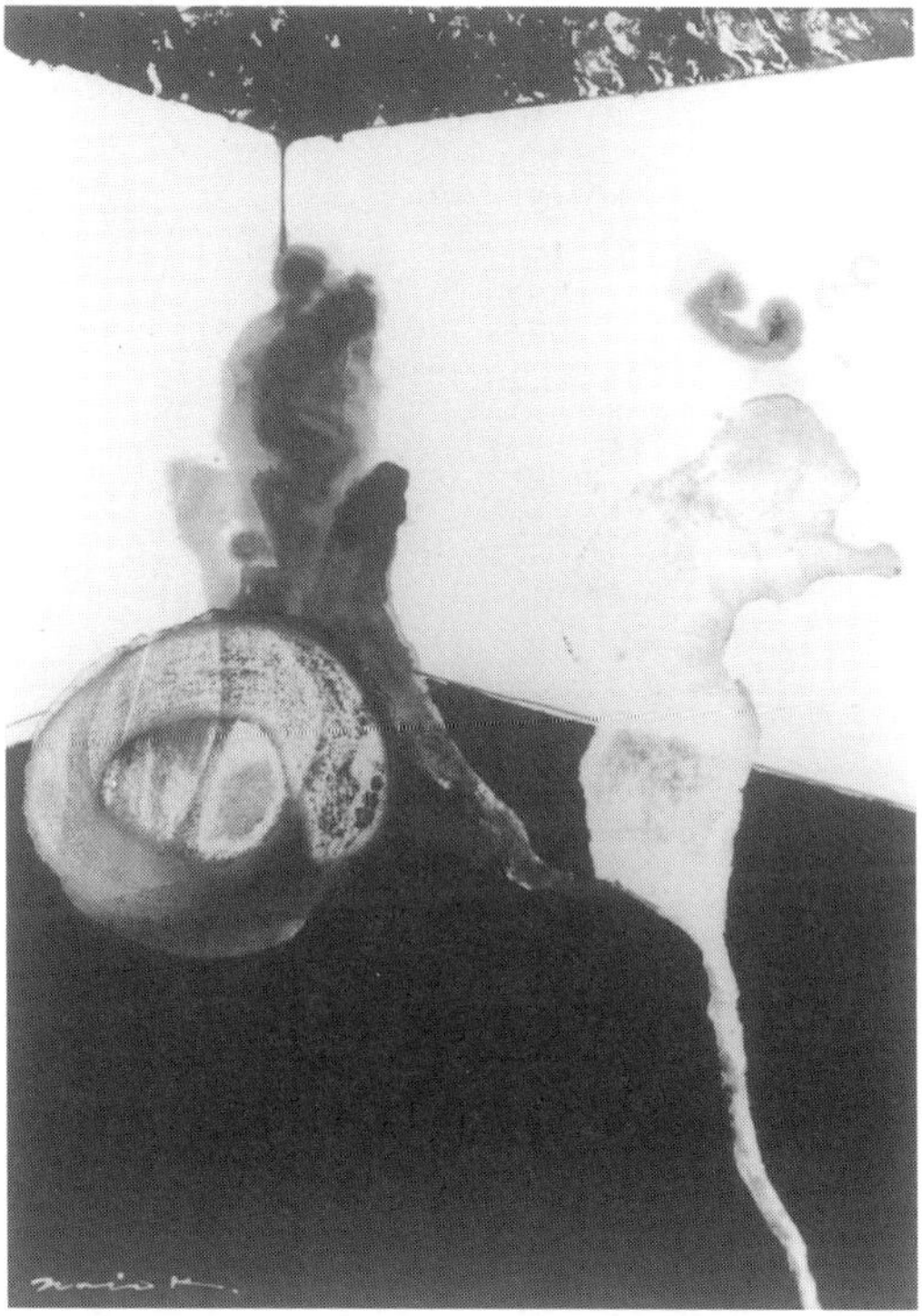

喜久村徳男「部屋・生」1985

という。美術ファンにとっては、嬉しい話である。

その在（ＡＲＵ）のオープニングを記念する、喜久村徳男個展「堪え難き風景　間（ＨＡＺＡＭＡ）」を観た。一回目は、作品のタイトルは見ないで帰った。作品をモノそのものとして受感して、記憶した。赤と黒の色彩の印象が強烈だった。

二回目は、作品とタイトルを比べながらじっくりと観ることができた。画廊を入っていくと、右側から「いぶき」、「嘆きの風景」、「堪え難き風景　間（ＨＡＺＡＭＡ）」と十一点の間シリーズが展示されている。

それらのなかでは、「嘆きの風景」が新しく実験的で意欲的な作品として力強く訴えてくる。画廊右側の空間が大きく作品化されている。壁の真ん中に枠のある作品を配置し、その左右には枠のない作品が構造化されている。白い壁と、赤と黒とのコントラストが印象的だ。マチエールは、鉄板や腐食などを連想させるが、どこかあたたかくて作品全体からエロスが感じられる。

おそらく、紙という素材の生かし方だろう。そして喜久村作品の曲線の特色。黒の間の赤色が示す抑圧された静かな怒り。それらが、生と死を包み込むエロスとして伝わってくる。

もはや、画廊奥のコーナーに展示された十五点余の作品に言及する紙幅はなくなった。ただ、それらと間シリーズの作品とを比較すれば、喜久村の表現が芸術への飽くなき挑戦として拡大・発展していることがより鮮明になる。彼の自己表現への挑戦が、私たちを鼓舞してやまない。

新垣安雄論

銀色の挑発——新垣安雄個展・展評

新垣《あらかき》安雄展を視る。画廊サロン・ド・ミツの創立十周年、第百十三回企画展の会場を巡回する。さまざまなイメージとイデアが触発される。絵画ともオブジェとも呼べる作品群から多様な物語やイメージや思想を挑発されるのは快楽だ。なめ尽くすように視る。

〈テーマ〉。新垣安雄の表現はテーマ性が強い。テーマ性と芸術性。戦争と反戦。理論と表現。構成と色彩。思想とエロス。さまざまなテーマが「拮抗」している。だが、私はあえてテーマ性を自己の詩作品の背後に押し込める。

〈銀色〉。「根神」シリーズ後の新垣はメタリック・シルバーの〈銀色〉にこだわっている。彩色は銀色一色である。しかし、画面のマチエールと照明光により色調や陰影は微妙に変化している。ジュラルミンの銀色？

それにしても、なぜ一色なのか。永山信春の黒、真喜志勉《まきしつとむ》のグレー、山城見信《けんしん》の白など、この間、前衛的な問題提起の貴重な表現を創造してきた作家たちが、それぞれのモノクロームにこだわってい

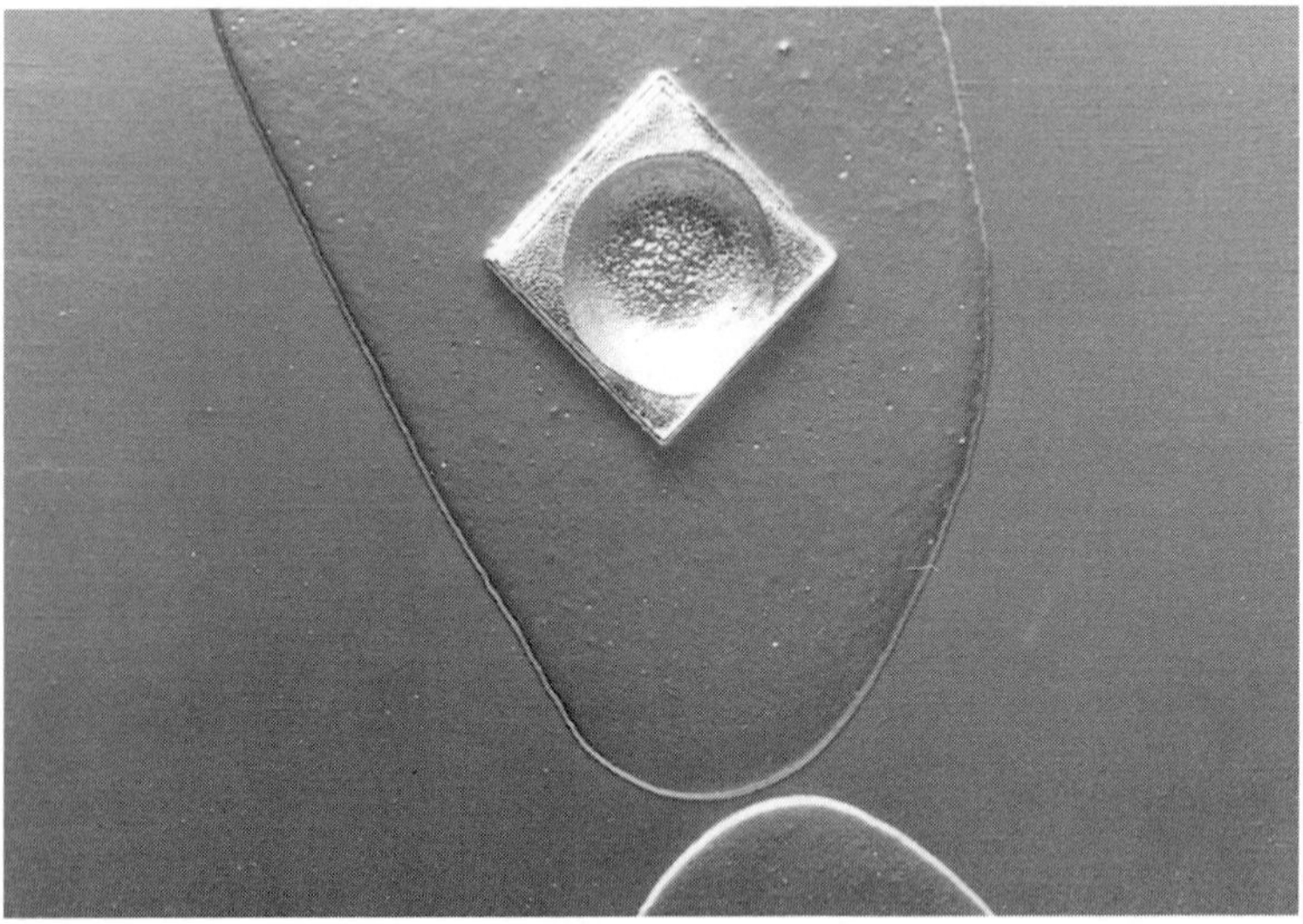

新垣安雄「拮抗」

るのはなぜか。色彩への禁欲？　それとも色彩への還元？　視続けるしかない。色よ。リズムよ。形よ。

〈まるみ〉。新垣の画面構成でシンボリックに置かれた正方形とその中にえぐられた丸ボコ。それに拮抗するのは、かつて三角や鋭角が多かった。それが、今回の個展ではまるみや曲線の形象が中心になっている。その代表的な作品が「No.15」や「No.16」と言えるだろう。

さまざまな物語が触発される。弾痕と大地。男根と卵体。男性と女性。まるみを帯びることによって単独者の理念で拮抗する鋭角性は緩んだのか？　いや、まるみは祈りへの発芽？　祈りと感受したい。エロスよ。

〈こだわり〉。新垣安雄の表現にはこだわりがあふれている。戦後五〇年余、沖縄で生き表現してきた作家のこだわりがある。それは、新垣の弱みでもあれば、強みでもある。

彼は自己の内面に反映してくる社会的諸関係を自己表現のなかから排除しない。そして困難なもろもろの問題を流行している方法や技術で断定したり、処理はしない。

バブル経済が崩壊し、大量消費と軽薄短小が終末を迎えつつある時代に、そのこだわりは、いよいよ真価を問われつつある。そうであるがゆえに、新垣には地域や風土性に規定された芸術状況からは自由な「飛躍」が問われているはずだ。もっと自由に。変貌を。

島の根・宇宙の根――新垣安雄個展・展評

誰が、こんな時代状況の展開を予想できただろうか。二十一世紀の初頭は、まだ新世紀への期待の夢がほんのりと輝いていたが……。

今年(二〇〇二年)の年始明け早々、新垣安雄の新作二二点を彼の仕事場で見せてもらった。今回は「島シリーズ」のコンセプトで展示するという。

新垣が一九七二年ごろからこだわってきたメタリックシルバーの銀色は、彼のシンボルカラーとも言えるほどすっかり定着してきた。カシューの黒色がアクセントを付ける。木材とモルタルの素材もこなれている。

今回の全作品から、とくに安雄の構成力のインパクトが強く印象に残った。「島」がシンプルに抽象化されていく。「島の根・宇宙の根」というイメージが触発されて立ち上がる。

作品「島シリーズ・3」のみごとな構成力はどうだ。島へくさび形の「状況」が突き刺さろうとしている。その緊張感。しかし、ヒビ割れているのは状況の方だ。黒い帯は滑走路か。「島シリーズ・5」では、素材の良さが蓄積された造形力で充分に生かされている。岬と島のイメージが浮かんでくる。生まれつつあるかもしれない島。

一方、作品「7」の太陽のプロミネンスを連想させる情念の炎。枠外から押し寄せてくる状況のようなくさび形に抗しながら。すると、今回新しく展開している作品「15」、「16」、「17」などの激しい切り込みは何だろう。V字形に切り取られ、放出されたのはナニ。見つめていると、逆に島の根の強さ、したたかさが浮かんでくる。

読谷村立美術館が一九九九年に主催した企画展「新垣安雄展」で、彼は「拮抗から」というテーマを与えていた。安雄は美術表現によって歴史と時代状況に拮抗していたのである。そして、時代状況はより苛烈さを増した。彼は、常に自らの表現意識のなかに社会的、時代状況に対する発信のテーマを抱え込んできた。それゆえ、社会派作家という評価もされてきた。そしていま、彼が一貫して追求してきた表現姿勢と問題提起が高く評価されつつある。

その彼が、なぜ「島シリーズ」へ向かったのであろうか。おそらく、それはかつて展開された「根神シリーズ」からの延長線上にあるだろう。

実は、私もいま詩で「島シリーズ」のテーマを追求／表現している。すでに日本現代詩人会『資料・現代の詩二〇〇一』(角川書店)に作品「ネシア・群島・1」を発表した。その書き出しは

ヒゲを生やした祖父たちは
北半球の珊瑚樹海に浮かぶ

群島の王国から追放された

となっている。この「島シリーズ」が、今後どのように展開するか、私にも見当がつかない。ただ、島での歴史や体験を普遍的に抽象化して表現したいという意欲だけはもっている。

島と言うと、私たちは小さな群島だけを想像しがちだが、アメリカ大陸やアフリカ大陸だって島だ。そう、ユーラシア大陸だって。島は独自の歴史を進化させるが、人間はみな島の上で生活しながら大海を漂っているのである。視点の転換。

さて、最後に新垣の今後の展開への要望を述べておきたい。一つは、今回の「島シリーズ」を現在のベニヤ板1／4判から、もっと大きな作品を視てみたいということである。きっと迫力の面で異なった印象が期待できる。

もう一つは、「島シリーズ」と同時並行的に他のシリーズが展開できないかということである。表現意識の複合的絡み合いの実験を見てみたいと欲望しているのだ。

安雄には、そのような要望をぶつけることができる。彼の表現意識と蓄積された表現技術の確かさが、それらに応える充分な力をもっていると確信できるからだ。

弾丸と珊瑚――新垣安雄展へ

新垣安雄の作品を鑑賞するようになってから、何年が経っただろうか。一九八〇年代から数えても二〇年余になる。「島シリーズ」も、第7回目だ。

今回の画面を造形するシンボル的素材は、弾丸と珊瑚だ。島シリーズの基調をなす、シルバーと漆黒による画面の抽象的分割方法は変わらない。このシルバーと漆黒は、新垣の戦後感覚の色彩的表現と言えるだろう。

私には、見慣れた色彩感覚だが、よく考えるとこの二色はきわめて挑戦的で鋭い批評性をもっている。安雄の作品には、商業的に流布されている「オキナワイメージ」の「青い海と空」がないのだ。戦後の海や空や大地は、銀色と黒色でしか表現されていない。

したがって、新垣の造型空間はきわめてメタリックに超モダンに表現されている。この二色による抽象的画面分割が、安雄の作品に高邁な「気品」をもたらしている。彼が向き合ってきた戦後社会の問題は、テーマとして生ま生ましく表現されたりタイトル化されてきたのだが、新垣の鋭い「気品」が芸術作品としての独在的な評価を支えている。

銀色の海に配置されたクサビライシ珊瑚たちは、私にとって「群島」に視える。それらは、琉球群島の象徴でもあれば、世界じゅうの群島の象徴と言ってよい。そして、それらの群島は常に弾丸や不発弾や薬莢に攻撃され脅かされてきたし、されている。これらが、新垣が視た群島の「証言」だ。ここに、作家が体験した戦後世界の時間と空間が表現されている。ああ、銀色の海に刻まれた無数の引っ掻き傷・線刻・弾痕よ。

しかも、痛々しいのは群島は珊瑚虫という生命・有機物から生まれてきたのに、それらが弾丸という金属・無機物に攻撃されている。ウリウリ、これが新垣が視た「群島世界」の「証言」だよ。この「証言」を、視、聞き、考えよう。そのとき、これらの作品は社会問題のプロパガンダを超越した、芸術的に深い感動の波動を発信しているのが感受できるだろう。ヤラヤー（そうだろう）。

マックスVSファントム――真喜志勉個展へ

沖縄ジャンジャンで毎月十二日に行なわれている〈十二人の詩徒展〉の第三回目は、真《ま》喜《き》志《し》勉《つとむ》の原案・出演による「マックスVSファントム」と題して催される。

真喜志勉は「トム・マックス」の愛称で知られる画家である。と同時に、ジャズに酔いしれ、パロディとブラックユーモアあふれるエッセイストの一面をもっている。

私は金属質のマチエールをもつマックスの絵の愛好者の一人だ。彼は近年、自己の絵を象徴させるかのようにファントム戦闘機を描き続けてきた。なぜ彼が、それほどファントムにこだわるのか、彼のモチーフは十分にはわからない。

しかし、マックスの銀灰色に近いモノクロな画面と、そこに封じ込められている、分光器にかけられたような色彩の帯に彼の批評精神と一種のストイシズムを感じる。また、ぼかしたようなシミの跡とファントムの象徴する画像にうっ屈したエロスへの讃歌を視てしまう。しかも、彼の絵には近・現代文明の裏側に潜むエレジーさえ漂っているようだ。

私（たち）はいままで、主に彼の絵画としか対話してこなかったが、今回マックスは自らの「原イメージ」とでも言うべき世界を、スライド写真にして上映するという。数百枚のスライドのなかから

真喜志勉

選ばれた何枚かを見せていただいた。

そのなかには、マックスの個性あふれる偏見に満ちた感性で受感した「風景」写真や絵があふれている。風景と言っても、平面にこだわる執拗な感性は鋭い。上映されたスライドの世界で、私（たち）は幾度かタブロー（絵画）とは何かという問いに突き刺されるにちがいない。彼のスライドは、単なる映像というよりも、コラージュによる一種の絵とも受け取られるだろう。

しかも今回、彼のタブローの世界にジャズ音楽のアナーキーな時空間が交錯するという。私は、原イメージを言語で表現することにとらわれているが、言語をできるだけ排除したジャズ音楽と絵画の喚起する挑発力への興味は尽きない。

当日は、ギター・新里文、進矢俊彦、サックス・備瀬健二、ドラム・平良正、パーカッション・宮里正勇、ベース・武島正吉等のジャズメンが真喜志勉の絵に挑む。また、上地昇の曲と富川梨香の歌がジャズの世界にからんでいく。

線と色彩の交響楽——大浜英治展・展評

芸術家の表現の軌跡を視てみると、同一のモチーフとテーマを複眼的にくりかえし表現していくタイプと、変貌に変貌を重ねていくタイプがあるのに気づく。たとえばピカソなどは、後者の典型的なタイプであると言えるだろう。

大浜英治の絵画を視ていると、この表現者も変貌を重ねる側に傾いていると思う。今回の個展でも、まず「街」や「風景」をモチーフにしたものが基層に展開され、「おんな」、「ヴィーナスとバッカス」、「たたずむ」と題された作品の系列が重なっていく。そして、「墜ちた天使」、「ざわめき」、「作品Ⅰ」の系列が新たな展望を切り拓いている。彼の個展を観るときは、その展望の新しさが楽しみだ。

それでも、街と風景と女たちを自らの心象で濾過して構成してみせる大浜のモチーフは通底している。彼は、沖縄では珍しいぐらい、風俗すれすれのところで都会と現代を表現できる数少ない画家の一人だ。

大浜の才能は良きにつけ悪しきにつけ、テーマ性を自己抑制して、線と色彩を前面に出した面の構成力に発揮されている。茶や黄土色を基調にして黄色・紫・朱の華やかさが、一つの気品をもたらしている。そしてなんと言っても白が効果的だ。今回の個展でも、線と色彩のシンフォニーを充分に楽しませてもらった。

とくに今回は、線と色彩がより自在で流動的になると同時に、重ね描きによる面構成の重層性が顕著になり、新しい成果をもたらしているように思えた。「たたずむ」、「ざわめき」、「女のいる街」、「墜ちた天使」などの作品がその例である。

大浜の絵画はこの面構成に方法意識が集中している。しかし、その結果は陽性のエネルギーとエロスの表現として顕《た》ち現われてくる。これが、彼の抑制されたもう一つのテーマだ。重ね描きによる面

大浜英治「女のいる風景」1988

構成によって、今回は彼の明るいエロスの裏に暗い情念層が渦巻いているのが視えてきた。

この暗い情念層の渦巻きは、今後の大浜のさらなる変貌を予感させる。彼はすでにその情念を「炎」という作品で表現したことがある。彼にうっ屈している情念の持続的な表現化を望みたい。それがまた、大浜に自己と時代に対峙する格闘を要求するだろうからだ。そういう意味では、もっと大胆に変貌していい。線と面に対する感性のゆるぎない資質は、充分にその展開を支えるはずだ。

宮城明論

衝撃と親密さ——宮城明個展へ

宜野湾高校の仕事場に宮城明を訪ねて「腐食I・II・III」を中心とした最新の作品群を見せてもらい、前島アートセンターでの個展に関する構想を聞かせていただいた。

初めて「腐食」シリーズを見たときのあの衝撃・迫力・親密さの波動は何だろう。

ベニヤ大にオフセット印刷で使用済みのアルミ板が張られた作品が四点。

その表面には、活字や写真の版下が残り、腐食液で腐り、野焼きで焼かれ、ハンマーで叩かれ、ネジやホッチキスの針を打たれ、ジグザグの針金やスケールが埋め込まれ、さまざまな機械の小さな部品まで貼り付けられている。

しかも、四点の作品は腐食の時間差が計算されて表現されている。これらの作品の素材は金属を中心にした無機物が多い。また美意識から言えば、決して美しくない。だが、なぜか有機的な親密感が湧いてくる。

何度も眺めていると、ケロイドのイメージが湧いてきた。ふと自分の右腕を見ると、五歳のときヤカンの熱湯で大やけどをしたあとのケロイドが目に付いた。これだ。

また一方、これらの作品はランドサット人工衛星が撮影した地球表面の写真のイメージも連想させる。自然環境が破壊され砂漠化が進む地球表面。

すると、宮城の言葉にならない怒りのエネルギーが伝わってきた。人間と地球の深層から湧き出る怒りの。DMに書かれた「ナイリーフォーリーファイ／今朝も硝煙の雨が降る／目ざめよ！」の言葉が突き刺さってくる。一九四五年から何年が経過したか。

これまでの宮城作品では裂ける傷口の印象が強かった。しかし、いまや傷口は腐食し、ただれ始めている。宮城が歯ぎしりし表現する領域が自己批判のミクロから宇宙的存在の深層にまで拡がりつつある。前島アートセンターでは、それがどのように立ち上がり、時空間化され展示されるのか。

根源的な問い――宮城明個展へ

宮城明個展に対しては、いつも一種の緊張感と期待感に襲われる。何故だろう。私は、一九八七年に画廊沖縄で開かれた「ウェイブキャンパス」展以来、二〇年近く宮城の作品を見てきたのだが、この緊張と期待感は変わらない。

今回の、「深化そして再生へ」展も、準備過程から見させてもらった。砂糖キビ畑に囲まれた画廊沖縄（南風原町）の二階ギャラリーに入ると、まず「すごい空間になった」という言葉が浮かんだ。

そこには、ベニヤ板大に薄いアルミ板を張り付けて造形された作品が立体的に展示されている。その、アルミ板素材はオフセット印刷で使用された製版の廃品である。作品群は、「腐食」や「マグマ」シリーズとして展開されたが、さらに立体的に「深化」させられている。

宮城は、印刷文字の痕跡が残るアルミ板を、切り裂き、破り、叩き、ホッチキス型の針や釘を打ち込み廃材の木版に張り付ける。さらにその上に赤い鋲を打ち、ネジで止めていく。アルミ板には青いインクの跡が、廃材の木版には赤いペンキなどが見えるが、色彩は圧倒的にくすんだアルミ金属色だ。さらに、褐色の薬品もかけられてある。

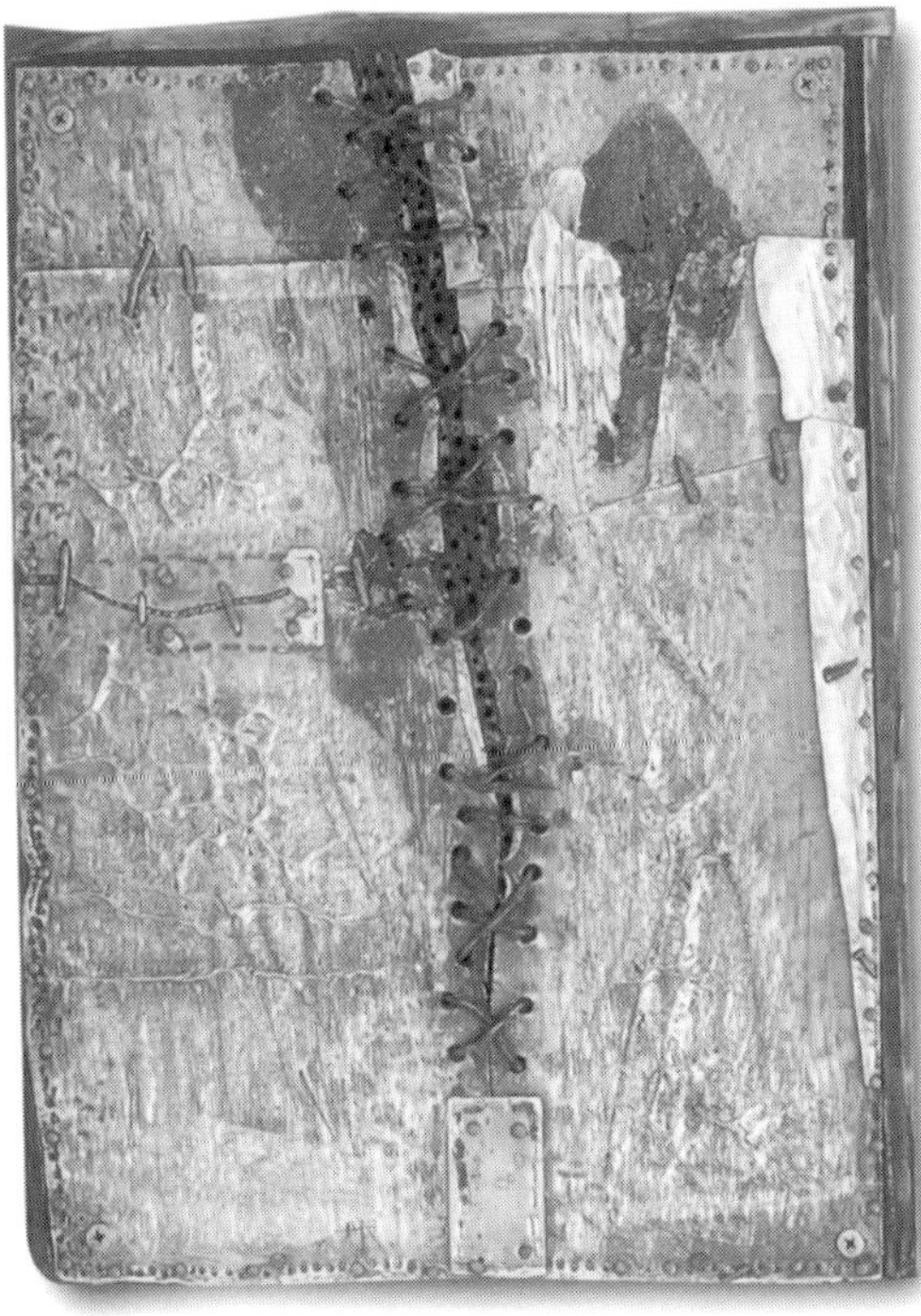

宮城明「10・10 NAHA」2000

このようなミクストメディアの作品から、鑑賞者はさまざまなイメージを受け取ることができる。私は、まず作者の歴史や時代情況に対する怒りや、悲しみ、抵抗を感受することができた。アルミに切り裂かれ、ステップル針が打たれ、めくれた傷口は、作者の受苦した傷口も連想させる。「腐食」シリーズのときには、その傷口がただれたりケロイドになっていくイメージが湧いてきた。

すると、これらの抽象作品が喚起するイメージは、宮城の戦中、戦後体験が無意識層まで揺さぶられて表現されているのではないか。宮城もまた、母の胎内で終戦を迎え、敗戦後の貧しい沖縄で六〇年余生き抜いてきた。

それゆえ、彼は徹底して素材にこだわっている。造形の素材として、廃品、廃材を優先的に選択している。アルミの廃材、木板の廃材、懐中電灯の廃品、「緑」という廃文字等々である。これは、宮城の単なる好みや思いつきではなく、強い表現思想の表われである。

実際彼は、「現代美術の巨匠アントニオ・タピエス（スペイン）の言葉を紹介」し、その影響を文章化している。そして、廃材たちを「薪になる前に役割を与えもう一度生命を吹き込みたい。それはアートの表現手段としての素材又は作品として自立するのだ」と述べている。そこから、物の概念は「深化」され「再生」への祈りが始まるのだ。

宮城によって、新たな生命を吹き込まれた廃材たちは、新しい物質となってアートのなかで交響しあう。この、作家―素材―時代情況―宇宙観―鑑賞者の相互関係性のなかに作品のイメージとメッセージを成立させる方法意識は、宮城なりのモダニズム／ポストモダニズムの限界を突破していく方向性と言えるだろう。

最新の小作品群である「夜明け前」、「断裂」、「ジュゴンの涙」、「飛翔」等を見ていると、その新しい展開が始まっていることを感受することができる。かつてのアルミ板の表面が、スープ状のカオスの海に変容し、切り傷から大河が、シワから山脈のイメージが生まれつつある。そして宮城は、ハンマーを打ち続けている。ほとんど無意識に。新しい宇宙が誕生するのだ。

このように、宮城明の個展は何故、何を、どのように表現するのかという芸術の根源的な問いを投げかけてくる。彼は、タピエスがカタロニアの風土と文化的政治的情況を忘れなかったように、琉球弧のそれらにこだわる。そこから新しい表現が生まれるときの緊張感がビリビリと伝わってくる。そのイメージとヴィジョンはジャンルを越えて影響を与えるのだ。

テーマと色彩の激突

――第6回ウエチヒロ展・展評

ヒロにとっては六年ぶり、第六回の個展を見る。メイン・タイトルは「KATARI」。会場に入ると、正面や左右から変形一三〇号ぐらいの作品群が迫ってくる。朱（カーマンレッド）、黄、紫の鮮やかな気品ある色彩。何度も塗り込められながらも繊細さを失わないマチエール。アクリル・ジュッソの素材とペインティング・ナイフの交響が、確かなメチエと力量を感じさせて心地よい。

鮮烈で繊細な感性、気品あふれる色彩感と造形力、ウエチヒロの世界は健在である。とりわけ今回は、そこにテーマ性が意識的に加わってきている。

私にとって、ウエチヒロの作品世界との出会いはたしか〈沖展準会員賞〉を受賞した強烈な一点からだったと思う。微妙な色彩表現に驚いたものである。ヒロは色彩のリズムを表現できる作家だと高く評価していた。

一方で、ある種の物足りなさも感じていた。メチエは、確かにうまい。感性と技術――これは我らが世代の共通の武器であった。しかし、テーマや表現思想のオリジナル性が弱くはなかったか。

おそらく、ヒロ自身がそのことで悩み自己格闘したのではないか。事実、私たちは何度も〈表現思

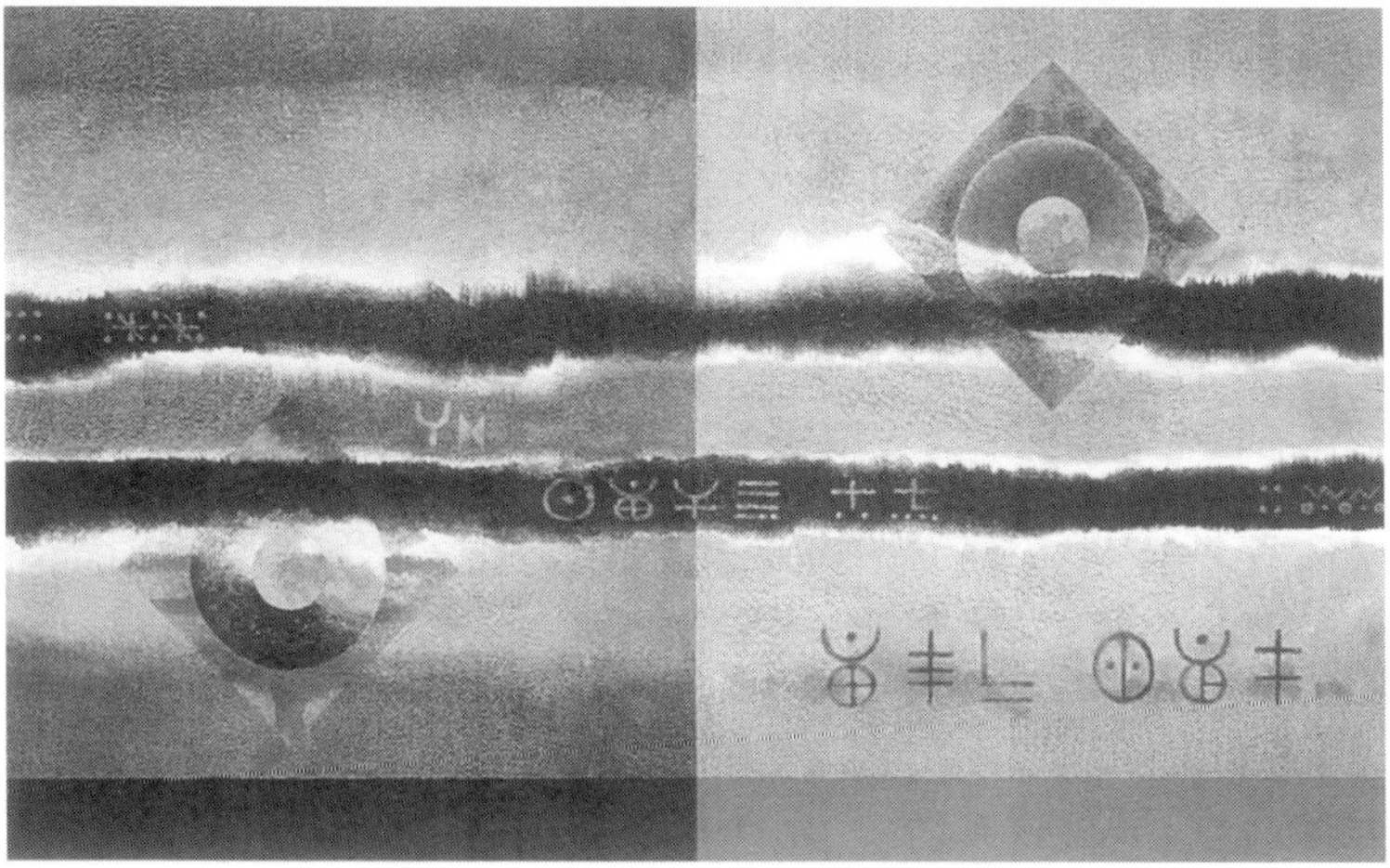

ウエチヒロ「スーチューマー」

想〉をめぐって議論した。

そこで、ヒロが今回表示した地平が「KATARI」シリーズだ。ここには、「KATARI」、「ハジチ」、「スーチューマー」などの作品が提示されている。ヒロは確実にすばらしいテーマをつかんだものだ。

これらの大作は、私に多くのことを「語り」かけてくる。まず、ヒロは一万数千年、あるいは数万年の〈時間感性〉の旅に出発したことだ。それが、「ハジチ」や「スーチューマー」や「石刻絵文字」の文様や絵文字や記号にこだわり、画面ににじませて表現している意義である。

それを、別の視点から表現すれば、彼は自己の精神の重層的な深層の〈縄文層〉まで降り始めているということである。〈絵画による神話への旅〉の出発である。たとえ「ハジチ（針突き）」や「スーチューマー」や「石刻絵文字」の歴史性は古代的、近世的に見えても、そこに表現された象徴性の表現の根源はきわめて深いはずだ。そのことをわたしたちはすでにユングの心理学や、最近の神話学のみならず、梅原猛・藤本久和編『アイヌ学の夜明け』（小学館）などで知っている。

そのとき、ヒロも人間がなぜ記号性や象徴性にこだわるのかという表現論の根源に向き合っているはずだ。それは〈土絵の具〉というおもしろい色彩素材を独創した小品群の試みからも感受できる。

ただ、欲を言えばヒロのテーマ性はまだ生ま生ましい。その分だけ、テーマと色彩がせめぎ合っている。形や記号の彼岸から、縄文時代を超えて石器時代の彼方まで、私たちは根源をくぐり抜けてもっと遠くへ行けるはずだ。

川平恵造論

高次の幻想世界へ――川平恵造個展・展評

川平恵造《かわひらけいぞう》の絵画を初めて視たときは新鮮な衝撃を受けた。とりわけブラインドと牛頭骨や虫ピンと糸に吊るされたブロック、渚にはためく鯉のぼりや青空に屹立するキダチアロエの花の組合せなどの構図が、まったく新しい空間と風景を展開して強く印象に残っている。そして、いずれの組合せにも青い海と青い空、白い雲がバックに拡がっていたのである。初めて視る心象風景であるにもかかわらず、どこかで出会ったことがあるような懐かしさを覚える画面。それを一貫して確かなデッサン力と空間構成意識、シャープで透明感あふれる色彩感覚が支えている。

コザのギャラリー・ピジョンへ向かいながら、浦添市あたりから明確に変化していく風景にいまさらながら驚いた。車の助手席に乗っている三歳半ばの娘がめずらしそうに窓の外のパノラマに釘付けになっている。延々と続く金網、芝生、木麻黄、青い海。川平や同世代のぼくたちの内面で、風景はどのように変容したか。マグリットの絵画のイメージさえ広告映像へコピー化されてしまう現代。

川平の表現技術は安心して絵を視させてくれる。今回の個展ではすべての作品に、その対象物の材質感にまで迫ろうとする描写力が、円熟味をもち始めたと思った。彼の描く物質は、たとえパラソルやブロックや道路標識などの無機物でも不思議と暖かみがある。

だが、川平の表現思想は、いま大きな転換期を迎えていると言っていいだろう。従来、真昼の明るい陽光の中での視覚の幻視化を表現してきた彼が、夕闇や夜の心象を表現し始めている。今回の「NOW—1」（M20号）に至る「NOW—19」など数点の作品である。彼が闇を凝視し始めた今後の展開に注目し期待したい。そこには、より自己の内面に降りていく、豊かな心象世界が待っているはずだ。

川平にとって、記号でも象徴でもない現在の対象物の組合せが、もっと異次元での新しい幻視世界をどう展開させるか。その自己表現の安定性を突き破る、苦しい闘いが問われている。

朱夏の輝き――川平恵造個展・展評

川平恵造の第九回個展を観て、まっ先に浮かんできた言葉が「朱夏」であった。

周知のように、中国では人生の成長過程を色彩と四季で青春、朱夏、白秋、玄冬と四段階に分けて表現している。私と同世代の川平も確かに「青春」をくぐりぬけて来たのだ。

青春が迷いと悩みの多い時期だとすれば、朱夏は輝く盛りの時期かもしれない。川平の個展では百号以上の作品12点余が会場を埋め尽くし、彼がこの間蓄積してきた美質がエネルギッシュに展開されている。

川平恵造「NOW」

私は川平の絵画作品を、作者の美的感性と色彩感、それを表現する技術力の点で高く評価してきた。彼もまた「色彩の詩人」と呼んでいいだろう。

芸術の価値は、根本のところでいかに自由に自己の哲学や思想を表現しきるかに左右されると思う。しかし、その表現方法においては真正面から哲学、思想との格闘を表現する方法と、別の角度から抑制しながら表現する方法に大別できるだろう。川平の表現方法は明らかに後者の回路を通っている。彼はまず自己の表現方法を具象的構成の方から抽象的構成へ変革してきた。そして、色彩感覚やその構成とマチエールの変革を試行してきた。感性と技術の革命は思想の革命と同様に大切な課題である。

今回の「夏シリーズ」は赤、緑、青、紫、白の原色を基調とした色彩で構成されている。その流動感と透明感のあふれる作品群は、川平の感性のレベルの高さをよく表現しており美しい。

すると、問題は自己表現における「自己」のとらえ方の哲学的命題であろう。それはすべての芸術表現に問われている課題である。

自己を意識的にも無意識的にも、どのような長さの時間軸と、どのような広さ深さの空間軸で把えていくか。自己の内部に何億年の時間が蓄積されているか。自己が人間社会や地球、宇宙とどれだけ交流、交通できているかどうか。

この「自己認識」がさらに深化されるとき川平の作品表現もさらに大きく飛躍するにちがいない。すでにその予兆は、今回の画廊サロン・ド・ミツ10周年特別企画展の作品のなかにも現われている。

我々はどこから来て、どこへ行こうとしているか。

緊迫する抽象度——川平恵造個展・展評

川平恵造の第一〇回個展が、前島アートセンターで開かれている。

川平の個展は「NOWシリーズ」から「夏シリーズ」とほとんど見、何回か展評も書かせてもらった。恵造の個展などを通した着実な表現の蓄積は、その描写力のレベルや構成力の確かさ、そして色彩感覚の才能とともに高く評価されている。

そして、現在展開されている「夏シリーズ」もはや十年近くも描き込んでいる。今回の個展も百二十号以上の作品八点を中心に展示されている。

この八点の新作を見て、川平の表現の抽象度がいい方向へ緊迫度を増していることが、強く印象に残った。「沖縄の夏のイメージ」の表現へ向けて描き込まれてきた「夏シリーズ」が、今回の作品たちであえて「沖縄の」と形容しなくても「恵造の夏」、「普遍的な夏」として、まぎれもなく沖縄の地から創造されている。

したがって、白色を生かした色彩のコントラストと構成がシャープで心地よい。「夏シリーズ」初期の波のイメージから風や光のイメージの方が強くなっている。それゆえ、マチエールへ変化を与えていた沖縄の白砂は、あってもなくてもかまわない。

色彩は、緑から紫の印象の方が強くなってきた。そして金と銀の侵入。白色の発言力が深まり広がっている。山之口貘が沖縄の風土を「白い季節」と詩で表現していたことを想起する。透明感の高まり。

川平は、絵画からあえてテーマの文学性や社会性をそぎ落としながら、自己の感性を造形力で表現する方法で個性を発揮してきたと言えるだろう。「まず感性の解放から」とは、一九七〇年前後の私たちの輝かしいスローガンの一つであった。恵造は恵まれた色彩感覚と鍛練を重ねた造形力でその方法を徹底化させ、独自の抽象作品の表現に成功している。

今後、その構成力の強さに、どのような自在さが加わるかが問われてくるだろう。また意識的に抑制されている表現のテーマが、どのような自己反乱を起こすかも。

それらの点からすると「夏シリーズ」が会場でどのように展示され、次のシリーズを孕んでいくか楽しみである。恵造には、また新たな展開が十分期待できる。

雪と夏――川平恵造個展・展評

十二月上旬だというのに、数日前の沖縄は気温が二十六度を越える「真夏日」であった。半袖のシャツを着て、蚊に喰われながら「沖縄からは冬がなくなり、熱帯地方になるのではないか」と話していた。しかし、本格的な寒波がやってきた今日は、いきなり十七度以下の寒さだ。ヤマトゥの関東地方は大雪である。

そんな寒風のなか、画廊「在（ARU）」で川平恵造展の「夏シリーズ」を鑑賞する。今回は中型の作品十九点が展示されている。雪と夏。

第十一回目の今個展では、まず画面構成の繊細なリズム感が心地よい。音楽で言えば、ドビュッシーの「海」を連想する。恵造の感性と才能の豊かさが表現されている。

私は、前島アートセンターで開かれた第十回個展への展評で「この八点の新作を見て、川平の表現の抽象度がいい方向へ緊迫度を増していることが、強く印象に残った」（「琉球新報」二〇〇一年八月二十四日号）と書いた。いま、緊迫度から自在なリズムへ。

恵造の色彩感覚では、今回はパール系の白色で処理された地の部分がさらに拡大した。そして緑と朱と紫のぶつかり合いが、色彩のリズムを生んでいく。金と銀のアクセント。さらに、今回は繊細な線とまるい点描が増えた。ドロッピングの自在さよ。

冬の沖縄で「夏シリーズ」の絵画展を見る。「恵造の夏」には、もはや「沖縄の」という形容はいらない。しかし、この暖かみをもった白色と色彩のリズムは、まぎれもなく沖縄の感受性のなかからしか生まれないだろう。雪の白さとは違う。

ふと、川平の「夏シリーズ」をインドネシアやフィリピンで展示したらどんな評価を受けるだろうか、と考えた。私は昨年（二〇〇一年）五月にインドネシアの国際詩人会議に招聘されたとき、四季のない国では「夏」という季語や概念がない意味を、改めて思い知らされた。常夏の国には「夏」という言葉や概念がない。雪への渇望。

展示会場で川平たちと「満ちあふれているがゆえに、何もないこと」について語り合っていた。恵造の次なるシリーズへの、大いなる期待を込めて。

あっけらかんと明るく——金城明一個展・展評

白を想っている。とくに空から降ってくる白のかたまり。見わたす限り白い雪に覆われた二月の平野。

風が冷たくなっても山や丘に紅葉はない。一年中、圧倒的に緑と青に包まれた世界。この沖縄の風景がどのようにぼく（たち）の無意識層に反映しているのだろうか。確か本土出身の友人たちは、紅葉する野山や雪の平野への渇望を作品に表現していた。

金城明一《きんじょうめいいち》の絵画をみて、こそばゆいような、どこか恥ずかしいような気持ちになった。あまりにも自分の感受性と近すぎるのだ。ぼくの詩作品にはね返ってきた批評の言葉を思い出す。「土くさい」、「泥くさい」、「骨太だ」等々。

金城も畑を描き、農民を描き、バナナを描き、ヘチマを描く。赤瓦屋根を描き、マチヤグヮー（小売店）を描く。なんだこりゃ、と思ってしまう。しかし、これが自分の風景であり、表現への内発力である限り、しょうがない。「トンネル前市場」、「粟とナーベーラー畑」、「ビンロウの木」など、作者の引きつけられた風景として説得力をもっている。

金城の個性として目を見張らされるのは、屈折した暗さが感じられない点だ。彼の線はふてぶてしいほど、あっけらかんとして明るい。おそらく金城にとって「風土」とか「土着」とか「象徴」とかいう思想概念へのこだわりはほとんどないであろう。

それらの既成概念から、彼の感性は自由であると思われる。あの筆使いの奔放さや、空や土の色彩表現の独自性はどうだろう。彼はまず、その具象画とたわむれているのではないか。

しかし、「土くさい」「泥くさい」ということは力強さや暖かさがあると同時に、繊細さや華麗さに欠けがちであることも意味する。「骨太だ」ということは緻密な詰めに甘さが出がちだ。いまは風景や物たちと幸福にも直感で交感している金城にとっても、自分の作品に逆襲されるときがくるであろう。

風景や作品や色彩や物たちが意味をぶらさげて立ち上がるとき、金城明一の良さは、そのとき既成の概念や絵画表現の伝統に逃げ込まないで独在の道を切り拓けるかにかかっている。彼は、意外とさりげなくそこをくぐりぬけそうな予感を秘めている。

ただ、そのためには自己の資質との距離の取り方が問題になるだろう。いまは絵の説明に近くなっているタイトルをもっと突きはなすことだ。「大城風景」など、タイトルなしでも絵は自立し充分訴えているではないか。

二分法を超えて——前田比呂也個展・展評

前田比呂也の作品が大きく変容したのを見せられて驚いたのは、画廊沖縄で開かれた第六回個展のときだった。うるしを素材にした抽象作品の登場であった。

今回、佐喜真美術館での「沖縄現代作家シリーズ　モノクロームの魅力」展へ向けて、前田のアトリエや展示会場でじっくりと作品を見、語り合うことができた。

うるしを使って造形し始めてから、前田の表現世界は近代的な二分法を超えて、マージナルな領域を進みつつあるように思う。うるしという有機物の伝統的な素材がもつあたたかみと、表現意識や造形感覚のシャープさ。一個一個独立した作品と、それらが連続した群体として表現されていく作品時空間。光のリズムのマチエール。

しかも、今回の作品には黒うるしに、朱のうるしが加わって重層的な効果を生み出している。一点一点を見つめていると「火山」や「乳房」、「ヒラメ」、「エイ」などのイメージが触発され「島の誕生」を連想させる生命の躍動感が伝わってくる。作者のオートマティックな表現力がみる側の自由度を大きく解放させてくれる。

一方、前田の作品が個別性と群体性の相乗効果を追求するにしたがってインスタレーション作品としての表現性も増大してきている。佐喜真美術館では屋上の階段、亀甲墓の前、第一展示室や回廊の壁までが表現空間として作品化されている。音と香りが加わる。

展示室では、作品群が床から壁まで立体的に展示されることによって女体を連想させる生死を超えたエロス性が強い印象を与えている。

前田はアジア的レベルで現代を表現できる可能性をもっている。翔べ、もっと激烈に。

描かねば——宮良瑛子個展・展評

人間は、自己の体験をどれだけ深く思考できるのか。また、自己の感性や想像力を地域や国境を越えてどれだけ拡げて表現できるのか。このような課題は、すべての芸術や思想・表現に問われていると思う。

砂糖キビ畑に囲まれた画廊沖縄の静謐な空間で宮良瑛子《みやらえいこ》の作品たちと向き合う時間を過ごしたあとに、まっ先に浮かんだのがこれらの問いであった。

今回の個展で、一番印象に残ったのは「衝撃（二〇〇〇・九・一一〜二〇〇三・八・一三）」の大作であった。この絵画は、二十一世紀初頭の時代状況を象徴的に表現している。そして、同じ大きさの「漂白の島より」シリーズで「ピエタ」、「黙認耕作者」、「海よ」が並んでいる。「黙認耕作者」には米軍基地問題、「海よ」には基地と環境問題のテーマが描かれている。鉄条網の象徴性。いずれも、セメントとボンドを使用したミクストメディアによるマチエールの変化が重厚な効果をもたらしている。

一方、「無辜——とらわれ人」や「封じられてはいけない」、「海峡」、「連行」などの作品も忘れられない。宮良の小品は人物画や肖像画を具象的に描いているが、どれも苦悩する民衆の悲しそうな顔が多い。しかし、口元は引き締まっている。それらは、瑛子が社会や民衆、時代から眼をそらさなかった体験の表現となっている。これらの絵画からは、ムンクやルオー、ケーテの作品が連想される。ただし、近年の作品は版画と見紛う深く引っ掻く線による描写が増えているのは気になる。状況へのいらだちや、もがきの表現なのだろうか。

私はこれまで、宮良の作品を社会性の強いアートとして観てきた。そして、画廊主の上原誠勇も「ギャラリーボイス」誌で書いているように「象徴主義でプロパガンダ的な古くさい絵だ」という評価にも共感してきた。しかし、瑛子の社会や民衆、時代状況から眼をそらさず異郷の沖縄で真摯に格闘し創作を持続してきた作品群が、いま時代の証言として独自の意義を形成しつつある。そして、表現方法も象徴主義からより抽象性を増しつつある。

私も、社会性や時代・状況と格闘しながら文学表現を試みてきただけに、宮良の作品が言葉によるタイトルやテーマ性の説明の枠内に収まってしまう危険性がよくわかる。アートの自立した表現力とヴィジョンの飛翔力をより期待するものである。会場には、瑛子の母性力の結晶とも言える「水底のうた」のブロンズ彫刻作品が立っている。

重層的な問い——金城満個展・展評

収穫期に入った砂糖黍畑に囲まれ、画廊沖縄で金城満《きんじょうみつる》個展「Sweet400」を観た。今年（二〇〇九年）は、一六〇九年の薩摩侵略以来四〇〇年目、一八七九年明治政府による琉球処分以来一三〇年の大きな歴史の節目を迎えた。

すでに、奄美諸島から八重山諸島にいたる琉球弧の各地で新聞、マスコミをはじめ諸個人や団体がこの歴史の節目を問い直す取組みを始めている。琉球弧の歴史や現在、そして未来にとって薩摩侵略や琉球処分の与えた意味や影響は何か。

それは、琉球弧の私たちはもちろん日本社会全体にとっても大きな課題であろう。そして、学術のみならず芸術や思想の表現者たちも避けて通ることはできない。画廊沖縄は、「この歴史の節目にあたり、美術による未来の沖縄像を探り試みる企画展を行います」と宣言した。その第一回目に応えたのが、「石の声」「鉄の記憶」で著名な美術家・金城満である。

金城は、この個展を「Sweet400」と名づけ「彷徨える砂糖たち」に象徴化した。

“Sweet”は、金城にとって「甘い痒さ」とも表現されている。

会場に入ると「Sweet400-double sugar」（210 × 360cm）の大作や茶、青、赤の「sugar」シリーズ三点

をはじめ九点の作品が展示されている。いずれの作品も、桐板の上に箔が張られ、その上に膠や顔料や油彩が塗り重ねられ、磨かれ削られさらに描くという複雑な技法で制作されている。作品全体が重厚な質感をもち、多様なイメージが触発される。印象に残る色彩は、深みのある赤茶と紺と緑と黒だ。どの作品にも縦の方向に原稿用紙やフィルムを連想させる線が下書きされ硬質のリズムを作っている。そして、一つ一つの升目に文字や文章や音楽が刷り込まれている。三枚の写真も。いくつかの文章が書き込まれ、塗りつぶされている。くりかえし象徴的に表われるのは、琉球音楽の楽譜である工四の「工四乙四」という音譜だ。そう、琉球古典音楽の基調音とも言えるあの「トゥンテントンテン」のメロディーである。

それにしても、なぜ砂糖と「工四乙四」なのか。それが、金城にとって四百年の歴史から感受するさまざまな思考とイメージの象徴であろう。あの「上り口説」という音楽？ 赤、青、茶の砂糖たち。まだ結晶化はしていない。石の声を聴いた金城は、砂糖の声と不協和音の音楽を聴いたと言えよう。周知のように、琉球侵略を行なった薩摩藩は、琉球の黒砂糖と中国貿易の利益を収奪することによって藩財政を建て直し、明治維新の原動力の大藩となった。それがまた、琉球処分をもたらしたのだ。したがって、私にとって砂糖は現在まで続く琉球弧の植民地状況のイメージと切り離せられない。それは、台湾や東南アジア、南洋諸島、ハワイ諸島、カリブ海、アフリカまでの植民地体験やクレオール文化に繋がっていく。それゆえ、私も詩・文学でサトウキビ労働について作品化を追求してきた。とまれ、金城の思想的作品は四百年の歴史と未来をどう感受するか、観る者一人一人に重層的に問いかけてくる。砂糖は甘いか、苦いか、痒いか。

四元素の彼方へ

――大嶺實清個展へ

いまにも降り出しそうな曇空の下を読谷《よみたん》村へ向かう。久しぶり、あの琉球松の梢を渡る風の音を聞きたくなった。仕事中の陶房の張り詰めた静寂とよくつりあう松風の音。夕暮れのなかで大嶺實清《じっせい》は黙々とろくろ台を回している。

長い間、沖縄の焼き物と言えば「壺屋」という固定観念が強かった。いや、いまでもそうかもしれない。焼き物の源流をたどると、湧田、宝口、喜名などの窯場名が浮かび「瓦屋節」で有名な朝鮮陶工の幻影の彼方へ消えてしまう。

沖縄にとって弥生式土器や縄文式土器とは何であり、あったのか。ずっと疑問のまま引っかかっていた。大嶺實清にパナリ焼きの話をうかがう。その話のなかに、大きな発見があった。太陽と火、そこに琉球弧の不可視の縄文を解く鍵がある。いまは直感的にそれだけを言っておこう。

そして「常に始源に回帰しながら前に進みたい」と語る大嶺の深層のフォルムが視えてきた。彼はしつこく火と土と水と風にこだわる。だから頑固なまで登り窯や窟窯で琉球松を燃やし続ける。彼の表現の一つのベクトルは、あくまでも根へ、根源へ向かっている。あたかもロクロの中心を凝視するかのように。そこから生まれる大嶺の始源のフォルムはやさしい曲線が中心になっている。なかには女体を連想させせるエロチックな細長い円筒形の壺もある。そこには日本本土の縄文式土器のような爆ぜる荒々しさはない。パナリ焼きから大嶺は確かなものを吸収したにちがいない。一方で大嶺のもう一つのベクトルは逆方向に自己や時空間を突き抜けようとしている。彼は土器の一つ一つがすでにそれ自体の宇宙を宿していることに自覚的である。ロクロから解放され直線が主体の作品系列が生まれる。驚いたことに、彼は平然と「これらの作品を陶器と受けとめようが、オブジェと受けとめようが観る人の勝手である」と言ってのける。いままで自己の表現と火と風が創り出す作品の偶然性について語る陶芸家はたくさんいた。火と風は計算しつくすことはできないと。

しかし、窯から出したあとの作品すら、観る側のイメージに開放するという話を、ぼくは初めて聴いた。大嶺の態度は決して奇を衒った発想ではない。その発言は現代という共時的感性によるフォルムの創造という試行の連続に裏づけられているからだ。手びねりを多用した三角柱やU字管を連想させる作品たち。それらはもはや、「陶器」という概念からすら自由になろうとしている。

それでも大嶺は大量に雑器類を作っていく。まるで自分の足下を凝視め続けると言わんばかりだ。その口縁を形どる引きちぎったようなジグザグの切り口。これはいかなる表現意識の表われであろうか。とりあえずは、根へのこだわりと、自己を突き抜けようとする二つのベクトル、伝統と創作がせめぎあっていると言えるだろう。大嶺の作品は赤と白を主体にしたものが多い。しかも、その赤と白はあくまでも、沖縄の赤土と珊瑚石灰岩を砕いた白い道を連想させるやわらかみとあたたかさをもっている。今度の個展では作品をすべて白一色で塗りつぶしたいと語っていた。

大嶺は火と土と水と風という四元素にこだわりながら陶を凝視め、その彼方へ越えていこうとしている。さてどのような世界が展開するであろうか。

布との対話——ファブリケーション展・展評

　新しい発見の連続である。大嶺實清《じっせい》の白釉や緑釉の大きな器がヒト形に吊された布たちと対話を始める。台所のテーブルやカウンターに敷かれた白や藍色の手作りの布と、急須やグイ呑みや皿たちがハーモニーを奏で始める。

　一方、伊江隆人の書・墨象が、額や掛け軸の表装に使われた絹織物や芭蕉布と出会うことによって独特の深みがある世界を創り出している。それだけではない。伊江は直接織物に文字や墨象を描くと同時に、それを墨で染めた布の上に張り付け屏風に仕立てているのである。

　西表島の石垣金星《きんせい》・昭子夫妻を中心とする紅露（クール）工房のメンバーと真喜志民子・美智子姉妹を中心とする那覇在の織手、そして金城盛弘を先頭とする染手たちの作品が展示場となった民家の玄関や台所、大広間や和室で真喜志好一の建築と出会って、まったく新しい時空間を生み出している。「布との対話」は観る側にやすらぎとさまざまな想像世界を触発してやまない。

　それにしても、一番印象に残るのは生ま絹の良さだ。ぼくの乏しい経験からしても、いままで絹織物というと、キラキラ、テカテカしていてツンと澄ました冷たさが感じられた。ところが、今回展示されている生ま絹の布たちは、あくまでもさわやかであたたかい。

このグループの良さは、やはり原料製作から、染織、織り上げまで、一貫して自分の生活・生産のリズムに合わせ、最後まで手間ひまをかけて自主管理しているところにある、と視た。西表島の大自然のなかで作られていく、生ま絹や苧麻《ちょま》や芭蕉の糸。そして、紅露（ソメモノイモ）、福木、ヤマモモ、インド藍などの色のやさしさ。彼らは、糸車や杼（シャトル）、織機すら自分たちで製作し改良しているというのだ。

布を徹底的に実際の使用可能な場に引き寄せて展示している方法もいい。大沼正子がコーディネートした三題のヒト形は、布によるオブジェとして眺めてもおもしろいし、頭や首に巻いたり、着物や帯にしたときに、布がどのように生きてくるかをイメージ化している。

展示会場を民家にしたのも従来の展示方法に飽き足らない作者たちや、アートディレクターとして関わっている真喜志勉の自在な感覚、真喜志好一の建築家としての積極的な主張が反映していると思われる。この多様なジャンルからの総合的なシンフォニーは、いかに我々の生活の場を、精神的に豊かに変えていくかという問題を投げかけている。そんなに金をかけずに楽しめる、最高の遊びとは何か。

✿写真批評

比嘉康雄論

神々と人間の根源へ——比嘉康雄評伝

一、父母との別れ

比嘉康雄《ひがやすお》は、一九三八年十一月にフィリピンのミンダナオ島で生まれ、二〇〇〇年五月十三日沖縄島で逝去した。享年六一歳であった。私は、無謀にもその六一年間の略評伝を限られたページ数のなかで試みようとしている。

さいわい、私たちには比嘉康雄の「著者紹介」(『生まれ島・沖縄』一九九二年)と「比嘉康雄年譜」(『光と風と神々の世界』二〇〇一年)をはじめとする年譜資料と、比嘉の著書等が残されている。それらの資料を基に、さらに私が個人的な交流で聞き取った話や、ご家族に取材した話も交えて比嘉の生涯を大きく八期に分けて紹介してみたい。

周知のように、比嘉康雄は海外移民の子としてフィリピンで生まれた。そして、七歳までミンダナオ島で暮らした。信子夫人の話では、康雄の父母はマニラ麻(アバカ)の栽培農場を経営していたという。沖縄からミンダナオへ移民した多くの人々がアバカ栽培に従事していた。七歳の康雄には、その生活体験のいくつかが記憶されたであろう。

しかし、比嘉一家の移民生活は日本の侵略戦争で崩壊した。父親は、現地で日本軍に召集され戦死した。康雄たち母子は、ミンダナオ島のジャングルの中で避難生活を送り敗戦を迎えた。母子は、四五年にフィリピンから日本本土へ引き揚げた。だが、その年十月に当時五歳の妹は広島県にて栄養失調で死亡した。翌四六年、康雄は母親と弟ともう一人の妹とともに沖縄へ引き揚げることができた。だが、戦後三年目の四八年三月に母親も喪くしてしまった。彼は、幼年にして父母を喪くしてしまったのである。出生の地ミンダナオを失い、さらに父母を失った体験は、後述するように康雄の思想形成の深層に大きな影響を与えたと思う。

康雄は、祖母のもとで高校卒業までを過ごし、五八年コザ高校卒業と同時に進学をあきらめ警察官となった。「小、中学と上位の成績」だったが、父母なき家庭でそれ以上の進学は無理だったのだろう。警察官になったということは、コザ高校で柔道部だったことも影響したかもしれない。沖縄全体が貧しかったあの時代に、警察官になることは公務員への一つの進路であった。着任した嘉手納《かでな》署では、米人がらみの事件・事情聴取を一〇年続けた。彼は、鑑識課の写真係になったとき初めてカメラを手にした。

公務員になった彼は、一九六五年十二月に、島田信子と結婚した。当時信子は学校の教員であった。康雄二七歳、信子二五歳だったが、この結婚はあとあと大きな意味をもってくる。信子は沖縄教職員会に加入しており、祖国復帰運動や反戦平和運動等にも参加していた。当時、教職員と警察官は政治的に意見が対立しがちであった。

とりわけ、六七年の有名な教公二法立法化阻止闘争で教職員会をはじめとする共闘会議は警察隊と激しく衝突した。そして、二月の立法院前闘争では、警察隊が共闘会議にゴボウ抜きされ、阻止団に逆包囲されることもあった。康雄は、「家に帰ってよく信子と議論をした」と語っていた。

二、写真家への転換

長男拓美が誕生した一九六七年の翌年、沖縄の戦後史にとっても康雄の個人史でも重要な大事故・大事件が起きた。そのとき、彼は嘉手納署に当直として勤務していた。六八年十一月十九日未明、嘉手納基地からベトナムへ出撃していた米軍のB52戦略爆撃機が知花《ちばな》弾薬庫の近くに墜落炎上したのである。当時、嘉手納基地知花弾薬庫には核兵器が貯蔵されていることは公然の秘密であった。B52墜落炎上の現場を体験した康雄は、思い悩みながら一〇年間勤めた警察官をやめ、写真家へ転換した。

その頃の心境を、彼は次のように書いている。「基地のなかの沖縄の現実において、警察官とは何かと悶々としていた毎日に、その事故は私に決心をさせた。かねてから手がけていた写真でこのすさまじい現実にかかわっていくことができないかと考え、三年前警察をやめ東京に出て写真の基礎から学びなおしてみた。」(「生まれ島・沖縄」「カメラ毎日」一九七一年)

大きな決断であった。康雄は、夫婦とも公務員という経済的に安定した生活を思い切り断念した。そして六九年四月、妻と二歳の息子を残し東京写真専門学院に入学し本格的に写真活動を開始した。それは、妻信子の良き理解なくしては実現しなかったにちがいない。

東京写真専門学院を七一年に卒業したとき、銀座ニコンサロンで「生まれ島沖縄」展を開き、大阪、沖縄でも開催した。また、同作品は「カメラ毎日」(一九七一年)にも発表され、七二年に写真集が東京写真専門学院より教科本として出版された。ミンダナオ生まれの康雄が、写真家として「生まれ島沖縄」を再発見する記念碑的作品となった。康雄にとって、「生まれ島」を再構築する切実なモチーフがあったと思う。

長女やよいが誕生した七二年に「カメラ毎日」に「注目すべき地方の一二人」として評価され作品「私の軌跡」が掲載された。沖縄の日本復帰の同年、康雄は九月から十二月にかけ「日本列島縦断の旅」を行ない、沖縄にとって日本とは何か、報道写真とは何かを問いながら北海道から鹿児島まで撮影した。「基地や公害のある地など、いわゆる問題の場所には、努めて行った」という。その成果をもって「カメラ毎日」に「沖縄から本土を見る」を発表した。写真家としての転換と再出発は経済的には苦しかったが順調に実を結んでいった。

三、おんな・神・まつりとの出会い

比嘉康雄にとって一九七三年から八〇年頃までの期間は、最も重要な仕事が始まり展開していく時期となった。七三年に雑誌社からの依頼で谷川健一氏と出会い、いっしょに宮古島へ取材に出かけた。そのとき、偶然にも狩俣の「ウヤガン（祖神祭）」を見て衝撃を受け、琉球弧の祭祀世界を探訪するライフワークが始まったのである。

そして、次女はづきが誕生した翌七五年に久高島へ渡り西銘シズさんとの運命的な出会いがあった。それは、「その久高通いを始めて二年目であったか、西銘シズさんがあらたまって外間ノロさんからの伝言であると前置きして、『あなたのように熱心にシマに通ってくれる人はいなかった。久高島の祭祀も私たちの代で終わるかもしれないのでしっかり記録してほしい』といったことがある。つまり正式の祭祀取材の許可が出たのである」（『日本人の魂の原郷　久高島』二〇〇〇年・以下『久高島』二〇〇〇と略称する）と記録されている出会いである。

その久高島へ、康雄は一〇〇回以上通い七八年に途絶えているイザイホーをはじめ久高島の年中行事を丹念に撮影・記録・研究していった。その成果が、七六年「おんな・神・まつり」での第十三回太陽賞受賞をはじめ、七九年写真集『神々の島　沖縄久高島のまつり』、八〇年写真集『琉球弧　女たちの祭』の刊行へと結実した。そして、久高島こそ康雄の祭祀世界探訪の大きな柱の一つとなったのである。

これらの仕事や、八〇年の写真展「神々の島久高」が高く評価されて、八一年に沖縄タイムス芸術選賞奨励賞を受賞した。私は、それまでさまざまな写真家が撮った久高島の写真を見てきた。しかし、比嘉の作品はあまたの写真と根本的に違っていた。康雄の写真は、芸術性と記録性とがみごとに衝突・融合していた。しかも、その写真は長期の取材時間をかけた、島の内側からのまなざしに支えられていた。それゆえ、島の光と風と自然と神々を内面化し、絶妙の角度とシャッターチャンスで撮影されている。彼は、「いつも私は一人で祭祀にたちあった。風や光のなかで神女たちの神歌や振るまいが意味するものを全身で受けとめ立ち会えた」（『久高島』二〇〇〇）と書いている。

四、国際的比較文化論へ

琉球弧の女たちの祭祀探訪は、比嘉にとって「生まれ島沖縄」をさらに深く再発見・再構築する旅の意味をもっていただろう。その一方で彼は、一九八三年の韓国済州島《チェジュ》を皮切りに八四年インドネシア・バリ島、八五年中国貴州省、八六年中国雲南省、そして青森県と八〇年代はアジア各国の主に少数民族の祭りを見て撮影する旅へ出かけた。その探訪は、琉球弧の祭祀を国際的な比較文化論の視点で相対化する意義をもっていた。青森県で彼は、「今、写真をしている私の態度はやっぱり分別ではなく、狂気の方であろう。又、そうありたいと思う。」（「津軽日記」一九八七年）と自問自答している。

康雄は、これら東アジアの祭りのなかでも主に少数民族の「シャーマン」と呼ばれる女性の神人を見続け考えた。それは、済州島の祖先祭におけるムーダンや青森県のイタコ、ゴミソの祭祀世界である。彼は、これらの比較作業のなかから琉球弧の祭祀における女たちの役割の重要性を確信していったにちがいない。

そして、この八〇年代から比嘉は民俗学・文化人類学の研究者としての側面を表に出すようになった。写真集の解説も、谷川健一氏や湧上元雄氏に代わって自分自身で書くようになった。また、八三年二月の沖縄県立博物館第九二回文化講座「神々の島・久高島」の講演をはじめ、シンポジウムや講演活動も活発になっていった。

私は、そのころ久高島の「ヒータチ祭」で初めて比嘉に会ったと思うが、以後たびたび琉球弧における「母性原理と祭祀」について議論した。彼は「母性原理こそ久高島の核心点だ」と熱っぽく語っていた。比嘉宅での模合《もあい》や忘年会にも、同席させてもらい語り合った。

五、神々の古層へ

琉球弧を深く探訪し国際的な比較文化論のまなざしで相対化していった比嘉の仕事は、一九八七年から九三年に亘って驚嘆すべき「神々の古層シリーズ」として結実し、不動の評価を受けていった。まず、八七年に「神々の古層」ウヤガン展を那覇市と宮古平良市で開催した。そして八九年ニライ社から『神々の古層』全一二巻が刊行され始めたのである。この全集は、九三年に完成し日本地名研究所第一二回風土研究賞、九三日本写真協会賞、第五回小泉八雲賞、第一四回沖縄タイムス出版文化賞の輝かしい賞を受賞し、各界から高く評価された。それでも、比嘉はきわめて謙虚で全一二巻が完成した報告とお祝いは、ニライ社の島袋捷子さんと私、それに宮里千里さんの四人で那覇市の居酒屋「うりずん」でささやかに祝杯をあげたものだ。

発行者の島袋捷子さんによると、この『神々の古層』シリーズは編集の過程で三期まで分けて構想されていったそうだ。第二期は沖縄島周辺部、第三期は先島諸島篇として編集される予定であった。まさに、全何巻になるかわからない写真集が構想されていたことになる。だが、私たちはまだ第一期一二巻しか見ることができないのは残念である。

それでも、刊行された一二巻には第一巻久高島、第七巻渡名喜島をはじめ、第三巻宮古島、第六巻石垣島、第九巻西表島、第一二巻与那国島、第一一巻奄美大島と琉球弧の南から北までの祭祀が写真と文章で取材・収録されている。

その一二巻は、もはや写真集のレベルを越え民俗学・文化人類学的な記録と研究等がみごとに融合した仕事になっている。そして、比嘉の研究は大学の研究者たちからも注目を集め重視されていった。それらは、前人未踏の取材・記録であった。一二巻の島々をこれだけ長時間かけて取材した記録・研究を私は知らない。しかも、それは民間の一写真家によって成し遂げられたのである。おまけに、この『神々の古層』第一期一二巻は比嘉の全仕事の氷山の一角にすぎないのである。今後、これだけの仕事を成し遂げる写真家が現われるだろうか。しかも、島々の祭祀は途絶えたり変容していっている。

彼は、これらの仕事を通じて文字通り琉球弧の祭祀と「神々の古層」に出会った。しかも、康雄の優れた方法は、祭祀を取材するという意識より「自ら参加し、自らを問う」という態度にあった。「私の島通いは学術論文を書くとか、雑誌などマスコミに発表するとかではなく、島が発する不思議なオーラにひきつけられたというか、ここには〈文化の原形〉、〈人間とは何か〉それに自分自身を考えるよすががあると直感的に思ったからである。だから、写真家とか記録者とかいうことではなく、一人の人間としてシマ人にむきあった。」(『久高島』二〇〇〇)と書いている。

六、写真家・研究者としての展開

比嘉は、一九九一年九月から明治学院大学で民俗学の集中講義を行ない、以後同大学の非常勤講師として講義を受け持つようになった。また、九〇年十二月の沖縄大学土曜教養講座で、「久高島のイザイホー――祭祀過程を中心に」と題するテーマで講演し、九一年十月には第一二回平良市・沖縄大学移動市民大学講座に呼ばれ「私の生き方を決定した祖神祭」のテーマで講演した。この時期、比嘉は沖縄と東京を往復する生活を続け各種の講座、講演で忙しく働いていた。

一方、九二年五月から開催された「沖縄戦後写真展　こだわりの眼」に出品し、那覇市民ギャラリーを皮切りに、沖縄市営体育館、名護市民会館、石垣市民会館、平良市中央公民館と巡回していった。また、この年ニライ社から写真集『生まれ島・沖縄――アメリカ世から大和世』(一九九二年)が刊行されたのも思い出深い。私たちは、この写真集で一九六八年から七五年頃の比嘉康雄の初期作品を見ることができる。また、七二年「日本列島縦断の旅」で撮影した作品も収録されている。これらのなかで、私はとくに表紙の写真や「本土集団就職　那覇港一九七〇・一二」(七〇頁)の作品等が強く印象に残っている。そこには、写真家康雄のまなざしと写真思想の特徴が明確に顕われている。

全一二巻の『神々の古層』が完成した九三年に、第一書房から『神々の原郷　久高島（上・下）』が出版された。上・下とも四七〇ページを越す大冊で、彼の久高島研究の総集篇となった。この久高島民俗誌の二冊は、今後も久高島研究の最も重要な基礎文献となるであろう。

この二冊は、『神々の古層』久高島篇とは異なり文章中心の研究書である。私はこれらを読んで、いつも「民俗学者ではない」と謙遜していた比嘉がよくぞここまで研究したものだと感嘆した。そして、あらためて外間ノロのウメーギ（補佐役）であった西銘シズさんの協力の大きさも再認識したものである。

久高島研究と「神々の古層」シリーズの一段落を告げるように、九三年十二月から「比嘉康雄写真展　情民」が那覇市のサロン・ド・ミツで始まった。その案内状に「かつて、この島は人々が自然と共生していた。この写真群は、その共生の時代に生を受けた人々の肖像である」と比嘉は書いた。文字通り肖像写真中心の写真展だったが、どの作品も写された「情民」のきわめて自然体の信頼感にあふれた表情が印象的だった。会場で、康雄は「僕は相手が写してもいいよというまで、いつまでも待つのだ」と言っていた。彼の造語だという写真の記録的態度の「受視」の方法に貫かれていた。同展は、翌九四年二月に名護市教育委員会の主催で名護中央公民館でも開かれた。

七、再び宮古島へ

比嘉は、一九九四年十二月から翌九五年の一年間、宮古島に単身移住し、狩俣をはじめ宮古群島各地の祭祀を集中的に取材・研究した。宮古島への移住にあたって、彼は「これから宮古に住み、神々の世界に近づいていくのかと思う。これで良いのかまだわからない。――中略――かつて津軽へ行ったときよりも悲壮感はないが、やっぱり心はゆらいでいる。いつもそうであるが、とにかく実利とは無関係、ひたすらというか、もっぱら消費生活をすることになる。こんなことをして果たして何が見えて来るのか、これで良いのか、少し考えると不安になる。しかしもう出発しているのだ」(『宮古日記』一九九四年)と書いている。

すでに『神々の古層』で高い評価を受けていた比嘉が、あらためてなぜ宮古島移住までしたか、そして内面でなぜこんなに不安に思い動揺していたのかは、不思議な気もする。しかし、おそらく芸術家としての自己探求の厳しさからくる不安の側面があったのではないか。

また彼は、心ひそかに『神々の原郷　久高島(上・下)』と双璧をなす「宮古島・狩俣の祭祀」の総集篇や、『神々の古層』第三期・先島諸島篇の構想を練っていたのではないだろうか。その仕事の困難性や、時間との闘いをどこかに抱えたような不安であったような気がする。

それでも、康雄は宮古島移住で「取材ノート」を見てこれまで何回祭祀を見て来たか調べてみたら、狩俣がウヤガンを含めて四三回、他と合わせて八六回である。まあ多くもなく少なくもないというところかなあと思う」(『宮古日記』一九九五年)という成果をあげている。また、宮古島在住の十月に「宮古スマピトゥ大学」で講演し、十一月「宮古島の神と森を考える会」でパネリストを務めている。

八、早すぎた逝去

宮古島から引き揚げてきた九六年から、比嘉は九月に「映像と話の会」を組織し、沖縄市のアルハンブラを会場に月一回のスライド上映と討論の活動を開始した。この会は、沖縄の写真家の創造的対話と交流の場を作ることを目指していた。その活動は私(たち)から見れば、康雄が後輩たちを刺激し育成していく一面もあると思えた。彼は、九月に「雪国の一年——みちのくの神と仏と女達」を上映した。

最後の個展は、九八年三月に比嘉康雄写真展「母たちの神　琉球弧の祭祀世界　九五年　宮古島」と題してサロン・ド・ミツで開催された。それは、彼の宮古島取材の成果の展開を告げていた。

しかし、比嘉康雄は二〇〇〇年五月、私（たち）にとってはまったく突然、六一歳という若さで逝去してしまった。私が「突然」と言うのは、その約一ヵ月前の四月五日に元気そうな彼と並んで小熊英二の講演を聴いて語り合っていたからだ。

そのとき、彼は私に「琉球弧の母性原理を徹底して調べ考えること」を説き、「ウタキという言葉を安易に使ってはいけない。それは、琉球王府が統一的に与えた呼称だからだ。それより各島ジマの拝所に対する呼び名を大切にすること」を強調していた。また比嘉は、私にくりかえし「琉球弧の古い祭祀にある考え方は、人間は死んでも魂は不滅と考えられている」とも語ってきた。それらが、結果的には私（たち）への遺言の一つになってしまった。

彼の逝去は、「早すぎる」と思えて残念である。康雄は、九九年一月那覇市民ギャラリーで開催された合同展「カジマーイ　12の眼」に「赤い街」を出品した。彼には、まだまだ展開したい表現の構想がいっぱいあったはずだ。

だが、彼自身は二〇〇〇年の二月頃から体調が悪くなり医者から「あと数ヶ月か三ヶ月かなあ」と「死の宣告」を受けていたらしい。そのことを、私（たち）は死後公表された康雄のドキュメンタリー映画や「日本人の魂の原郷　ニライカナイへ」（『共生と循環のコスモロジー』二〇〇五年）で知った。それらのなかで彼は、「魂は滅びないいんだ、再生するんだという思いですね。もう僕はすでに孫に再生しているんですよ。長男に僕の孫ができて七ヶ月になるけれど、男の子でね」と断言している。彼は、琉球弧の祭祀世界で学んだ思想を血肉化し自ら信じて他界へ往ってしまった。

比嘉が心待ちにしていた集英社新書の『日本人の魂の原郷　久高島』は二〇〇〇年五月二十二日発刊であり、彼の遺作になってしまった。それでも、新書は予定より早くできあがり、本人は亡くなる三日前に同書を手にし主治医の先生等にも贈呈したそうである。私（たち）は、告別式の帰りに遺族から手渡された。写真家にして民俗学者・文化人類学者として高く評価された比嘉康雄の仕事から、私（たち）が学び継承し探求していくべき課題は、まだまだ無尽蔵に残されている。

魂は不滅——シンポジウム「比嘉康雄と沖縄」に寄せて

来年（二〇一〇年）は、写真家・比嘉康雄が逝去してから十年になる。比嘉は、存命中のみならず今日でも、戦後沖縄を代表する写真家として高く評価され影響を与え続けている。私もまた、何度も比嘉の個展に通い、彼の自宅まで押し掛けて議論をし教示された。

私は、比嘉の写真のみならず、その著書からも思想的、芸術的に触発されてきた。とりわけ、『神々の古層』全一二巻（ニライ社）や『神々の原郷・久高島（上・下）』（第一書房）は、何度も繰り返し読んでいる。

比嘉は、信じられないぐらい忽然と逝去した。私は彼が亡くなる一週間ほど前、いっしょに並んで小熊英二の講演を聴いていた。そして、彼は私に「琉球弧の母系的伝統を徹底的に調べ考えること」

と「ウタキという言葉を安易に使ってはいけない。各島ジマの拝所に対する呼び名を大切にすること」を強調していた。また、彼は「琉球弧の古い祭祀にある考え方は、人間は死んでも魂は不滅と考えられている」とも語った。それらが、比嘉の私への「遺言」となってしまった。

ところで、私（たち）は比嘉の主要な作品は個展や著書でほとんど観たと思っていたが、生前彼自身が構成した「母たちの神――琉球弧の祭祀世界――」という写真一六二枚から成る未発表の作品群が残されているという。そこで、私たちは「比嘉康雄と沖縄（仮称）実行委員会」（仲里効会長）を組織し、来年の写真展「母たちの神」を目指して活動している。

本年度は、それへ向けた関連講座を連続して開催中だ。すでに五月には第一回シンポジウム「比嘉康雄と中平卓馬」が終わった。そして、第二回目は東松照明に「比嘉康雄とわたし」という基調講演をしていただき、シンポジウム「比嘉康雄の現場」を開催する。多くの皆さまが、この連続講座に参加し、「私と比嘉康雄」、「比嘉の視た琉球弧」について問い返し、ともに語り合って欲しいものである。

比嘉康雄の思想と実践

今年（二〇一〇年）は、比嘉康雄の没後十年目になっている。私は、昨年から比嘉康雄展実行委員会に加わり、今年二月のシンポジウム「比嘉康雄の久高島」にもパネリストとして参加した。そして、比嘉康雄展「母たちの神」を準備しながら彼の作品を見詰め返し考え続けてきた。

その一方で、比嘉が探究した琉球弧の祭祀世界の現況を視るため、九月二十二日には久高島の「十五夜祭祀」へ、十月六日から八日は竹富島の「種取り祭祀」に参加してきた。さいわい、両祭祀とも少々変容しながらも、その神々への信仰と神人や島人の真剣な祈りは健在であり感動した。

私は、八〇年代の初めごろ久高島の「ヒータチ祭祀」で初めて比嘉と話すようになったが、以後彼の撮影した祭祀を追っかけて参加したり、写真個展会場や比嘉宅での模合《もあい》（頼母子講）や忘年会等でたびたび「琉球弧における母性原理と祭祀」について議論を重ねてきた。

周知のように、康雄はライフワークの琉球弧の祭祀世界探訪を『神々の古層』全一二巻（ニライ社）として刊行し高い評価を受けた。この『神々の古層』シリーズには、第一巻久高島から第一一巻奄美大島に見られるように琉球弧の南から北までの主要な祭祀が写真と文章で取材・記録されている。それらは、前人未踏の取材・記録であった。しかも、それは比嘉という民間の一写真家によって成し遂げられたのである。おまけに、この『神々の古層』シリーズは彼の全仕事の氷山の一角にすぎないのだ。

琉球弧の祭祀に参加したことのある人は理解できると思うが、シマ島へ渡り取材していくときに費やされる金銭的、時間的な負担は並大抵のものではない。康雄は、警察官を退職したあとは、沖縄ソバ屋を家族とともに営んでいた。私は、主に浦添市牧港にあった店へ通ったが康雄が作るソバはおいしかった。比嘉は、ソバ屋で経費をやりくりし北は青森県から南はインドネシア・バリ島まで行って撮影・取材したのだ。

私にとって比嘉は、写真家や民俗学・文化人類学者にとどまらず思想家としても大きな影響を受けた。彼は、琉球弧の祭祀に写真家というより常に「自己とは何か、人間とはなにか」を問いながら関わっていた。そして、ついに琉球弧の祭祀・信仰の核心点に「魂は滅びず再生する」という信仰・思想が存在することを発見した。しかも、彼はその思想を単に取材・記録・報告するのみならず、自ら信じて六一歳の生涯を閉じたのだ。この比嘉の思想と実践を、私も畏敬し共有したいと努力している。

康雄は、写真の記録的態度の方法を「受視」という彼の造語で表現していた。彼は、被写体を視るだけではなく、被写体からも「受視」され相互の納得のうえでシャッターを押したのだ。そして、できあがった写真作品は可能な限り被写体の方へも返していった。いま、久高島には比嘉家から寄贈された作品を中心に「久高島民俗資料館」ができあがっている。

島クトゥバと記録／記憶
――琉球弧を記録する会『島クトゥバで語る戦世』書評

（二〇〇三年）十二月九日、かつて大日本帝国が真珠湾を奇襲攻撃し太平洋戦争に突入した日の翌日を記念するかのように、小泉内閣は自衛隊という日本軍をイラクの戦場へ派遣することを決定した。私は、この日を憤怒で身が焦がれる思いで記録しなければならない。

イラク侵略戦争への日本軍の「参戦」決定という、この無惨な事実に対して私はそれを阻止できなかった自己と、保守も革新も含めて戦後のあらゆる言説を厳しく問い直し、行動しなければならないと思っている。

さて、イラク侵略戦争に明け暮れている今年、十一月一日から一週間余にわたって那覇市で開催された「琉球電影烈伝」と命名された映画祭は戦後の文化史で一つの大きな事件として記念されるだろう。私は、そこで琉球弧を記録する会の「島クトゥバで語る戦世」という映像と記録書に出会った。そのショックは、現在もさまざまな問題を投げかけて尾を引いている。

比嘉豊光、村山友江をはじめとする琉球弧を記録する会は、百人の戦世の記憶を映像で、島クトゥバ、活字で記録して発表した。私は、それらをビデオテープでも見たのだが、いまは印刷されたこの記録集について語ろう。

この一冊のなかだけにも、百人の戦争体験が写真で、島クトゥバで、日本共通語で印刷され、目取真俊や屋嘉比収をはじめとする十三人の論評が収録されている。また、後半には宮古島西辺のナナムイの祭祀も記録されている。

それらのなかで、私はとりわけ新本トモ、佐和田朝功、与儀トシさんをはじめとする住民の体験談に衝撃を受けた。それらの証言は、八重山語、多良間語、沖縄語で語られ、日本共通語に翻訳されている。まず、この記録集は文字通り琉球弧の各島クトゥバを大切にしている徹底性に大きな意義がある。

そして、私たちに島クトゥバで体験を記録する重要性を投げかけている。それは、共通語で聞き取りし、記録していく限界を突破していく力をもっているのではないか。このことは、「沖縄県史」をはじめ市町村史の編集方法にも大きな問題提起となっている。さらに、戦争体験がどのように現代に教訓化され思想や言説のなかで血肉化されているのかも。

サッテーナラン——比嘉豊光『赤いゴーヤー』書評

佐喜真美術館で比嘉豊光写真展を観てきた。その後、写真集『赤いゴーヤー』が手に入った。いつも持ち歩いて、くりかえし写真を見る。とうとう奄美群島への旅にも持ってきた。

何日たっても、記憶の渦から浮かび上がってくる作品をいくつかあげてみる。米軍基地の鉄条網の前、パラシュートで日よけを作りスイカを売っている人たちがいる。「牧青」と書かれたヘルメット姿の全軍労の「スト貫徹」の写真がある。よく飲みに行ったスナック喫茶店セーヌ画廊の前の道、コザ暴動でひっくり返された車たちが写っている。五色のテープが舞っている浮島丸の出港風景。菊の献花もまばらな沖縄全戦没者追悼式の祭壇の前で、琉球着物をつけサバゾーリを履いたオバーたちが写っている。

本書の作品群は、すべて一九七〇年から一九七二年の間に撮られた写真だ。この日本復帰前夜の時代、私たちは大学生であった。豊光もまた。この作品群には、写真家・比嘉豊光の出発点・原点が刻印されている。と同時に、それらは激動する沖縄の戦後史の証言とラジカルな問いかけにもなっている。そして、豊光は「ウリマリン　サッテーナランドー」(『赤いゴーヤー』あとがき)と呼びかける。

写真集全篇を通して、注目しなければならないことが何点かある。まず、比嘉の作品には必ずと言っていいほど人物が写されている。しかも、なんらかのかたちで働いている人々が多い。おまけに、子どもや老人、女性を撮った写真が中心になっている。

それらのなかでも、強く印象に残って考えさせられたのは子どもをおんぶしている姿の写真だ。お母さんに長い帯でおんぶされた子。おじいちゃんに、お父さんに。これらは、比嘉豊光のもっている視線の低さ、柔軟さ、やさしさの資質と思想がよく現われているのではないか。まぎれもない〈沖縄〉の身体と生活の原風景。

あと一つは、さりげない日常の光景と歴史的状況を示す写真の両方を撮りきっていることである。日本復帰前は、圧倒的な米軍支配の日常であった。復帰後は日本資本と日本軍が入ってきた。米軍ジープの行列が続く道路脇を学校帰りの子どもたちが歩いている。豊光が、さりげなく差し出す作品の切り口は鋭く、重く、かつあたたかい。

中平卓馬論

中平卓馬と琉球弧

一、出会い

私の机の前の本棚に中平卓馬評論集『なぜ、植物図鑑か』がある。それには、一九七三年七月三十日付の著者贈呈サインが入っている。私たちは、その年に出会い、その親交は三十年余の現在まで続いている。

中平はあの年、松永優裁判支援のために初めて沖縄を訪れた。松永裁判とは、一九七一年一一・一〇ゼネストで警察官が殺され、その殺人犯デッチ上げ事件に対する裁判であった。そのとき、検察側の唯一と言っていいほどの重要証拠が「読売新聞」掲載の二枚の写真であった。

検察側は、撮影時間も違う二枚の写真を松永が警察官を蹴り殺している証拠と主張した。しかし、そのとき松永は火を消して警察官を助けようとしていたのだ。中平は写真家として「一枚の写真が、それのみで客観的証拠になりえるのか」を問い、「美術手帖」や「朝日ジャーナル」などで論陣を張り、検察側の主張を切り崩していった。松永は無罪になり、裁判は勝利した。

二、肉眼レフの誕生

思えばこの三十年間、中平卓馬の写真家としての転換点には琉球弧の風土と歴史や文化が大きな影響を与えてきた。中平は、初めて来沖する前にそれまでの自己の「アレ・ブレ・ボケ」と呼ばれた写真方法を否定し「植物図鑑のような写真を撮る」ことを宣言していたのだ。

そして、何度か沖縄に通うことによって「肉眼レフ」という方法意識を確立した。そのマニフェストとなったのが一九七四年九月九日号の「日本読書新聞」に掲載された「わが肉眼レフ1974・沖縄・夏」であった。中平は「一九七四年・夏。私の一眼レフならぬ肉眼レフは、はたして沖縄の何をとらえたか」と自己に問いかけていた。

彼はその年、一月、八月と精力的に沖縄取材を行ない、その成果を写真と文章で「朝日ジャーナル」の「解体列島」シリーズに発表していった。その写真は、イメージの鮮烈さを増し、思想は先鋭化していった。私は、彼を自家用車で案内しながら取材過程を見つめていた。

中平は、一九七六年から取材範囲を奄美群島へ拡げた。島尾敏雄の「ヤポネシア論」や黒田喜夫による東北の民謡と沖縄の古謡の比較研究などの影響を受けていた。彼は「奄美」（「アサヒカメラ」一九七六年二月）で次のように書いている。「沖縄での体験は、すでに沖縄が文化的にも政治的にも『日本』『本土』とは決して同質ではないことを教えていた」。「日本は、普通そう考えられているような単一民族国家ではない」。

さらに中平は、取材範囲をトカラ列島まで北上させていった。もちろん、十四、五年前に読んだ谷川雁の「びろうの樹の下の死時計」をふまえていた。彼は、必死になって『『琉球』文化と『本土』

文化の接点、見えない境界線」「文化の国境」を発見しようとしていた。

三、病気と再生

もはや、都会の夜を撮る中平は去っていた。彼は、おそらく自己と日本から脱出しようとしたのではないか。先駆的にポストモダンの、その先を行こうとしていた。制度のなかの「写真家」であることを自己否定しようとしていた。だが、その格闘のなかで一九七七年九月、急性アルコール中毒で昏倒し、記憶の大部分を失った。

しかし、記憶喪失という大病をかかえながら、さいわいにも写真や沖縄や民謡、友人の私を忘れていなかった。一九七八年七月と八月、中平は妻子とともに沖縄の私を訪ねて来て、写真家としての活動を再開し「アサヒカメラ」十二月号に「沖縄写真原点1」を発表した。

それ以来、一九九三年、二〇〇二年、今年（二〇〇四年）と来沖して撮影を継続している。中平は、日常雑事の記憶は失いながらも、写真家としての核心は手放していない。彼にとって、琉球弧は異質な異界であり、不可視の文化融合のマージナルゾーンではないか。それは、記憶喪失という異界からの往還のとき、貴重な現実感を与える境界領域ではないだろうか。

そのマージナルゾーンを「肉眼レフ」で撮り続ける中平卓馬の作品は、イメージが無意識層まで届く深みを、より増していると思う。さらに、琉球弧と世界の最深部へ。

我が中平卓馬

一、真剣勝負

それは、信じられないようなイベントであった。二〇〇二年七月三日〜十四日に開催された「琉球烈像」展（那覇市民ギャラリー）に、中平卓馬の写真も招聘され出品された。

と同時に、中平は沖縄県が日本復帰三十周年を記念して主催した東松照明展「沖縄マンダラ」関連行事にも招かれた。彼は、七月六日に浦添市で開催された記念シンポジウム「写真の記憶、写真の創造、東松照明と沖縄」にもパネリストの一人として森山大道、荒木経惟らと壇上に立ったのである。中平が病気で倒れたあと、公式の場に姿を現わし発言するのは、そのときが初めてであった。

しかも、その発言の核心は「写真っていうものはメモリーとかクリエーションじゃなくてドキュメントなのだ」と言ってシンポジウムのタイトルの「記憶」とか「創造」という表現を批判していた。その発言の様子や意義についてはホンマタカシ「落ちない流れ星・夏の思い出・朝青龍」（「中平卓馬・原点復帰―横浜」展カタログ）のレポートがよくまとめてあり、おもしろい。

中平はこの「フォトネシア」展に参加するにあたってのコメントで「だが、私、あえて自ら引き受けざるを得ない問題を引きずりつつ、二〇〇二年に沖縄へ行って撮影し抜くことを考え始めた。沖縄県人なのか、琉球人なのか！　そして、〝琉球〟はもうなくなり、沖縄は日本最南端の一地方になってしまったのか。その一点を考え始め、私、カメラを持って沖縄へ出発します！」（「フォトネシア／光の記憶・時の果実」カタログ）と書いていた。

東松照明展「沖縄マンダラ」と、同時開催の「琉球烈像」展には国内外から多くの写真家やジャーナリストたちが参加していた。それは、楽しいお祭りの雰囲気であったが「みんなは竹光を持ってきたのに、中平だけが真剣勝負できた」と評したのは、どこの誰だったか。

二、初めて中平を語る

中平は、一九九四年から二〇〇一年までの八年間、沖縄には来なかった。その間に、写真界では中平の再評価が始まっているとは聞いていた。

一九九五年に、彼と篠山紀信との共著『決闘写真論』が朝日文庫で再刊されて贈られてきた。一九九九年には、岩波書店から『日本の写真家36　中平卓馬』が刊行された。そして、私は知らなかったが一九九七年には高梨豊の企画により、中京大学アートギャラリーで写真展「日常中平卓馬の現在」が開催されていた。

私が、たまに電話をしても彼と家族の方々は一九九〇年に写真集が第二回「写真の会賞」を受賞したことは語らなかった。したがって、私は中平への再評価が一時のブームではないかと疑い、確信がもてなかった。

しかし、二〇〇三年十月四日～十二月七日に横浜美術館で開催された「中平卓馬・原点復帰―横浜」に参加・鑑賞して、私はこの再評価が本物であることに自信が出てきた。

私は、一九七三年に中平に会って以来、彼の作品や人柄について公式の場ではいっさい語らず、論じないできた。とりわけ、彼が七七年に急性アルコール中毒症という大病で倒れて以来はそうした。

なぜそうしたかは、まだ整理できていない。

横浜美術館展のとき、十月四日に記念講演を依頼された。そこで、初めて七三年に出会ってから今日までの中平について語った。タイトルは「中平卓馬の〝肉眼レフ〟が見た沖縄」とした。私は、中平の作品が記憶喪失の前後でどのように変わったか、変わらなかったかを中心に論じた。

この横浜美術館展への反響はすさまじかった。とりわけ、十一月九日に行なわれた浅田彰の講演「中平卓馬という事件」（ＡＲＴｉＴ・二〇〇四年）は大きな収穫であった。浅田は、中平とゴダールとの類似性を比較しつつ、今日の写真・映像表現の状況と思想のなかで、中平作品のもつ意義について分析・批評した。「中平卓馬は記憶喪失に見舞われることでつねに新しくあり続けるという残酷にして輝かしい運命を引き受けたのだと思うのです」と浅田は語っている。

一方、ＮＨＫ教育テレビの「新日曜美術館」でも「写真家・中平卓馬　新たなまなざし」が制作され、今年（二〇〇四年）の二月二十九日に放映された。そのロケの大半は沖縄で行なわれ、中平と私は真冬の残波岬でも取材・撮影された。この番組には、森山大道、赤瀬川原平、川本三郎、ホンマタカシらも出演した。

三、沖縄展へ

そして、とうとう二〇〇四年四月二十一日〜五月二日、沖縄県教育委員会の主催で「中平卓馬展」（那覇市民ギャラリー）が開かれた。私も、この展覧会の準備過程から協力し、シンポジウムやギャラリートークにも出演したので、まだ客観的評価をすることはできない。私は、初めて「中平卓馬と琉球弧」（「沖縄タイムス」四月二十日、本書所収）という小論を発表した。また、石塚雅人と「中平卓馬沖縄関係年譜」を作成し、一九七三年から今日まで三十余年間の沖縄取材の過程と、その作品群を整理した。そして、シンポジウム等で琉球弧の風土と歴史や文化が中平の「写真家としての転換点」に与えた大きな影響を四つの時期に区分して述べてみた。

まず、第一期は中平が自らの「アレ・ブレ・ボケ」の写真方法を否定し、それまでの作品のネガの大半を消却して、初めて沖縄へ来た一九七三年前後の時期である。第二期は、七四年から病気で倒れるまでの「肉眼レフ」という方法意識の模索期。第三は、七七年から九三年の闘病と沖縄撮影の「記憶回復期」とも言うべき時期。そして、第四期が二〇〇二年から現在までである。

四、これから

私が、中平に初対面してから三十余年が過ぎた。彼は、私にとって芸術・思想の指導者であった。最初は、フランツ・ファノンの著作を全部読むように勧められた。彼は、私との間に「サルトルとファノン」の関係を夢見ていたのかもしれない。ただ、私たちはだんだん同志、友人みたいな関係の方が強くなっていった。私は、彼が沖縄取材に来るたびに自家用車で案内役を務めた。それは、彼が大病で倒れたあとも変わっていない。

私は、横浜美術館展や沖縄展で中平の写真の全貌を初期から今日まで見渡してみて、大病の前後も変わらない一貫した方法意識に驚いている。その核心とは、中平が自らへ「なぜ写真を撮るのか」「世界を見ることと、世界から見られることの関係は」という問いを手放していないという点である。彼は記憶喪失により、論理的な言語の大半を失った代わりに、言葉に依存しないより自由な「写真そのもの」の表現を獲得しつつあるように思う。したがって、これからの作品もより根元的な「深層」

や「無意識層」を揺さぶる「直感レフ」で捉えた写真を撮り続けるであろう。

多面体のエネルギー——森口豁写真展・展評

森口豁《かつ》さんと出会い、親交を結ぶようになったのは、沖縄の日本復帰直後の松永闘争を支援する市民会議にともに参加している頃だった。以来四十年近く、私にとっては優しい先輩であると同時に精神的なドゥシ（同志）である。彼は、一九五八年に琉球新報社に入社し、十五年間沖縄生活を送った。私が出会った頃は、日本テレビ記者（沖縄特派員）であった。

森口一家が、沖縄を離れるとき、その送別会として私の生地・新原《みいばる》ビーチでバーベキューをやった。なつかしい写真のなかの岡本恵徳氏や山口恒治、知念幸栄氏は、もうこの世にいない。森口さんの愛娘である、ゆうなやかんなチャンはまだ幼児の七四年であった。それでも、森口さんはその後も沖縄とヤマトの二重生活をしたり、毎年沖縄へ通って取材・表現・闘争を続けている。

周知のように、彼は多面的な才能を発揮し、それぞれのジャンルで高い評価を受けた表現活動を行なっている。インターネットの百科事典『ウィキペディア』で森口豁を調べると、「日本のジャーナリスト」と紹介されている。

彼のテレビドキュメンタリー作品は、ほとんど視たと思うがとりわけ『ひめゆり戦史　いま問う国家と教育』と『水と風』、『子乞い　沖縄孤島の歳月』から受けた衝撃と問題提起は、現在でも私の内面でくりかえし波打っている。

一方、森口は記録文学作家としての著書も多く、しかも高く評価されている。『子乞い　沖縄孤島の歳月』は「瑠璃の島」としてテレビドラマ化されマンガにもなり、『最後の学徒隊』は演劇化され那覇市民会館でも上演された。また、近年は『だれも沖縄を知らない』で沖縄タイムス出版文化賞を受賞した。それらのなかでも『ヤマト嫌い／沖縄言論人・池宮城秀意の反骨』（一九九五年、講談社）は忘れがたい。なぜ、大和人の森口が「ヤマト嫌い」の大冊を書いたのか……。

さて、今回の画廊沖縄による「日米安保改定五〇年企画」の森口豁展「さよならアメリカ」は写真とドキュメンタリー映像がメインである。森口は、昨年（二〇〇九年）から今年にかけて琉球新報で写真・文による「フラッシュバック」シリーズを連載した。

私は、一九五〇年代から九〇年代までかけて森口が撮影した写真を見つめ、取材した文章を読んで何度も涙《なだ》グルグルした。たとえば五六年に糸満で撮った「第一次ベビーブーム」には、七歳の頃の私と同世代の姿が写っている。六〇年の「名護の七曲がり」では、路線バスの対向車線を六台以上の戦車が我が物顔で走っている。六三年に伊平屋島での「子守の子ら」の姉と私の記憶を揺さぶる写真。

そして、忘れがたいのは久高島で白装束の神女たちの上空を飛行機雲を引きながらジェット戦闘機が飛んでいる写真だ。この一枚は、比嘉康雄も撮れなかった久高島の一面の姿である。ここに、森口が視続けた戦後オキナワが象徴的に表現されている。彼は、島々の個性ある物語と古代から続く伝統文化や祭祀を視つめつつ、それらを切り裂いていく米軍政植民地オキナワの現実から決して視線をそらさない。ここに、多面的表現者としての森口の一貫した思想とエネルギーの源があるのではないか。

その思想が、信頼されて余りあるのは森口が常に自己のジャーナリストとしての、またヤマト人としての責任を自覚し自問自答してやまないからだと思う。森口にとって、もはや「沖縄問題」というのは存在しないだろう。在るのは、「日本問題」であり「差別問題」や「人間問題」としての根源的な問いかけであるはずだ。

なぜ、そこまでオキナワに関わるのか。それは、玉川学園で盟友・故金城哲夫と出会い大学を中退してまで当時外国の琉球新報社に入社した青春の原点を手放さないからであろう。今回の個展は「さよならアメリカ」となっているが、「さよならニッポン」という無声のうめきが聴こえてくるようである。それらの声々がざわめいている写真・映像群に出会うのが楽しみだ。

写真の群島へ——石川直樹写真展・展評

歴史的な（二〇一〇年）四・二五県民大会へ向けあわただしい準備が進むなか、二十三日の学者・知識人による「米海兵隊は撤収を」という「第二の共同声明」に関する記者会見を終え、沖縄県立博物館の静かな特別展示室で「石川直樹写真展　アーキペラゴ」を観た。

会場に入ると、まず二七五センチ×三〇〇センチの大パネルにプリントされた作品三点が飛び込んでくる。そのなかの岩肌と波の写真が圧巻だ。岩肌に粘りつき浸食する青波は、一つの生き物のようにも見える。海岸の岩肌に砕ける波は、本展の基調音の一つである。

石川は、約一〇年間をかけて「南はトカラ列島から奄美、宮古、八重山、台湾、北は北海道やその周辺の離島からサハリン島、クイーンシャーロット諸島にいたる」アーキペラゴで撮影した写真群を開示している。アーキペラゴとは、「群島」あるいは「多島海」という意味である。

奇しくも、石川が撮影した群島は、私が六〇年余をかけて生活し、渡り、思考してきた島々とほぼ重なっている。私は、サハリン島からインドネシアまで渡り歩いてきた。例外は、クイーンシャーロット諸島をはじめ、金門島や悪石島等のわずかな島々だ。したがって、今回の石川写真の世界はほとんど見慣れた光景である。

私は、これらのアーキペラゴ渡りのなかから「ヤポネシアと琉球弧」、「琉球弧巡礼の旅」、「隔ての海を結びの海へ」等の概念を思考したり想像してきた。また、近年は文化人類学者・今福龍太の『群島―世界論』を中心にシンポジウム等で議論してきた。さらに、屋久島に移住して農業をやって死んでいった詩人・山尾三省と著書を通じて対話を続けている。アーキペラゴは、私（たち）にとって二十一世紀の未来を切り開く「キー概念」である。

石川の作品群で、一番好きになったのは入口右側の壁に展示された「サハリン島」に写っているニブフ民族の姿である。この作品から、私はサハリンで交流したニブフやアイヌの先住民族の人々を思いだしていた。今回の展示会では、群島の人間や、鹿、魚等の動物を撮った写真が印象的であった。ところで、石川展ではアーキペラゴは「多島海」よりも「群島」へ、つまり海よりは島々の意味に傾いているように感じられた。そして、その作品群の多くは皮膚一枚だけ外部からの他者の視線からのヴェールが被さっているもどかしさがあった。それは、石川のアーキペラゴへの視点と思考が「点在する島々」、「島の連なりとしての世界」という線的なとらえ直しのレベルに留まっていたからであろう。私はむしろ、「群島の生活誌」と「島々の面的関係性」の方にこそ注目している。

とまれ、そのもどかしさは写真家・平敷兼七のポートレートの前で突き抜けていく。故・平敷が教えたという「ひとつの島はすべての島であり、一点突き抜けた先には世界のすべてがある」。未来の群島から、石川の写真はさらに飛躍する予感がしている。

❖琉球芸能批評

琉球芸能と琉球語

私が、生まれて初めて聞き覚えた歌は子守唄だったと思います。それは、母や姉たちの暖かい背中におんぶされながら聞いた「イッターアンマーマーカイガ（あなたのお母さんはどこへ）」や「赤田首里殿内」などの歌です。

世界じゅうのどこの地域や民族にも子守唄があり、愛唱されています。私が、外国で詩の朗読会や文化交流会で沖縄の子守唄を歌うと、とても喜ばれ大きな拍手をいただきます。

私は、玉城《たまぐすく》村字新原《みいばる》の出身ですので高校生まではウチナーグチ（沖縄語）中心の生活を送っていました。新原区に初めてテレビが入ったのは、一九六四年の東京オリンピックのときでした。それまで、私たちの一番大きな娯楽は沖縄芝居を見ることでした。

さいわい、隣の部落には「百名《ひゃくな》劇場」がありました。百名劇場は、仮設舞台のみの青空劇場でしたが、ときわ座や大伸座などの一流劇団が巡業に来ました。私は、小学生の頃から母に連れられて沖縄芝居を観に行くのが楽しみでした。真喜志康忠《まきしこうちゅう》、大宜見小太郎《おおぎみこたろう》をはじめとする名優たちの演技や踊りを堪能し、ファンになりました（その詳細な思い出は、拙著・岩波新書『沖縄生活誌』に書いてあります）。

沖縄芝居をくりかえし観ているうちに、琉球歌劇の「伊江島ハンドー小《ぐゎー》」や「泊《とうまい》阿嘉《あーかー》」、「中城《なかぐすく》情話」等の名場面はいつの間にか覚え歌えるようになっていました。いまでも、「中城情話」はカラオケで歌う好きな曲の一つです。

しかし、私（たち）が小学生の頃は厳しい「標準語励行」の教育を受けました。学校でウチナーグチを使うと「方言札」を持たされ、体罰を受けました。琉球語撲滅の教育で、琉球文化は下品で遅れた文化だと教えられたのです。一九五〇年代後半のことでした。おかげで、琉球文化にたいする劣等感をしたたか植えつけられました。

それでも、高校生になると古典の担任・当間一郎先生に組踊のすばらしさを教えていただき、何度も鑑賞会へ連れて行ってもらいました。いま振り返ると、あの頃に真境名由康《まじきなゆうこう》の「二童敵討」の阿麻和利、島袋光裕の「花売の縁」の薪取りをはじめ、宮城能造《のうぞう》の女形、金武良章《きんりょうしょう》の唱えなどを鑑賞できたのは大きな財産になっています。

当間先生は、ひょっとしたら私に組踊研究家になって欲しいと期待していたのかもしれません。私が、一九六八年に高校を卒業して大学へ進学するとき「執心鐘入《しゅうしんかねいり》」や「銘苅子《めかるしー》」などの組踊台本をプレゼントしてくださいました。しかし、私は組踊研究の意義と展望を充分に理解できず、期待に応えられませんでした。組踊が、国指定重要無形文化財になり、沖縄に国立劇場が建設され、人間国宝が生まれる時代が来るとは想像すらできなかったのです。

さて、私たちの琉球文化が「シマーグヮー（島小）」とバカにされ劣等視された時代は一九九〇年代ごろに終わりました。いまや、琉球芸能や伝統文化は大切な文化遺産として再認識されました。組踊が能や歌舞伎などとともに「世界無形文化遺産」として登録され、全人類共有の文化財になる日も予想されるようになりました。

ところで、今後の琉球芸能を発展させるうえで、私が一番心配していることは、北は奄美群島から南は八重山群島までの各シマ島のシマグチである琉球語が滅亡の危機にあることです。私の子供たちの世代からは、ウチナーグチは聞けても話せなくなっています。

申すまでもなく、琉球語が滅亡することは、組踊、沖縄芝居、琉球歌劇、琉球舞踊、琉球音楽をはじめとする琉球芸能の母なる言語を失うことです。言葉を失えば、やがて琉球芸能の衰退、滅亡につながると言っても過言ではないでしょう。

したがって、私は機会があるたびに「琉球語を守り発展させるよう」訴えてきました。近著の『ウチナーグチ（沖縄語）練習帖』（NHK生活人新書）でも強調しておきました。また、私は沖縄語で現代詩「喜屋武《きゃん》岬」や「老樹騒乱」、「神事」等を書き朗読会を重ねてきました。さらに、琉球舞踊「風譚」の歌詞や詩歌舞劇「龍宮からサルタヒコへ」の創作も試みました。しかし、まだまだ不充分だと思っています。

いま、学校教育でも生涯学習教育でもあらゆる機会を通して琉球語を守り発展させる活動が求められているでしょう。さいわい、近年は各地でそのような努力が活発になってきています。中学校や高校では組踊や琉歌、琉球語を教える授業も増えてきました。また、中学、高校の郷土芸能クラブも多くなりました。市町村の公民館でのウチナーグチ講座も活発になってきています。沖縄語普及協議会の「沖縄方言新聞」も第十五号まで発行されています。

今後は、各地域の行政や企業が先頭に立って琉球語発展のためにますます奮起して欲しいと希望しています。また、私もささやかながら努力していきたいと思っています。何よりも、琉球芸能と琉球文化の発展のために。

琉球の文化と芸能

私は、四〇年あまり現代詩を書いているので、琉球の文化・文学とりわけ琉歌や古代歌謡の勉強を続けている(1)。また、トゥジ（女房）が琉球舞踊かなの会の会主・高嶺久枝なので、南風原《はえばる》町の自宅兼練場の一階では毎日弟子たちが踊りの稽古をやり歌・三線や太鼓等の音楽が聞こえてくる。(2)

北は奄美群島から、南は八重山群島まで、「琉球弧」と呼ばれる島ジマには、「琉球文化圏」という共通の伝統文化が継承され、活用・創作されている。私は、琉球舞踊や歌謡が「いつごろ発生したのだろうか」と考えることがある。おそらく、歌と踊りは琉球弧に私たちの祖先が住み始めた頃に発生したはずで、山下町洞人や港川人の遺骨等を見ると一万年以上の昔まで遡るだろう。およそ、人間というものは言葉を使うようになれば、歌い踊りだす動物だと言える。

私は、久高島のイザイホー祀りや西表島の結願祭《キツィガン》、奄美大島の八月踊りをはじめ各島ジマの祭祀や伝統行事に参加・見学してきたが、これらの神祭りのなかで古代からの歌や踊りが現在も継承され演舞されている現場に接して何度も涙が出るほどの感動を味わってきた。

琉球弧の歌や踊りが、なによりも「神々への祈りと奉納」のなかから生まれ、創作されてきたことがよく理解できる。祖先たちは、神々を拝んで「拝み手」、「こねり手」、「押す手」の所作の踊りを作ってきた。この、琉球舞踊の「手の技法」の特徴とも言える「三大基本技法」ができあがったのだ。
これらのことは、首里王府が奄美群島と沖縄群島の神謡を収録・編纂した『おもろさうし』を読んでも確認することができる。たとえば、「第九巻　いろいろのこねりおもろ御双紙」所収の「おもろ」等を読むと、神々に祈りながら歌われ、そして「舞の手註」と呼ばれる踊りの所作まで記録されていることがわかる。

今日歌われている八八八六の音数律をもつ「琉歌」は、一六〇九年の薩摩侵略後から作られるようになった、と言われている。その先駆的な歌の例としてよく挙げられるのが、尚寧《しょうねい》王の王妃が読んだという「真北風《まにし》が　まねまね　吹けば　按司《あじ》襲いてだの　御船ど　持ち居る」（第九巻五一〇番）という「おもろ」である。「おもろ」の定型から、「琉歌」が派生したということである。この「サンパチロク（八八八六）」の定型詩である琉歌は、琉球文化・文学・芸能の大きな特徴となっている。

さらに、十四世紀ごろ中国から三線が伝来した。この三線という伴奏楽器を使いこなし、しかも琉球独特の型に改良することによって、琉球芸能は革命的に発展した。三線音楽に乗って「サンパチロク」の琉歌形式は琉球弧の島ジマに流行し、首里王府では宮廷音楽や宮廷舞踊が創作され今日の古典芸能となり、さらに国劇である組踊が誕生した。また、三線は琉球から堺・関西・日本へ伝わり、日本芸能も革命し歌舞伎や浄瑠璃等が生まれた。

おかげで、いまや琉球芸能は日本国内はもとより沖縄人が海外移民したハワイ、ブラジル、ペルー等をはじめ世界じゅうでその文化的・芸術的価値が高く評価されている。その結果、すでに組踊と多良間島の八月踊りが日本政府から「世界無形文化遺産」に推薦され、近年中に登録されようとしているのだ。

これらの琉球芸能と文化のなかで生きていて、私がとくに誇りにし強調しておきたい特徴が何点かある。その第一は島唄や琉球舞踊が現在でも日々新作されていることだ。沖縄のマスメディアには、琉球芸能の定期番組があり、ラジオ番組等では「ミーウタ（新作島唄）」の紹介コーナーさえある。日本全国の伝統芸能のなかで、毎日新作が発表されることはそんなにないだろう。

第二に、琉球芸能が県内はもちろん、県外・国外で活躍する「世界のウチナーンチュ（沖縄人）」に大きく支持され、誇りにされていることだ。とりわけ、ハワイやブラジル、ペルー等の海外移民の多い国でそうである。私もまた、このような伝統文化を大切に継承し、創造・発展させるように微力ながら努力していきたい。

註

（1）勉強の成果を『ウチナーグチ（沖縄語）練習帖』（ＮＨＫ生活人新書）に発表した。

（2）その様子は『沖縄生活誌』（岩波新書）で詳しく述べてある。

奄美・宮古・八重山の歌が沖縄島で市民権を得るまで

一、奄美

〽行きゅんにゃカナ　我きゃ事忘りてぃ
行きゅんにゃカナ
汝《い》きゃ事思えば　行き苦しゃ　スーリー行き苦しゃ
（「行きゅんにゃカナ」）

私が、琉球弧の島唄に親しむようになったのは、いつ頃のことだっただろうか。再び、意識的に聴き、覚えるようになったのは中学二年生の頃か。当時、七つ上の次兄が、島唄にどっぷりつかり、私にもその良さをしきりに強調していた。

子守歌やわらべ歌は、私の体内に染みついていた。母や姉たちが、たっぷりと聴かせてくれたから。しかし、兄に影響されて玉城《たまぐすく》村の〈親子ラジオ〉から聴いた島唄は、なぜか八重山民謡が多かったような気がする。あれは一九六〇年前後の頃か。

奄美の島唄や宮古の島唄に親しむようになったのは、二〇歳も過ぎて大学生になってからだ。当時、静岡大学の先輩であった奄美出身の南郷さんが、奄美の島唄を歌ってくれた。

初めて聴く奄美の島唄は、まずその高音部の裏声にビックリさせられた。初め私は、南郷先輩が「ヒジャイヌーディー（音痴）」のせいだと思ったくらいだ。そのときの唄は、たしか「よいすら節」だったと思う。

奄美の島唄で、大好きで忘れがたいのが「行きゅんにゃカナ」である。このカナには「加那」というアテ字は使いたくない。カナは「愛。愛する人。恋人」という意味が重層的に含まれている美しい言葉だからだ。「加那」という漢字をあてると、どうしても個人名にイメージが狭められてしまう。

さて、いろいろな別れの場面で「行きゅんにゃカナ」を聴いてきたが、背すじが寒くなるような悲しみのなかで、涙を流しながら聴いたのは故島尾敏雄の一周忌のときであった。たしか、あれは沖縄タイムスホールでの追悼会が終わって、二次会の席で、島尾ミホさんが涙ながらに歌っていたのではないか。ミホさんの「行きゅんにゃカナ」の絶唱を聴いて、「ああ、ほんとうに島尾さんは死んでしまったのだ」と身の切られるようなツライ思いがしたものだ。

島尾さんが大好きだった歌劇「伊江島ハンドー小《ぐゎー》」に使われている曲の一つの元歌が「徳之島チュッキャリ節」だと知ったのはあとのことだ。島尾さんとは、酒を飲みながらよく「伊江島ハンドゥー小」を掛け合いで歌って楽しんだ。

奄美のウタシャ（歌手）で有名な坪山豊と築地俊造《つきじしゅんぞう》の島唄を知ってから、私はますます奄美民謡のファンになった。築地の甘い美声には聴きほれてしまう。また、坪山の「綾ハベラ節」や「ワイド節」の創作力には、奄美民謡の豊かな未来を確信させられる。

二、宮古

〽サーヨー　イー　伊良部トゥガマーンー
バシガマンナ　ヨー　離リユトガ
バシガマンナ　ヨー　イ
渡《バタ》ス瀬《ジ》ヌ　マーン

（「伊良部トゥーガニー」）

私の耳に宮古民謡が入ってきたのは、まずリズムとメロディーからであったと思う。おそらくそれは、「狩俣ぬイサミガ」をアレンジして西田佐知子が歌った「恋の二日酔」という歌謡曲であっただろう。

本格的に宮古民謡を楽しむようになったのは大学時代に国吉源次《くによしげんじ》のレコードを聴いてからだ。まず「張水《はりみず》ぬクイチャー」から覚えていった。次に「トゥーガニぬアヤグ」に挑戦した。

そのなかでも、「漲水ぬクイチャー」は宮古農民を中心とした人頭税廃止運動の勝利の喜びを歌っており、クイチャーのリズムに乗って明るく勇壮で、私は宴会の酒座などで好んで歌っている。

宮古民謡を、三線伴奏による節唄として広く流布させるのに貢献したのは、国吉源次だと言えるのではないか。国吉の高音の甘い美声による「伊良部トゥーガニー」や「カヌシャガマヨー」の恋歌は抒情たっぷりで聴く人を陶酔させる。

あれは、普久原恒男《ふくはらつねお》編著の五線譜付き『沖縄の民謡』だったと思うが、「伊良部トゥーガニー」を歌うときの〈速さ〉の指定に「夕陽の沈む速さで」と書かれてあるのを発見して、驚くやら感動したことを覚えている。それ以来、何度も夕陽が沈むのを見ながら「伊良部トゥーガニー」に挑戦しているのだが、まだうまくいったことがない。しかし、沈む夕陽とアカネ色に染まっていく空を見ながら、この島唄を歌っていると、「ああ、おまえに早く会いたい。今夜は夜這《ば》いに行くよ。ムシロ戸を下げて待っていてくれよ」と恋する男の熱い思いがヒシヒシと伝わってくる。この恋歌も、まちがいなく世界に誇れる名歌の一つだとつくづく思う。

ところで、宮古民謡の深い伝統と、その層の厚さはむしろ三線による伴奏なしの手拍子と掛け合いを中心にした「ニーリ（根歌）」「アヤグ（綾語）」「クイチャー（声合せ）」の系譜の歌の数々にあるかもしれない。三隈治雄《みすみはるお》採録による「甦る沖縄の歌声」（日本コロンビア）のCDを聴くと、その思いを強くする。それらの歌にははるか古代からの島唄の伝統すら感じ取れる。

それにしても、「多良間ションガネー」の哀感は忘れることができない。ひたすら待ち、耐える島の女、いや島人たちの哀感。しかも歌う人によって微妙に節まわしやコブシが違う。ここには、島唄が歌う一人ひとりによって個性をもって歌われていた原初の姿があることを確認することができる。

三、八重山

〽いとま乞いとぅ思てぃ　持ちゃる盃や
目涙泡盛らち　飲みぬならぬ
ンゾナリムヌヨー　ハーリー　ションガネー　ヨー
（「与那国ションガネー」）

琉球弧の島唄のなかで、自分の生まれた沖縄島以外の歌で、初めに引きつけられたのは八重山の島唄であった。あれは、小学校五、六年生の頃か。〈親子ラジオ〉から流れていた宮良《みやら》光淋《こうりん》の美声による「八重山育ち」だったと思う。

そして、大浜安伴《あんぱん》、ミネ夫妻の「トゥバラーマ」や宮良康正《こうせい》の「与那国ションガネー」にぞっこんホレこんでいった。また、山里勇吉の「トゥバラーマ」も男性的で独特の魅力があった。私たちは山里の「六調節《ろくちょうぶし》」でよくカチャーシーを踊ったものだ。

さらに、大工《だいく》哲弘がリサイタルのたびに「ユンタ」「ジラバ」の楽しさを教えてくれた。集団で手拍子を取りながら掛け合いで歌う「コイナユンタ」や「安里屋《あさどや》ユンタ」などの楽しいこと。

それにしても「与那国ションガネー」の絶唱のすばらしさはどうだろう。私は、この島唄こそ「世界一すばらしい民謡だ」と誇りをもって紹介し、好んで歌っている。愛する人との別れのつらさ、苦しさ、それでも耐え忍び、あきらめ、最後は愛人の未来を予祝し、祈る。歌詞といい、メロディーといい、掛け合いといい、こんな絶唱が他にあるだろうか。

おまけに、「与那国ションガネー」の歌詞が三十番余りもあることを知ったのは近年になって『南島歌謡大成Ⅳ・八重山篇』（外間《ほかま》守善《しゅぜん》他編著、角川書店）を読んでからである。しかも、その歌詞の主要な内容が〈航海安全〉を祈願したものであることを見ると、いかにこの「与那国ションガネー」が長い時間をかけて島人たちに歌い継がれ、創作されていったかを知ることができる。

一方、「トゥバラーマ」の歌詞は何番まであるだろう。おそらく、それは「無限大」と答えた方が正解であろう。というのも、八重山の人々の多くが自分で創作した個人別の歌詞をもって歌っているからだ。そして、石垣市主催の「トゥバラーマ大会」が毎年、太陰暦の八月十五夜の日に開かれており、その出場資格が〈二番目の歌詞は自作の歌詞で歌うこと〉となっているからだ。私の手元にある『とぅばらーま歌集』（石垣市発行、一九八三年）を見ると、毎年新しい歌詞が積み上げられていく、すさまじい歌のエネルギーを感じる。

八重山民謡で忘れてはならないことは、その数々のメロディーが琉球王国の宮廷音楽、古典音楽や宮廷舞踊を支え、影響を与え続けてきたことだ。「仲良田《なからた》節」や「マルマブンサン」等々。

そして、戦前から日本全国に広まった〈琉球民謡の代表〉とは「新・安里屋ユンタ」であったことは言うまでもない。

四、島唄は海を渡る

さて、奄美群島、宮古群島、八重山群島の島唄が沖縄島で「市民権を得る」ようになったのは、いつ頃のことであろうか。私には充分に研究する余裕がないので、一九五〇年代から今日までに私の身の回りで起こった琉球弧の島唄との触れ合いの体験を綴ってみた。はたして「市民権を得」ているであろうか。

かつて（一九七二年頃まで?）、各島ジマの民謡は宮廷音楽の伝統をもつ古典音楽よりも社会的価値としては低く見られていた時期があった（いまも?）。とりわけ、奄美や宮古の島唄はそうであった。

そのような状況を打破し、奄美・宮古・八重山の島唄が琉球弧全域に流布し「市民権を得」るのに、最大の貢献をしたのは、上原直彦を中心にした琉球放送のラジオ、テレビ番組であったと言っていいのではなかろうか。

そのなかでも、ラジオから流れる「民謡で今日拝《ちゅううが》なびら」や「ふるさとバンザイ」、テレビの「民謡紅白歌合戦」や「旧盆特別番組」などが、積極的に奄美から八重山までの島唄を紹介し、交流を促し、愛されてきた。

もちろん、ラジオ沖縄や沖縄テレビ、新聞など、他のマスコミの貢献も忘れるわけにはいかない。また、仲宗根幸市を中心とした「しまうた研究会」などによる「琉球弧の島唄交流祭典」や各自治体・行政側の地道な努力も。

もともと、島唄は海を越えて渡り、相互に影響を与えあってきた。私たちは、その例としてすぐに「デンサー節」や「宮古のアヤグ」などを挙げることができる。

そして、先述したように、琉球王国の宮廷音楽や舞踊も、奄美から八重山までの島唄を積極的に取り入れることによってしか成立しなかったし、発展しなかった。

また、明治政府による〈琉球処分〉以後に創作された「鳩間節」や「むんじゅる」などの〈雑踊《ぞうおど》り〉もそうだったし、沖縄芝居の〈歌劇〉の名作「伊江島ハンドゥー小」や「泊阿嘉《とうまいあーかー》」などの事情もそうである。

一九七二年の〈日本復帰〉後に大ヒットした「十九の春」の場合もそうではないのか。私は与論島に行ったときに、そこで歌われている「与論小唄」のメロディーが、「十九の春」とまったく同じであることに気づいて、ビックリしたことがある。そして、いま、小浜島、竹富島から、また与那国島から、「ミルクムナリ」や「風のドゥナン」など全国的にヒットする可能性のある、パワフルな新しい島唄が生まれてきている。

琉球弧の島唄は、それぞれの島ジマの個性をもちつつ、相互に交流し、影響しあうことによって活性化し、より高い創造性を発揮していくことは、歴史の教えるとおりである。もちろん、琉球弧の内と外のミュージックとの交流でも。

無冠の巨星

一、初の劇画・評伝

一年半余の歳月をかけて、新里堅進《しんざとけんしん》作・画『奥山の牡丹――沖縄歌劇の巨星・伊良波尹吉《いらはいんきち》物語』(二〇〇〇年三月)が与那原町教育委員会によって出版された。私は、この評伝に編集委員長として関わってきた。監修は渡名喜明《となきあきら》である。

この伊良波尹吉物語は、沖縄演劇の歴史では初めての劇画による評伝であろう。編集委員には尹吉の愛娘の女優・伊良波冴子も加わっていただいた。

この『奥山の牡丹』出版における最大の功労者は作者の新里堅進である。新里は『ハブ採り』で日本漫画家協会賞を受賞した著名な劇画家である。と同時に、その新里を支え、資料収集を中心に作業をリードしてきた伊集《いじゅ》、上江州《うえず》をはじめとする与那原町史編集室のスタッフの尽力を特筆しなければならない。

二、天才伊良波

琉球舞踊で、現在大衆的に最も親しまれている演目は何だろう。ベスト四を挙げるとすると「かぎやで風」、「谷茶前《たんちゃめー》」、「かなよう天川」、「鳩間節《はとま》」あたりではないだろうか。

ところで、「かなよう天川」や「鳩間節」の創作者を知っているだろうか。いや、琉球舞踊を習っている人たちでさえ、知らない人がいるだろう。

この雑踊《ぞうおど》りの傑作と言われる「かなよう天川」や「鳩間節」の作者が伊良波尹吉（一八八六〜一九五一）である。伊良波は、その他にも「馬山川《ばざんがー》」や「南洋浜千鳥」などの雑踊りも創作している。

周知のように、沖縄の演劇の歴史を見てみると組踊から歌劇、そしてせりふ劇へと移行してきたことがわかる。その歌劇は現在、県指定無形文化財「琉球歌劇」に指定されている。

その「琉球歌劇」のなかでも、「泊阿嘉《とうまいあーかー》」、「奥山《うくやま》の牡丹」、「伊江島《いいじま》ハンドー小《ぐゎー》」、「薬師堂」は〈四大歌劇〉と呼ばれている。それらのなかの「奥山の牡丹」、「薬師堂」を創作したのが伊良波尹吉である。

伊良波は、その他にも「仲里節の由来記」や「音楽家の恋」、「仲直り三良小《さんらーぐゎー》」など、記録されているものだけでも四十余の歌劇を創作し、残している。まさに「沖縄歌劇の巨星」と呼んでも言い過ぎではない。

このように、尹吉作の歌劇や舞踊を見、彼の生涯を調べてみると、「伊良波は天才だった」という評価が信じられてくる。とくに「仲直り三良小」を見るとそう思う。

歌劇「仲直り三良小」はラジオの民謡番組からもよく流れているし、結婚式披露宴でも素人たちによってよく演じられていた。しかし、この歌劇の作者が尹吉であることを知っている人はきわめて少ないだろう。それほど、この歌劇は大衆化し民俗芸能的になってしまった。尹吉は、この傑作を二〇歳のときに創作したという。

天才の作品の力は多くの人々の魂を捉え、共感され、ついに「作者不明」になるまで共有化されてしまう。作品が作者から独立し、時空間を越えて普遍化されてしまうのだ。尹吉の創作した歌劇や舞踊が、いつしか「作者不明」になりつつあるように。

三、無冠のままに

与那原で生まれた伊良波は馬車スンチャー（馬子）から沖縄芝居の世界に飛び込んだ。そして、文字どおり沖縄近代演劇の土台を作り、沖縄芝居とともに歩み、戦後は沖縄俳優協会を設立（一九四七年）し、初代会長を務めたあと、六五歳の若さで病没した。まだまだ、琉球芸能家たちが「シバイシー」とか「モーヤー小《ぐゎー》」と軽蔑、差別される社会風潮のなかで。

したがって、歌劇「奥山の牡丹」や琉舞「鳩間節」のファンでも、伊良波が与那原町の出身であることさえ知らない。もし、尹吉が真境名《まじきな》由康《ゆうこう》や島袋光裕、宮城能造《のうぞう》のように長命であったら、数々の栄誉を受けて称賛されていただろう。

しかし、伊良波はまったく無冠と言っていいほど、正当な評価を受けずに没していった。その肉体は、沖縄芝居の栄枯盛衰とともに燃え尽きたと言っていい。と同時に方言撲滅運動などを繰り広げた沖縄知識人層の沖縄芝居や沖縄文化に対する無知、無理解という歴史的責任を忘れてはならない。

四、深く広く

思えば、琉球弧の文化、あるいは人類の文化の創造と発展の歴史のなかでは、なんと多くの人々が血のにじむような努力をしながら、その業績が充分に評価されないまま埋もれていることか。

　私が関わった人だけでも、山之口貘、山城翠香《すいこう》、伊良波尹吉の名前を挙げることができる。そして、私たちが市町村史の地域史編集作業で志していることも、琉球弧の歴史と文化を一人一人の「住民の生活誌」のレベルまで発掘し、記録し、表現することである。

　その作業の過程で住民自らが生活誌を記録し、地域の歴史と文化を創造して相対化していく新しい地域文化運動を作り出すように努力している。私たちは、自らの足下を深く深く掘り、地域から世界へ広く広く交流していきたい。

しよんだう・考——「高嶺久枝の会」へ

何度みても「しよんだう」という踊りは不思議な踊りだ。

まず、タイトルからして「醜童」という漢字を当てている。いつ頃からだろうか。この打組踊は通常美女二人と醜女二人の四人で踊られている。その打組踊に「醜童」というタイトルを当てるからには、この踊りの主人公は二人の醜女なのだろうか。

この踊りを見るたびに、観客の人気は美女たちよりも醜女たちに集まっていることが感じられる。とくに背の低い醜女の所作がこっけいである。だからといって、この踊りの主人公を醜女たちと見ていいのだろうか。

しかも、この「しよんだう踊り」は琉球王国時代から踊り継がれてきたことがわかる。尚育《しょういく》王代の謝恩使一行が江戸薩摩藩邸で演武したときの一八三〇年代ごろの絵図「舞楽図」にも描かれている。その時代から、すでに醜女たちは仮面を付けて踊っているのが描写されている。

まだ、身分制や封建制の厳しい琉球王国時代に、何が好まれて「しよんだう踊り」は上演されたのだろう。あのころから、醜女たちが人気を集めたのだろうか。むしろ、美女たちの引き立て役ではなかったのか。

しかし「しょんだう踊り」はやはり美女と醜女の打組踊だから、このように相互に引き立てあい、ドラマ性と生命力をもって今日まで踊り継がれてきたのだと思う。

〽諸屯《しょどん》長浜に　打ちやり引く波の
諸屯女童の　目笑らひ歯ぐち

美女たちの「しょんだう節」に乗ったおしとやかで清々しい踊りなくして、醜女たちのこっけいさや批判性は引き出されてこない。

そして、醜女たちのおどりのこっけいさを笑い楽しんでいるうちに、観ている私たちの方がもの悲しくなっていくのはなぜだろう。あの醜女たちの入羽《イリファ》のとき、振り返って「鼻だれ」とともに舞台中央へ向かって投げ捨てられたものは何か。美しいとは、醜いとは――「しょんだう踊り」は永遠のテーマで迫ってくる。

八重山舞踊論

月・星・太陽・讃――「第四回新城知子の会」へ

月を想っている。電気やランプがなかったころの夜の闇を思ってみる。人間にとって、月とは何であったのか。なぜ満月の夜はあんなに心が躍り胸がキュンと締めつけられるのか。潮の干満と月の満ち欠け。人間の出産と死も潮の干満に関係があると信じられている。

八重山はまた、月に関する名歌が多い群島だ。「月の美《かい》しゃや」の子守歌から始まり、満月を背景に流れる「トゥバラーマ」、そして極めつけは「月ヌマピローマ」。

〽月ヌマピローマ（真昼間）ヤ　ヤンサ潮ヌ真干リ
夜ヌ真夜中ヤ　（ハイヘ）　女童ヌ潮時

新城知子は大胆にも、この「月ヌマピローマ節」を出羽《ンジファ》に用い「月願い」という創作舞踊を発表した。「月ヌ真昼間」とはなんと美しい詩の表現であることか。この踊りで「女の恋心」を表現したいと新城は第三回リサイタルの公演パンフレットに書いている。八重山舞踊と琉球芸能にまた新鮮な創作が加わったのだ。

〽月トゥ太陽トゥヤ　同ヌ道通リヨール
トゥバラーマ心ン　一道アリ給リ
（ンゾシーヌ　トゥバラーマヨ）

名曲「トゥバラーマ」に乗って「月願い」は入羽《イリファ》に向かう。「月ヌマピローマ」といい「トゥバラーマ」といい、長い歴史と多くの人々によってすでに美的に充分練られ、最もポピュラーで、しかも現在も歌い継がれているだけに、このような伝統的名曲に振付け創作するというのは大変な勇気がいるだろう。

新城知子は良きにつけ悪しきにつけ、八重山舞踊の近代を問い、現代を切り拓くパイオニアの一人である。神に祈り奉納する共同体の心と芸能がなおも色濃く息づいている島で、個人の芸術表現はどのように可能なのか。その個人と共同体社会の葛藤と表現は、琉球芸能はもちろん、世界の芸術表現の共通した課題である。

知子は、集団舞踊が中心であった八重山芸能に個人のリサイタルを持ち込み、さらに前回の「新城知子の会」では、「ブナレーマ」、「月願い」、「しらべ」、「いらすぃざ」と四題の創作舞踊を発表している。創作の苦しみと喜びは、真剣に取り組んだことのある人にしかわからないだろう。今後とも、大いに期待したいものである。

すでに、一九七〇年に民俗学者・谷川健一氏も「先島にみなぎる夜の暗さは本土にいるものにはわかりにくい。闇がおおいかぶさってきて、その中にすっぽり包まれてしまう感じである。（中略）それだけに、月夜の明るさは島民にとって最大の恩恵であったと言っていい」（『沖縄・辺境の時間と空間』三一書房、四二頁）と書いている。

島の闇の深さと、島人の思いの深さが個人の内面で共鳴していけばいくほど、「月トゥ太陽」のありがたさが敬虔な祈りとなって芸術的に昇華されていくであろう。第三回目のリサイタルから、この二年間で深化された新城知子の創作と舞台が大きく花開き、「第四回新城知子の会――島・いまを踊る――」が八重山芸能の評価をさらに高めることを祈念してやまない。

創作の原点――「第五回新城知子の会」批評

創作舞踊の評価はむずかしい。とくに琉球舞踊となるとなおさらだ。舞台芸術そのものが各ジャンルの総合化という困難性を抱えているのに、琉球舞踊の創作には常に、「伝統と現代」という重い課題が付きまとう。そして、どんなに立派な創作理論があっても、それは直接的には創作舞踊に結びつかない。最終的には舞踊家の思想・感性に支えられた身体表現力が大きなカギを握っているからだ。

そのような思いのなかで、「第五回新城知子の会――糸・あや・布――」の那覇公演（一九八九年十一月十日）を観た。舞われた演目は、「いらすぃざ」、「出舟《イディフニ》」、「肝迷い《キムマユ》」、「しらべ」、「月願い《ツキニンガ》」、「真南風《マーパイ》の華」、「ブナレーマ」、「彩思い《アヤウム》」の八題であった。すべて新城知子の創作舞踊である。

まず、新城知子が八重山舞踊の伝統のなかから、八題もの創作舞踊を表現している意義を特筆し、拍手を送りたい。創作に挑むということは、どんなジャンルであれ、困難性との闘いを強いられるがゆえに注目に値する。

しかも新城の舞台は、その所作はもちろんのこと、構成・音曲・衣裳にまで徹底して細やかな神経がいき届いているため、一つの厳しさと気品を創出することに成功している。おまけに彼女は、地方《ぢかた》や衣裳制作に優れた創作力をもったスタッフと共演している。これも表現力の一つの才能である。たとえば、八演目のうち、大工《だいく》哲弘の作曲が三題もある。そのなかでも、「真南風の華」はこれからの八重山民謡を考えるとき、一つの大きな成果と可能性を示すものだ。舞踊にとって音曲をどう処理するかは依然として死活の問題である。

さて、知子の創作のなかでハビラー節に振り付けられた「しらべ」や、ソンバレー節の「いらすぃざ」そして月ヌマピローマ節の「月願い」は、すっかり作品として定着し、音曲との融合も楽しめる表現域に達してきた。

一方、那覇公演でとくに私が感動し注目したのが「ブナレーマ」であった。なんと言っても、布を持ち、「古見浦ぬブナレーマユンタ」を知子自身が歌いながら舞う表現がいい。私はそこに、働き、歌い、舞う、創作の原点を視る思いがした。

最近の琉球舞踊の舞台では、舞う人が歌う場面が少なくなった。琉舞「むんじゅる」の「花染めよー」などのハヤシも、舞踊家自身の肉声を聞く機会が少ないだけに新鮮な感動が湧いてきた。歌いながら舞うことは、呼吸法など大きな表現力を要するにちがいない。

新城の創作に、あえて望むとするならば、一つの演目のなかにおける構成の整理である。とりわけ、歌詞のつく曲とつかない曲との思い切った整理であろう。そうすれば、舞踊表現の象徴性はもっと純化され高まるにちがいない。八重山舞踊から出て、現代の身体表現に至り、再び八重山・琉球舞踊として定着する、その課題に新城知子なら応えてくれるはずだ。

第三部　比較文化論

◈琉球文化と日本文化

琉球文化と日本文化

一、琉球文化圏の成立

琉球文化の特徴とは、何だろう。それと、日本文化や他のアジア文化と比較すると何が浮かび上がり見えてくるのか。私は、それらの疑問をくりかえし考え述べてきた。(1)

私は、二〇〇一年から現在(二〇〇六年)まで沖縄県教育庁文化課から、沖縄県史料編集室へ出向している。主に、考古編と沖縄戦編を担当してきた。そして、二〇〇三年には、『沖縄県史 各論編2 考古』を出版することができた。その編集作業のなかで、沖縄県の先史時代に関する考古学的研究の最新の成果を学んだ。

その成果のなかには、驚くべき発見が多々あった。まず、私がとくに感嘆した事例をいくつか述べてみる。

まず第一に、北は奄美諸島から南は八重山諸島までの「琉球弧」と呼ばれる島々には、十一世紀ごろまで「北琉球文化圏」と「南琉球文化圏」という二つの大きな文化圏があったということである。

北琉球文化圏は、奄美諸島と沖縄諸島から成り、南琉球文化圏には宮古諸島と八重山諸島が含まれていた。(2)琉球弧は、この二つの文化圏に分かれて別々の先史時代を歩み、相互にはほとんど交流、交易がなかったという。周知のように、琉球弧には約一万八千年前から港川人や山下町洞人などの人類が住んでいた。しかし、十一世紀ごろまでは統一した琉球文化圏というのは存在しなかったのである。

第二に、北琉球文化圏では弥生時代から平安時代にかけて種子島や九州と活発な交易をしていたらしい。しかも、その交易品で重要だったのは、南島産のイモ貝やゴホウラ貝、夜光貝などの大型貝製品であった。貝輪や貝匙をはじめとする貝製品の交易ルートは「貝の道」と名づけられ、九州から日本海沿いに遠く北海道の有珠まで延びていた。

そのような交易過程を経て、北琉球文化圏には縄文文化や弥生文化の影響も波及してきた。すなわち、九州系の縄文式土器や弥生式土器が出土するようになったのである。

しかし重要なことは、このような縄文、弥生文化の影響はついに南琉球文化圏には届かなかったということである。南琉球文化圏からは、縄文式土器や弥生式土器は出土せず、シャコ貝製の貝斧や焼き石などが出土し、むしろフィリピン等の南方文化の影響を強く受けていたのではないかと言われている。

第三に、このような南北二つの文化圏は約十二世紀から「グスク時代」に入ることによって統一されたということである。グスク時代になると、琉球弧の島々や地域に「グスク(城)」と呼ばれる要塞が建造され「按司《あじ》」という支配者が登場するようになった。

そして、現在約三百ヵ所以上知られているグスク遺跡からは、鉄器、中国製陶磁器、グスク式土器、カムィヤキ、滑石製石鍋の五点セットが共通して出土している。これらの共通遺物から、初めて統一琉球文化圏が成立したと言われている。そのなかの、カムィヤキと呼ばれる陶質土器は、近年になって徳之島の窯跡で製造されたことがわかってきた。また、滑石製石鍋は長崎県の西彼杵半島特産の滑石で製造されている。したがって、グスク時代には日本や中国等と活発な交易が行なわれていたことが明らかである。

このグスク時代の後半に、沖縄島では北山王国、中山王国、南山王国という三つの小王国が成立した。この三つの地域は、現在の北部、中部、南部地区と相似している。そして、中山王国の支配者・尚巴志《しょうはし》が三山を統一して琉球王国が誕生したのである。一四二九年のこと、と言われている。

以上のような、考古学の研究成果が教えることは重要である。従来の先史時代の琉球弧像は、大きく変わりつつある。とりわけ、グスク時代前の南北二つの琉球文化圏の存在は大事である。それは、琉球弧が先史時代から単一の民族による統一した歴史を歩んできたという幻想を否定する。したがって、私にとっては従来の「琉球人の祖先は、日本民族と同一である」という「日琉同祖論」イデオロギーが批判され、崩壊していく過程を見つつあるという気がする。また、私たちは琉球弧の歴史と文化を議論するときに注意深く琉球文化圏成立以前と以後を分けて考えつつ、各地域の基層文化がどのように統一文化圏に継承されていったかを分析していく必要がある。これらの作業を通して初めて、琉球文化の特徴はより鮮明になっていくと思われる。それはまた、これまで言われてきた琉球文化の多様性と重層性をより豊かに物語るはずだ。

二、琉球文化の特徴

琉球文化の特徴の一つは、その複合性と重層性である。すでに考古学的な知見が明らかにしているように、琉球弧の文化は中国、日本、朝鮮、東南アジア諸国との交易、交流のなかから形成されてきた。しかも、十五世紀に琉球王国が成立すると中国の明や清帝国の冊封体制に組み込まれ、大交易時代の海洋国家、交易国家として発展していった。したがって、文化の方も国際性と多様性を豊かにしていった。琉球文化は、「チャンプルー文化」とも表現されるが、それは国際性、複合性、雑種性の特徴を表わしている。

また、この複合性、雑種性から、純化、単一化を指向するのではなく、それらを大らかに肯定し、自覚的に継承している。琉球王国は、自ら鎖国政策をとったことはなかった。そのことも、国際性や複合性に大きな影響を与えていると思う。

次に、琉球文化の基層をなす信仰、宗教を見てみよう。琉球弧の信仰は、独自の神話をもち、自然崇拝と祖先崇拝を基軸にしている。そして、この信仰を統合する聖域として「ウタキ（御嶽）」がある。琉球弧の古い集落には、太陽、月、星、木、石などをはじめとする自然神と、島建て、村建ての祖先神を祀ったウタキが二ヵ所以上はある。

島人は、ウタキの神々から五穀豊穣の世をいただき、エネルギーをもらい、死んだあとはウタキに祀られて神々になると信じられていたのである。このウタキを中心にした神祭りは、八重山・竹富町の島々の豊年祭に見られるように、古代においては男女共同で行なわれていたであろう。しかし、近世になってからは女性中心に変容し、男性立入り禁止のウタキも残っている。

この女性中心のウタキ信仰は、琉球王国の宗教体制と深く関係している。それは、「ノロ制度」として知られている。琉球国王は、二、三ヵ所の集落の祭祀を司る神女を任命した。この神女を、奄美諸島、沖縄諸島では「ノロ」と呼び、宮古諸島、八重山諸島では「ツカサ」と呼んでいる。この神女たちの上層に、島単位や郡単位の統括者として「キミ（君）」を任命しピラミッド型の神女組織を作り上げたのである。その最高位の神女として「聞得大君《きこえのおおきみ》」が任命された。聞得大君は、初期には国王の姉妹が、近世には妻や娘が任命されるようになった。

そのようにして琉球王国では、政治は国王と男性が、祭祀は聞得大君と女性たちが中心になって行なう「ヒコ—ヒメ」体制が定着していたのである。また、姉妹や妻が「をなり神」となって兄弟の「ゑけり」の守護神となるという信仰は、今日まで継承されている。

琉球文化の根幹をなす一つが、「琉球語」とか「琉球方言」とか呼ばれている独自の言語である。琉球語は、大きく「奄美・沖縄方言」と「宮古・八重山方言」の二つに分類されている。それらは、「北琉球文化圏」と「南琉球文化圏」に分かれていた先史時代の反映とも思われる。さらに琉球語は、「奄美方言」、「沖縄方言」、「宮古方言」、「八重山方言」、「与那国方言」と五つに細分されている。これらの五つの言語は、お互いに会話としては通じないほどの差異がある。琉球語による「共通語」は、まだ成熟していない。

琉球語の大きな特徴は、母音が「あ、い、う」の三母音しかないことである。この琉球語と日本語との関係について、日本言語学の主流的な学説では、日本語を「本土方言」と「琉球方言」の二つに分類している。そして「いまのところ、二、三世紀から六、七世紀頃にかけて、日本祖語から本土に広がっていく日本語と、九州を経て南の島々に渡っていく沖縄語に分岐したのであろう、というふうに考えられる。」(3)という仮説が主流と言われている。

外間守善《ほかましゅぜん》は、「沖縄語のあゆみについて、私は次のように考えている。歴史的出発をほぼ二、三世紀から六、七世紀頃、方言化への傾斜を十一、二世紀頃、沖縄語と文字との接触を十三世紀頃(後略)」と述べ、「つまり十一、二世紀頃になって沖縄の言葉は、初めて『方言化への傾斜』を始めることになったわけで、それまでは日本語と沖縄語はほとんど同一か、それに近い姿をもっていたであろう、と思われる」(4)と推定している。

ただし、外間説も微妙にゆらいでいる。すなわち、従来の「本土方言」と「琉球方言」という分類概念から「日本語」と「沖縄語」という概念表現に変化している。そして、両者が「ほとんど同一か、それに近い姿」と表現し断定することを避けている。しかも、すでに見てきた考古学的な知見によれば、六、七世紀頃には統一琉球文化圏は成立しておらず、したがって外間説のような共通の「沖縄語」が存在していたとは考えにくいということである。

沖縄語が日本祖語から分岐したという説は、服部四郎の学説や日本語の起源における「日本語アルタイ起源説」や「日本語・朝鮮語同系説」の流れのなかにあるだろう。しかし、これらの学説には異論もある。とりわけ、村山七郎や崎山理らの「オーストロネシア語起源説(混合語起源説)」は、有力な学説になっている。その要点は、「南島語を基層とし、アルタイ系言語が上層として重なって日本語が形成された」という説である。いずれにしても、「日本語の起源」や「日本祖語」の概念に定説がない現状では、「琉球語の起源」も断定はできない、とは言えるだろう。

現在の沖縄では、まだ「沖縄語の日本語からの分岐論」が素朴に信じられている。そして、その言語学説が今日の「日琉同祖論」イデオロギーの大きな支えになっている。しかし、言語学や関連諸科学の研究の発展によって、その基盤も大きく変動しつつある。

この琉球語を土台にして、歌謡が作られ、芸能が生まれ、琉球・沖縄の文学が創作され発展してきた。琉球・沖縄の芸能の代表は、琉球舞踊と三線と音楽、そして組踊や沖縄芝居、琉球歌劇などの演劇である。琉球舞踊は、大きく古典舞踊と民俗芸能に分けることができる。古典舞踊の大部分は、琉球王府の「踊奉行」と呼ばれた役人たちによって宮廷舞踊として創作された。民俗芸能は、琉球弧の各島々で伝統的な祭祀のなかで演じられてきた。

三線は、十四世紀末から十五世紀初頭に中国から琉球へ伝来した。当初は宮廷楽器として演奏され、古典音楽が創作された。また、次第に庶民にまで普及し、各島々の「島唄」の伴奏楽器として発展し愛好されている。十五世紀の後半には、三線が琉球から大坂の堺へ伝わった。

琉球演劇の代表である組踊は、一七一九年に踊奉行の玉城朝薫《たまぐすくちょうくん》によって創作され上演された。組踊は、せりふの唱えを主として、歌と踊りで筋を運ぶ歌舞劇である。その後、「琉球王国の国劇」と呼ばれ発展し、現在は「執心鐘入」や「二童敵討」、「手水の縁」をはじめ七十数演目が確認され上演されている。これらの琉球芸能は、国内外で高く評価されている。

琉球・沖縄の文学は、歴史的に大きく二つに分けられる。琉球諸島の先史時代から琉球王国時代までに作られた文学は「琉球文学」と呼ばれている。琉球文学の主要なものは、謡われる「神謡」の系統と、唱えられる「神口《かみぐち》」の系統に分類されている。神謡の代表は「オモロ」である。沖縄諸島と奄美諸島の「オモロ」は、琉球王府によって一五三一年頃から収集・編纂され、全二二巻の『おもろさうし』が残されている。また、琉球文学には、八、八、八、六の音数律をもつ「琉歌」や組踊がある。さらに、宮古諸島や八重山諸島では、「トゥーガニ」や「トゥバラーマ」など不定形の短詩型歌謡が歌われてきた。

一方、明治政府による「琉球処分」（一八七九年）によって琉球王国が滅ぼされ、沖縄県が設置されたあとから現代までに創作された文学は、「沖縄文学」と分類されている。戦前の沖縄文学の最大の成果は、組踊から「琉球歌劇」が生まれ、それからさらにせりふ劇の「沖縄芝居」が創作されたことである。琉球歌劇は、明治二十年代に創作された歌を中心に踊りやせりふで筋を運ぶ演劇である。「泊(とぅまいあーかー)阿嘉」、「奥山(うくやま)の牡丹」、「伊江島ハンドー小(ぐゎー)」は、三大悲歌劇と呼ばれる名作である。沖縄芝居は、ウチナーグチ（沖縄語）のせりふを中心に展開される演劇である。沖縄には商業劇団があり、現在も沖縄芝居や琉球歌劇の公演が行なわれている。

戦前の沖縄県は、日本政府によって「国内植民地」状態で支配された。そして、近代沖縄では日本共通語による学校教育が普及するにつれて、日本語で書かれた「短歌」や「俳句」、「詩」、「小説」などが創作されるようになった。それらの作品は、徐々に琉球語で表現された「琉歌」や「沖縄芝居」を駆逐して社会的価値評価の上位に立つようになった。そして、学校教育を通じて琉球語の使用や伝統的な琉球文化は差別、弾圧された。沖縄文学と文化は、世界的な植民地文学と文化の諸問題を抱えるようになったのである。

戦後の沖縄は、一九四五年から七二年まで約二七年間アメリカ軍政府の占領下に分断、支配されてきた。「アメリカ世《ゆー》」と呼ばれたこの時代も「軍事的植民地」の時代であった。琉球文化は、アメリカナイズの波をかぶりながら日本文化とは相対的に独自の戦後文化を築いてきたのである。

三、日本文化との比較

日本国内には、日本の歴史とは別個の歴史を歩んできた民族がいる。北方のアイヌ民族と、南方の琉球民族、そして近現代の朝鮮民族である。これらの民族は、それぞれ独自の文化を創造してきた。

琉球民族の一人である私には、日本文化のなかに違和を感じ、どうしても理解できない部分がある。その主要な点を述べ、琉球文化と比較、考察してみたい。まず、出発点において「日本文化という概念のなかにアイヌ文化や琉球文化が含まれるかどうか」という疑問が起こる。管見によると「日本論」や「日本文化論」では、圧倒的多数派がアイヌ文化や琉球文化を含んでいない。あるいは、都合がいいときと場合のみ論及することが多いと思う。したがって、「日本文化」という概念そのものがアイマイである。もちろん、網野善彦の『日本社会の歴史』(5)や島尾敏雄の「ヤポネシア論」、吉本隆明の「南島論」等の優れた論考もあるが。

琉球文化と比較してみると、伝統的な「日本文化論」や「日本(人)論」は「単一民族」、「単一文化論」への幻想が強いように感じる。しかし、そのような幻想はアイヌ文化や琉球文化との比較によって相対化されてしまう。そして、現代は世界的にポスト植民地主義や文化多元主義の思潮が強くなっている。政府・文化庁主催の第4回国際文化フォーラム(二〇〇六年十月)のメインテーマさえ、「文化の多様性」であった。

次に、私にとって日本文化の中心的な宗教である神道や仏教には違和感が強くなじめない。古神道のなかにある自然崇拝や祖先崇拝には共通の信仰を感ずるが、神社神道になると別の宗教体制と思ってしまう。琉球文化の場合は、女性が祭祀の中心を担うので、神社神道のような男性中心の神主制度とは異なってしまう。

また、日本仏教の檀家制度や、お寺にお墓がある文化は、琉球文化のなかに定着していない。沖縄の生活で、私たちがお寺に行ったりお坊さんを呼ぶのは葬式のときぐらいである。しかも、法事のときは浄土真宗であれ臨済宗であれ、日程が合致するお寺に依頼するのである。お墓も、それぞれの集落近くの墓地にある「門中墓《もんちゅうばか》」と呼ばれる一族の共同墓に納骨している。社会人類学者は、「家制度」そのものが琉球文化と日本文化は大きく異なると指摘している。(6)日本文化は、究極的には天皇制の枠内にあると言っていいだろう。琉球文化は、琉球王国時代に国王の支配下にあり、また戦後二七年間、米軍政府支配下にあったため、天皇制の枠内に入らない文化体験をもっている。

戦前の沖縄県民は、本土の知識人や言論人から、「天皇への忠誠心が弱い、足りない」と非難され差別された。その劣等感から、逆に過剰な同化教育、皇民化教育が行なわれ、沖縄戦での「ひめゆり学徒隊」のような「忠君愛国」の悲劇を生んだのである。

日本文化においては、短歌の宮中歌会をはじめ学問、芸術、芸能等のあらゆる分野において天皇制による最高権威の承認制度の枠内にある。その象徴的な事例が、勲章制度や文化勲章である。この天皇制と日本文化の関係をどうするかは、今後とも大きな課題であろう。

日本文化が天皇制に呪縛されている限り、単一文化への純化・同化主義が生まれ、その裏返しとしての差別主義が生まれる。残念ながら、日本社会はアイヌ民族差別、朝鮮民族差別、琉球民族差別、部落差別等を克服していない。しかも、大部分の日本人がこれらの社会差別に対して無自覚である。

琉球民族の私から見ると、天皇制の問題と部落差別の問題はコインの裏表の関係に見える。そして、この人間差別の社会構造のなかから、「勝ち組」と「負け組」、「いじめ社会」、「上層部の無責任社会」が再生産されていると思う。日本社会におけるアイヌ民族、朝鮮民族、琉球民族への民族差別は、外に向かって日本民族主義と排外主義の不健全なナショナリズムを醸成する。私は、日本文化の最大の弱点が日本民族主義や排外主義を克服できていないことだと考えている。

しかも、その根本的な原因は日本文化がしっかりとした歴史認識をもっていない文化という側面があるからだと思う。とりわけ、多くの日本人や日本文化は近・現代の歴史を認識していないし反省していない。明治から戦前まで行なわれた、北海道併合、琉球処分、台湾併合、朝鮮併合の植民地主義の歴史。アジア・太平洋戦争における侵略戦争の歴史。

さらに、戦後における沖縄分離や、中国・朝鮮との長期の国交断絶による戦後処理の誤り。アジアへの経済進出による新植民地主義。これらの歴史認識と反省の欠如によって、日本国と日本文化は中国、朝鮮をはじめアジアの諸国から充分に信頼も尊敬もされていない。

四、未来へ

琉球文化と日本文化を比較し相対化してみた。両文化のこれまでの関係は、残念ながら「同化」か「差別」かの歴史を克服しえていない。そのことは、アイヌ民族文化や朝鮮民族文化との関係にも言えるだろう。

昨今、マスコミ等で「沖縄ブーム」とか言われるが、私には虚構にしか思えない。琉球文化の島唄やエイサーがもてはやされても、それは「文化を商品化する」という経済的価値観への「同化」の強制でしかないと思う。琉球文化や自然に「癒し」を求めても、沖縄県は米軍基地が日本一多く、精神的な病や自殺率の高い島々である。

琉球文化も日本文化も相互の良さを対等に認めながら交流していく、そのような未来が創世できるのか。次の世代への、私たちの責任は重い。

註

（1）高良勉『琉球弧（うるま）の発信』（御茶の水書房、一九九六年）、高良勉『沖縄生活誌』（岩波新書、二〇〇五年）

（2）『沖縄県史　各論編2　考古』（沖縄県教育委員会、二〇〇四年）

（3）外間守善『沖縄の歴史と文化』（中公新書、一九九四年）九四～九六頁

（4）注3と同じ

（5）網野善彦『日本社会の歴史』（岩波新書、一九九七年）

（6）比嘉政夫『女性優位と男系原理』（凱風社、一九八九年）

ウソと無恥の日本文化・思想

「大雑把な言い方をしますと、日本の歴史の曲がり角では、必ずこの琉球弧の方が騒がしくなると言いますか、琉球弧の方からあるサインが本土の方に送られてくるのです。そしてそのために日本全体がざわめきます。それなのに、そのざわめきがおさまってしまうと、また琉球弧は本土から切り離された状態になってしまうという、何かそんな気がして仕方がありません。」（島尾敏雄「ヤポネシアと琉球弧」）

「沖縄人は『悪魔の島』をけっして望んでいない。／沖縄を『悪魔の島』にしている張本人は日本人だ。／わたしを殺戮者にすることでけっして自分の手を汚さないのが日本人だ。」（野村浩也『無意識の植民地主義』御茶の水書房、二〇〇五年）

一、琉球弧からのサイン

激動の二〇〇九年が終わった。米国では、初のアフリカ系オバマ大統領が誕生した。日本では衆議院選の結果、戦後初めての本格的な「政権交代」となる鳩山連立政権が実現した。長かった自公政権が打倒された。

その鳩山政権は、「政官癒着」を断ち切るため「政治主導」を唱え、日本官僚権力と闘いながらも、普天間基地撤去問題や、政治とカネ、デフレ対策、核密約、沖縄密約問題等で苦闘している。やはり、「政権交代」をはじめ「日本の歴史の曲がり角」での中心問題は「沖縄・琉球弧をめぐる問題」である。

この間、琉球弧の私たちは「あるサイン」を送り続けてきた。私たちが、沖縄米軍基地の整理・縮小・撤去を訴えて五〇年余の年月が流れた。普天間基地の閉鎖と辺野古《へのこ》新基地建設反対の運動だけでも一三年以上が経っている。

また、昨年（二〇〇九年）は一六〇九年の「薩摩侵略」から四〇〇年、一八七九年の「琉球処分」から一三〇年の節目の一年でもあった。沖縄の新聞「琉球新報」、「沖縄タイムス」は、一年間に亘って「特集」記事を連載した。私たちは、この歴史体験を現在に生かすべく、シンポジウムや大激論会をはじめ、さまざまな取組みを展開した。日本人は、これらの「琉球弧からのサイン」を感受し自らの問題として思考し実践しただろうか。

二、近世・近代のウソ

私は、二〇〇二年から新『沖縄県史』を編集する沖縄県史料編集室に勤務してきた。その間に知り、考察した結論は「日本文化・思想の特徴はウソと無恥にある」ということであった。その代表的な事例をいくつか挙げてみよう。

まず、近世・近代の代表的なウソ。周知のように徳川時代に日本は松前藩を先頭にアイヌモシㇼ（北海道、千島、樺太等）を侵略していった。そして、ついに明治政府は一八六九年にアイヌモシㇼを併合し「北海道」と命名した。しかし、この日本のアイヌ民族に対する侵略戦争と併合の歴史は児童生徒にほとんど教育されていない。

一方、徳川幕藩体制は薩摩藩を先兵にして一六〇九年に琉球王国へ侵略してきた。この侵略戦争で敗北した尚寧《しょうねい》王は拉致されて鹿児島や駿府城まで連行された。以後、琉球王国は徳川幕府と薩摩藩の植民地として支配されてきた。

さらに、明治天皇政府は一八七二年（明治五）に琉球王国を亡ぼし、「琉球藩」を設置して最後の国王・尚泰《しょうたい》を東京へ拉致した（亡国設藩）。そして、一八七九年（明治一二）に琉球藩を廃藩し、「沖縄県」を新設して「琉球処分」を強行した。だが、中学、高校の日本史教育で、この明治維新・廃藩置県後に行なわれた「琉球処分」についても教えないか、教えてもそれも「廃藩置県の一つだった」とウソを教えている。琉球併合の事実を隠蔽しているのだ。

そして今日、日本人一般、マスメディアやジャーナリズム、文化人、知識人、思想家でこのアイヌモシㇼ併合一四〇年、薩摩侵略四〇〇年、琉球処分一三〇年の節目を自らの問題ととらえ、考え論述する人々はきわめて少数者でしかなかった。

三、第二次世界大戦中のウソ

私は、現在『沖縄県史　資料編6　沖縄戦』の編集を手伝っている。主に、防衛省防衛研究所が収集・保管している沖縄戦に関する「陣中日誌」や「日々命令」等の史料を翻刻したものを原文と照合する作業である。この資料編は一〇〇〇頁を越える予定だ。

これらの史料を読み進めていると、大日本帝国と日本軍が第二次世界大戦や沖縄戦でいかに多くの犯罪的なウソを述べていたかがわかり、大いに学ぶとともに、激しい怒りに駆られる。

日本軍の大本営や、当時の新聞が戦況や戦果について、いかにウソをつき国民を騙していたかは、私が述べるまでもないだろう。ここでは、沖縄戦に関するウソのほんの一、二例を挙げてみよう。

周知のように、大日本帝国の軍人は一九四一年に当時の陸軍大臣・東條英機が示達した訓令（陸訓一号）「戦陣訓」を行動規範として教育され統制されていた。この「戦陣訓」は、本訓其の一「大日本は皇国なり」から始まり、其の二の「第八　名を惜しむ」で有名な「生きて虜囚の辱めを受けず、死して罪禍の汚名を残すこと勿れ」と命令している。一方、一八八二（明治十五）年に明治天皇が下した「軍人勅諭」も叩き込まれた。そこには、「義は山岳よりも重く死は鴻毛よりも軽しと覚悟せよ」と命令されている。

沖縄戦における日本軍は、軍人のみならず沖縄県民全体へこの「戦陣訓」と「教育勅語」、「軍人勅諭」を中心にして皇民化教育を強制し、総動員体制へ駆り出した。そして、沖縄守備隊・第三二軍司令官牛島満は昭和十九年八月三十一日「第三二軍兵団長会同」における「訓示」で七項目の「統率の大綱」を述べ「第五　一木一草ト謂モ之ヲ戦力化スヘシ」、「第六　地方官民ヲシテ喜ンテ軍ノ作戦ニ寄与シ進テ郷土防衛スル如ク指導スヘシ」と命令した（防衛庁防衛研修研究所『沖縄方面陸軍作戦』朝雲新聞社、一九六八年、八五頁）。

沖縄県民の圧倒的大部分はこの「軍命」を守り「軍官民共生共死」の路線のもとに沖縄戦を闘った。その結果が、ひめゆり部隊や鉄血勤皇隊に代表される一五歳前後の学徒隊の悲劇であり、「玉砕＝集団自決＝強制的集団死」の惨劇に代表されるさまざまな戦争被害であった。

当時二十歳の衛生兵だった私の長兄も、玉砕戦法＝斬込みへ行って戦死した。防衛隊だった父も左肩に被弾して傷痍軍人となった。

ところが、八原博通第三二軍高級参謀に代表される日本軍の隊長や幹部の多くは生き延びて米軍の「虜囚」となった。彼らは、「戦陣訓」や「軍人勅諭」の「軍命」を守らなかったのである。それのみか、ある戦隊長は米軍といっしょになって降伏しない他部隊長の「説得」にまで出かけたのだ（上原正稔『沖縄戦トップシークレット』沖縄タイムス社、一九九五年）。

さらにこの戦隊長は、沖縄が日本復帰したのちに「私は島民に自決命令は出さなかった」という主旨で開き直り、あろうことか大江健三郎や岩波書店を告訴までしたのである。そして、日本政府・文科省はこの「大江・岩波裁判」を悪用して社会科の教科書から「沖縄戦では日本軍の命令により住民の集団自決が発生した」という歴史的事実を削除させたのである。「戦陣訓」を県民にまで強制し、手榴弾を住民に配布したのは誰なのか。

天皇・大本営・軍部からの「軍命はなかった」というのは、真っ赤なウソである。

四、日本復帰前のウソ

今年一月二十三日の新聞によると、一九六〇年に外務事務次官であった山田久就が「核密約」その答弁」をしていたことが報道されている。山田は、日米安保の「事前協議」の対象外とした核密約に関し国会で「通過・寄港も事前協議の対象に含まれる」とウソの答弁をしていたと自ら証言している。

一方、日本復帰前の嘉手納《かでな》、那覇、辺野古《へのこ》等の沖縄米軍基地内に核兵器や毒ガス兵器が存在することは公然の秘密であった。日本復帰前に毒ガス兵器は撤去されたが、核兵器はどうなったか。日本政府は、七二年返還にさいし「核抜き本土並み返還」とウソをついたが。

私は、二〇〇七年六月二十二日に那覇市で開かれた、「西山太吉さん出版記念講演会&祝う会」に出席した。その時に著者サインをしていただいた西山太吉『沖縄密約』（岩波新書、二〇〇七）を持ち歩いて読み返している。

この新書には「第2章　核持ち込みと基地の自由使用」、「第3章　財政負担の虚構」を中心に「沖縄密約」の内実が暴露されている。ところが、「沖縄密約」やそれを隠蔽する「ウソ」を言い続けてきた日本政府・官僚が糾弾されるのではなく、逆に西山さんが逮捕され裁判で「有罪」になっているのが日本の現実だ。この、沖縄密約を指示した当時の佐藤栄作首相はノーベル平和賞まで受賞しているのである。

しかし、西山さんの裁判闘争とそれを支援する運動はまだ続いている。そして、とうとう昨年十二月一日の「情報公開訴訟」の証人尋問で元外務省アメリカ局長の吉野文六（九一）が「米との沖縄密約はあった」と証言した（共同通信配信）。また十二月二十三日の新聞報道によると、佐藤元首相の遺族が「沖縄への核持ち込み容認」の「沖縄密約・核密約」文書を保管していることが明らかになった。

五、日本復帰後のウソ

自民党を中心とした日本政府・外務省がひた隠しにし、ウソをつき通した「核密約」「沖縄密約」はもはや満天下にバレつつある。鳩山連立政権と岡田外相は、この「密約の存在を公表する」と公約している。しかし、外務省官僚の抵抗に遭い十一月決着が一月まで先送りされ十二日の新聞では「密約公表また延期」と報道されている。

一方、私の手元には核密約問題と同時に日米安保、在日米軍再編問題、普天間基地閉鎖・移設問題、名護市辺野古、東村高江《たかえ》へのヘリポート建設問題の諸資料がある。それらのなかでも必読の一冊が屋良朝博『砂上の同盟　米軍再編が明かすウソ』（沖縄タイムス社、二〇〇九年）である。

沖縄タイムス紙の論説委員でもある屋良は、この新書で第一五回平和・協同ジャーナリスト基金賞を受賞した。屋良の著書を読むと、在日米軍基地が「地政学的に沖縄駐留が必要」、「普天間基地は沖縄県内移設が最適」という防衛省や外務省の宣伝と、それを垂れ流している本土のマスメディアがいかにウソをついているかよくわかる。

一方、宜野湾市の伊波洋一市長が精力的に調査して明らかにしたように、米軍の「グアム統合軍事計画」（ＧＩＭＤＰ）によれば、普天間基地を含む沖縄のほとんどすべての海兵隊がグアムへ移転する予定だという（「東京新聞」二〇〇九年十二月十日）。この事実は、吉田健正「グアム移転計画の真実」（「沖縄タイムス」二〇〇九年十二月十五日〜十七日）や、「海兵隊は辺野古ではなくグアムへ返せる」（「週刊朝日」二〇〇九年十二月十一日号）、最新刊の「世界」二月号・特集「普天間基地問題の真実」でも確認できる。また、米軍はすでに「グアム移転でアセス」を実施しその素案をウェブサイトで公表している（「沖縄タイムス」二〇〇九年十一月二十一日）。

米軍が普天間基地のグアム移転計画を進めているなら、なぜ辺野古や日本国内に新たな米軍基地を造る必要があるのか。その必要はまったくないのである。それなのに、辺野古移設とか日本国内へ移設というのは、防衛省や外務省がウソを言い、その裏で土建業を先頭とする闇の利権屋がうごめいているからに他ならない。

米軍は、すでに普天間基地の移設先には欠陥機と呼ばれている「オスプレイの配備」も明記しているが、防衛省は「そんなことは聞いてない」という主旨のウソを言い続けている。さらに、防衛省や外務省は在日米軍再編や普天間基地移転は「沖縄県民の負担軽減のため」と言っているが、これも真っ赤な「ウソ」である。日本人・日本政府は自らの利権のために在日米軍再編をやっているのに、厚顔にも沖縄県民に恩を着せようとしているのだ。

六、無責任と無恥

私の記憶では、一九六〇年代までは日本文化と思想の特徴として「誇りと恥の文化」がまだ残っていた。日本人は「奥ゆかしくて恥ずかしがり屋だ」と評価されていた。また、「戦陣訓」でも「生きて虜囚の辱めを受けず」と強調されていた。

しかし、敗戦のとき大日本帝国の政府や日本軍の指導層は生き延びて「虜囚」となった。昭和天皇や軍部をはじめほとんどの生き残った大人は「一億総ザンゲ」とか言って「戦争責任」をとらなかったし、現在もとっていない。

かくて、現在の日本文化・思想は「日本民族としての誇りと責任」を放棄し「無責任と無恥」の社会状況が蔓延していると言えるだろう。私がこれまで具体的事例を挙げたように、これだけ日本政府が「ウソ」をまき散らしているのに、その政府を支えているのが日本国民やマスメディアであり、それに対して文化人や思想家たちは有効に批判しきれていない。

私は、二〇〇八年一月の「世界」臨時増刊号・特集「沖縄戦と『集団自決』」でエッセー「マグマの源泉――日琉関係の根本的変革を」を書き、日本全体の「ウソつき社会」を批判した。私（たち）

が中学生の頃までは、親や兄弟から「ウソつきは泥棒の始まり」と教えられてきた。しかし、いまや私（たち）は「ウソつきは政治家や官僚、会社役員の始まりだ」と教えざるを得なくなっている。二〇〇九年二月二十四日の「琉球新報」紙には「朝日新聞四億円所得隠し」「京都総局カラ出張一八〇〇万」の記事が載っていた。日本の「良心的新聞」と呼ばれている朝日新聞ですら、このていたらくである。

七、アジアで孤立する無恥の国

一方、私は一九九〇年にフィリピン大学大学院へ留学したとき、フィリピン社会・文化の一番大切な特徴は「ヒヤ（恥）の文化」であることを学んだ。フィリピン人が、最も恐れ嫌うのは「ワランヒヤ（恥知らず）」と呼ばれることであった。それは、琉球弧の文化とも共通であった。私たちも、「ハジチラー（恥知らず）」と呼ばれるのを最も嫌ってきた。「ヒヤ＝ハジ」を大切にする人々は、物質的には貧しくとも精神的には「誇り」が高かった。

フィリピンでは、アジア各国からの留学生たちが日本人のことを「バナナ」と呼んでいた。その意味は「表面は黄色人だが内面精神は白人（アメリカ人、西欧人）である」ということだ。日本国・日本人は、「従軍慰安婦問題」や北朝鮮との国交未回復に代表されるように、いまだ「戦争責任」をとろうともしないからアジアで信用されず孤立している。日本人には自国の歴史に対する認識や責任感がない、と見なされているのだ。

八、批判とアワレミ

私のこのエッセーは、編集委員会から依頼された「沖縄から見る日本（人）の思想批判」というテーマに応えたものだが、日本国や日本人を批判したり糾弾する目的のために書いているのではない。私は、全共闘運動の頃から狭山差別裁判糾弾闘争をはじめ、部落解放運動に参加し、部落解放同盟と連帯している。そのなかで「差別糾弾闘争」も学んだ。部落解放同盟の進める「差別糾弾闘争」は差別者である日本人の誤りを糾弾し、正しく立派な日本人に変革する崇高な闘いだ。有名な水平社宣言は、「人間に光あれ」と結ばれている。

だが、私には「正しく立派な日本人を創る闘い」をやる余裕はない。私も、かつては「沖縄差別糾弾闘争」をやったことがある。しかし、大切なのは日本人の誤りを正すよりも「自立心のある沖縄人・琉球民族を創る」ことだと思うようになってきた。同じ日本人を差別する被差別部落問題や在日朝鮮人差別問題がいまだ解決されていないことは、野中広務、辛淑玉の対談『差別と日本人』（角川書店、二〇〇九年）を読めばすぐわかる。これらの問題や、アイヌ民族、琉球民族の問題等を解決できない「無恥な日本人」とその文化・思想を私は哀れむだけだ。

琉球民族の私は、「ウソと無恥の日本文化・思想」とは訣別しようと努力している（私も、日常生活でウソを言うときもあるが、それが恥であり、その結果に自己責任を取るべきであることだけは自覚している）。そして、琉球民族問題について自己の態度を言及しない文化人や思想家の言説は、いっさい信用しないことにしている。

群島論の可能性の交流へ

日本国家やアジア・世界と、どう向き合いどういう関係を構築するか。いま、大きな歴史の曲がり角で、一人一人に深く静かに問いかけられている。

私は、学生時代からその問いをくりかえし考え実践してきた。その過程で、新川明、川満信一、岡本恵徳らの「反復帰論」や島尾敏雄・ミホの「ヤポネシアと琉球弧」の思想に出会った。そして、「隔ての海を、結びの海へ」を合い言葉に琉球弧の住民運動や祭祀を巡礼してきた。とりわけ、現在は鹿児島県へ分割されてしまっている奄美群島への旅を重視してきた。

そのような思索と祈りの旅のなかで、今福龍太の大冊『群島—世界論』(岩波書店、二〇〇八年)を手にすることができた。この文化人類学者による文化・思想・世界論は、私(たち)をさらに新しいヴィジョンの地平へ誘ってくれる。

今福の『群島—世界論』は、島尾が夢みながら充分に展開することができなかった「ヤポネシアを太平洋のネシア世界へ開放する」思想を、さらに世界規模で拡大している。

今福は、海洋・群島から「大陸原理」へ向け反転する。すると、琉球弧や東アジア・太平洋・カリブ海・アイルランド群島等々の世界じゅうの群島が、新たな可能性を帯びて浮上する。そこで琉球群島は、悪しき「日本対琉球」の閉鎖的回路から解放される。

しかも、今福は海底の結びの力までヴィジョンを伸ばす。世界の海底に埋蔵されている死者たちの骨片の歴史や文化の智恵に耳を澄ます。私（たち）は、その海底の可能性によって「隔ての海」を乗り越える。

そのような『群島―世界論』が出版されて一年余。私（たち）は、韓国、台湾、香港等からゲストを迎えて、群島の体験とヴィジョンの可能性についてヤンバル・奥区で議論し、交流する。アジアへ、世界への構想力を。

なぜ、奥ヤンバルなのか。今福らは、この間「奄美自由大学」を主宰し、沖永良部島から奄美大島までの奄美群島を巡礼し、私（たち）も参加してきた。そして、日本全国から芸術家や編集者、研究者をはじめとする錚々たるメンバー三〇人余が、今回は与論島から奥区へ巡礼して来る。

言うまでもなく、与論・沖永良部と奥・辺戸《へど》とは、北山王国時代以前から歴史と文化において一つの群島地域を形成している。現在の、沖縄県と鹿児島県という人為的な「県境」は、日常において越えられている。奄美自由大学の参加者は、それらの群島でどんなヴィジョンを視てきたのか。

深まりゆく秋のヤンバル・奥区で、地元の方々に支えられながら、新しい「群島―世界」へ交流したいものだ。

岡本太郎『沖縄文化論』を読みなおす

一、持続する衝撃

呪文のような一行。「何もないこと」の眩暈。本を読んで、全身を揺さぶられるようなショックを受ける体験は何度かある。しかし、その衝撃が二十年、三十年と持続して襲ってくることは、そう多くはない。

岡本太郎の『沖縄文化論』を読んだ衝撃は、現在も続いている。私が初めて読んだのは一九六九年の大学二年生のときだ。そのとき買った本のタイトルは『忘れられた日本〈沖縄文化論〉』（中央公論社）であった。いま持ち歩いて、くりかえし読んでいるのは『沖縄文化論——忘れられた日本』となった中公文庫版だ。

大学二年生のときに最後まで読み通せたかは、記憶があやふやになっている。まだ二十歳そこそこなので、内容を充分に理解できたかは自信がない。しかし、『何もないこと』の眩暈」という核心点の衝撃は残った。何だ、これは。この岡本の直感は、正しいのか。激しい共感とともに、深い疑問が突き刺さった。

太郎は、『何もないこと』の眩暈」の章で次のように書いている。

「私ははじめ沖縄にもっと具体的な文化遺産、芸術品というようなものを、漠然と期待していたのである」（中公文庫版、四一頁、以下同様）

「いわゆる『文化』というべきもの、発見としてグンとこちらにぶつかってくるものがないのである。」（四〇頁）

「私を最も感動させたものは、意外にも、まったく何の実体ももっていない——といって差し支えない、御嶽であった。／御嶽——つまり神の降る聖所である。この神聖な地域は、礼拝所も建っていなければ、神体も偶像も何もない。森のなかのちょっとした、何でもない空地。そこに、うっかりすると見過ごしてしまう粗末な小さい四角の切石が置いてあるだけ。その何もないということの素晴らしさに私は驚嘆した。これは私にとって大きな発見であり、問題であった。」（四〇頁）

「この無さは戦争とか津波とかいうアクシデントとは関係ない。もっと、本質的な問題であり、この何もないところに、実は沖縄文化論のポイントがあるのではないか。」（六二頁）

岡本がくり返す「何もない」とは、どういうことだろう。ほんとうに「琉球文化」には、「何もない」のか。私は、太郎が御嶽《うたき》や信仰、島唄、踊りを称讃するのに共感しながらも、「何もないこと」への疑問をくりかえし考えてきた。

二、「何もないこと」の豊かさ

その疑問が解け始めた大きなキッカケは、一九八七年に初めて台湾旅行をしたときであった。私は、台北市の故宮博物館を見学した。展示されている、北京の紫禁城《しきんじょう》から移送された宝物の数々。亀甲文字、殷の青銅器、唐の陶磁器、竹簡に書かれた『論語』、宗の陶磁器、明の工芸品、清の絵画や工芸品等々。しかも、文字、漢字、書へのこだわり。人骨や青銅器にまで文字が刻まれている。中国の長い歴史と文化の厚みと凄さ。

私は、衝撃を受けると同時に、見学の途中から吐き気を催してきた。圧倒的な、有形の物と文字。物質文明の力。古代帝国の権力の巨大さ。琉球列島が、まだ「東の波は西に越え、西の波は東に越えて」と、神話に表現されていた原始時代、中国はすでに青銅器に漢字を鋳造していたのだ。

このような中国の物質文明に対し、琉球人の祖先たちはどのように接し、交易してきたのか。琉球王国は、どのような文化をもって交流したのか。琉球文化のなかで称讃されてきた、紅型や芭蕉布をはじめとする染織工芸品や焼き物では、あまりにも貧弱すぎる。伝統的な彫刻や絵画、書では層が薄い。中国の物質文明の長い歴史に対し、琉球の物質文化のみで対抗してもチャチで対抗できない。

そこで、私はハッと気がついた。有形の物質文化に対し、無形の精神文化。光や風や波のように、時空を作り流れながら形を残さないもの。これだ、琉球文化はこの無形の文化のエネルギーにかけたんだ。「何もないこと」を残し継承してきた意味。

私は、もう一度『沖縄文化論』を読み返した。すると、一九九三年頃になってようやく「何もないこと」の疑問へ、私なりに解答ができるようになった。岡本太郎の「『何もないこと』の眩暈」は、「何もないことの」の豊かさへ転倒／深化できると。琉球弧に生きる私は、「眩暈」のまま立ち眩むわけにはいかない。

さすがに太郎も、「何もないことの豊かさ」を直感的には感受し、さまざまな場面でさまざまに表現している。「永劫——なまなましい時間と空間。悠久に流れる生命の持続」（七一頁）。「私が感動してきた純粋さ、それは『民族の底の奥ふかいエネルギーだ』と私は言いたかった」（七七頁）。「だが歌、踊りは別だ。それは今も言ったように生活そのものであり、それなしでは生産し、生きることができなかったのだ。ここでは、そのように物ではなく、無形な形でしか表現されなかった」（一一二頁）。そして、岡本が琉球文化のなかで衝撃的に感動したのが、御嶽と信仰、音楽、舞踊、文学の無形なるものであったのだ。あの闘牛場で、踊る女性の描写のすばらしさ。

つまり、「何もないこと」とは「無形な形でしか表現されなかった」文化が豊かに満ちていた、無形の文化のなかにこそ、「生命力」や「エネルギー」が豊かに息づいていた、と言えるのではないか。ただし、岡本太郎が取材した一九五九年の段階では、「豊かさ」とは断言できなかったのだろう。初版の『忘れられた日本』の帯文にも「沖縄文化の根源にひそむ、悲しくも美しい島民の魂を、文章と写真で見事にとらえた力作！」とある。「何もないこと」は、「悲しくも美しい島民の魂」の表現としか宣伝されてなかったのだ。それほど沖縄は貧しく、日本から忘れられていた。

一方、「何の実体ももっていない」御嶽の聖所には、何が豊かにあるのか。太郎は、「神と木と石」の章で「自然木と自然石、それが神と人間の交流の初源的な回路なのだ。」（一七〇頁）とか「神は自分のまわりにみちみちている。静寂のなかにほとばしる清冽な生命の、その流れのなかにともにある。あるいは、いま踏んでいく靴の下に、いるかもしれない。ふと私はそんな空想にとらわれていた」（二七三頁）と書いている。

そうなのだ。しかし、それは「空想」ではない。「神は自分のまわりに」、あるいは中に、「生命の流れ」として想像力のなかに実在しているのだ。そして、御嶽ではそのイメージ力とエネルギーが豊かに満ちあふれているがゆえに有形の人工物は「何もないこと」の方がいいのである。私にとって、岡本太郎の「何もないことの眩暈」を「何もないことの豊かさ」に転倒／深化させるということは、御嶽や信仰等がもっているこのイメージ力、生命力、エネルギーを自覚していくことであった。そして、そこから新しい「琉球文化」の創作へ向かった。

三、文化遺伝子と先住民族文化へ

私は、『沖縄文化論』から「一見『何もない』文化の本質、意味」（二四八頁）を学んだ。それは、御嶽、信仰、歌謡、舞踊、文学など無形な伝統文化の価値を重視し、継承・発展させることであった。

しかし、「伝統文化」というと、どうも過去からの「伝統」に束縛されてスタティックになりがちである。そこで、私なりに「文化遺伝子」という概念を考えて表現し提唱してきた。私が、最初に「文化遺伝子」という概念を整理して発表したのは、「神奈川大学評論」第二五号（一九九六年）所収の「琉球文化の可能性」（本書所収）という小論であった。

私は、伝統文化のなかに遺伝的な素因を発見しようとしてきた。あらゆる生物がもっているＤＮＡ遺伝子をモデルにして、イメージによる「文化遺伝子」を考えてみたのである。すると、最初に浮かんだのが琉球弧の各シマ島の「神祭り」で、「神祭りこそ文化遺伝子のタイムカプセルだ」と考えるようになった。そして、具体的な文化遺伝子として、「琉球語」、「琉球の信仰」、「神話や神謡」、「歌謡」、「舞踊」を挙げておいた。やはり、無形の文化が重要な「文化遺伝子」として浮かんできたのである。現在は、文化遺伝子に「遺跡」や「歴史景観」等の有形の文化遺産を加えてもいいと思っている。

私は、奄美群島から八重山群島までの琉球弧の「神祭り」に参加したり、見聞することによって琉球文化は〈人類文化の原種〉の一つと考えるようになった。また、アイヌ民族の文化と交流したり、「カムイノミ（神祭り）」に参加することによって、アイヌ民族文化も大切な〈人類文化の原種〉であると理解できるようになった。そして、日本列島における重要な文化遺伝子をもっている原種文化として、琉球文化、アイヌ文化、縄文文化などを確認するようになってきたのである。

さらに、アメリカや台湾、サハリン等の先住民族と交流することによって先住民族文化のもっている「文化遺伝子」と「原種文化」の価値を知るようになった。これらの先住民族文化は、侵略と支配、差別、抑圧の長い歴史によって「滅びゆく民族」と言われながら、多くの先人たちの血のにじむような努力によって、今日まで生き延びてきた。先住民族文化の「文化遺伝子」のもっている抵抗力や生命力のエネルギーは、実にすばらしいと言える。太郎が見ていた生命力だ。

それは、病気に強い生物のＤＮＡのようなものだ。生物学や農学の教えるところによると、どんなに品種改良されたハイブリッドでも、ときどき〈原種〉と交配させないと病気などへの抵抗力が低下するらしい。そして、雑種の方こそたくましく、さまざまな能力に優れていることは身のまわりの動植物を見ても明らかである。

人間の文化も、そうではないか。異文化接触や異文化交流をやった方が、活性化し、新しい創造力が生まれるのは、世界の国々の文化史を見ても明らかである。私は、琉球文化も先住民族文化や〈人類文化の原種〉の一つとして、その「文化遺伝子」を大切に保存・継承し発展させていきたいと考えている。そして、人類文化の多様性と活性化のために積極的に異文化交流と交配を試みようと思い、実践している。

四、岡本『沖縄文化論』の取材方法

最後に、岡本の『沖縄文化論』と『岡本太郎の沖縄』(NHK出版)における写真と取材方法について述べておきたい。

最初に、『沖縄文化論』に収録された写真を見たとき、「毎日くり返される私たちの生活を写真に撮ることに、何の意味があるのか」と思った。そこには、一九五〇年代末の経済的に貧しい沖縄の生活や人々が写されている。しかし、いまや写真に撮られた人々や生活・風景が、私たちの周りからほとんど消えてしまったことに愕然としている。とくに、宮古島の港の風景は、二度と撮れない傑作となっている。

ところで、岡本は『沖縄文化論』の取材方法で、少なくとも三度大きなタブーを破り、いくつかの誤ちを犯している。まず、「神と木と石」の章に書いてあるように、男子禁制のフボーの御嶽＝「久高島の大御嶽」に「のろの息子」に案内されて入ったのである。しかも、そこで「何もないこと」の眩暈の核心的な体験をしたのだ。太郎は、「ここもかつては男子禁制だった」と書いているが、「かつては」ではなく、あの当時も現在も男子禁制なのである。私は、何度も久高島へ行っているが、一度もフボーの御嶽に入ったことはない。

次に太郎は、一九六六年十二月のイザイホー祭祀のときに取材し、「神々の島久高島」を書いた。そのときに、「那覇から来ている新聞記者」に案内されて「風葬の場所、後生」に入り写真を撮ってしまっている。この「グソー（後生）」は、島外者がかってに入ってはいけない禁制の墓所である。島人でも、身内の葬式のときに特殊な任務で選ばれた人だけが行く場所である。「グソー」は、お墓の内部とも言える。そこに、太郎は入って行き、写真撮影をしたのである。

さらに、第三に彼はイザイホーという十二年に一度しか行なわれない島の女性が神人の資格を得る厳粛な祭祀の二日目に、この「墓暴き」とも言える「グソー」取材を行なったのである。私も、一九七八年のイザイホー祭祀を見学したが、一週間近いこの祭の期間はイザイ山やイザイ川をはじめ島の大部分に立入禁止の禁制区域が設定されている。この禁制区域には、島人だってかってに入ることは許されない。ましてや「グソー」という墓域などは、論外である。

しかも、残念なことに太郎は『沖縄文化論』の一九七二年版にわざわざ「増補」としてこの「神々の島久高島」の章を収録してしまっている。おまけに、「風葬の場所、後生」と「後生で撮影中の著者」というキャプション付きの二枚の写真まで掲載している。その写真の遺骨たちは、まだ生々しい。これらの写真は、誰が撮影したのか。

私が、一九六九年に購入した『忘れられた日本〈沖縄文化論〉』版には、この「神々の島久高島」の章や写真は入っていない。残念ながら、私はこの章を「増補」することにより、岡本の『沖縄文化論』の価値は半減したと思っている。いったい、岡本太郎という人は、何故このような増補版を許したのだろうか。この章は、「謝罪文」を掲載して撤廃した方が良かったのではないか。本人が死んだあとでは、遅いかもしれないが。

いや、こうも言える。岡本は、男子禁制のフボーの御嶽に入ったからこそ『何もないこと』の眩暈」を突破できなかったのだ。そして、『何もないこと』の眩暈」に止まったからこそ「イザイホー祭祀中の後生暴き」という最大の禁制破りを犯したのだと。

ここまで書いたところで、ありがたいことに岩波書店から赤坂憲雄の近著『岡本太郎の見た日本』が送られてきた。時間的に、全部を読み通すことはできないので、急いで「第四章　沖縄、ひとつの恋のように」を先に読んだ。

赤坂も、「イザイホーという神聖なる神ごとがおこなわれているさなかに、太郎が島の風葬の場所に立ち入っていた」、「最大のタブーを侵した」ことを批判している。その論点は、的確で共感できる。しかし、赤坂のように「それにしても、太郎は幸福であったかもしれない」と言えるのか。そして、「この『沖縄文化論——忘れられた日本』に突き刺さったトゲを抜いて」おくことはできたのか。それらのことは今後とも議論していきたい。それは、取材される側と、取材する側の関係をめぐる普遍的課題だからだ。

太郎は、『沖縄文化論』でくりかえし「沖縄人の生命の本質」、「生命力」、「永劫の生命エネルギー」に触れ究めたいと思って全身でぶつかり取材したと述べている。そして、沖縄を「ここを支点として現代日本をながめかえす貴重な鏡」と書いている。その激烈な方法意識があったからこそ、独創的な『沖縄文化論』が生まれたのだろう。しかし、その取材方法の誤った点は批判されなければならない。そして、私（たち）は琉球文化が「現代日本をながめかえす貴重な鏡」の位置づけでよいかどうか、考え続けなければならない。

✿アイヌ民族文化と琉球文化

琉球民族とアイヌ民族との交流

いま、(二〇一〇年)十一月二十八日投開票の沖縄県知事選挙における連日連夜の激戦のなかでこの原稿を書いております。私は、今年の二月五日に二五年以上付き合ってきたアイヌ民族のかけがえのない親友・チカップ美恵子さんと死別しました。チカップ(鳥)さんへの追悼文は、依頼されて「図書新聞」第二九五五号(二月二十七日)に「あいえー・あいえーなー」というタイトルで書きました。

その追悼文の末尾は「享年六一歳、私より一歳だけの年上だ。チカップ美恵子は、アイヌ民族芸術家・思想家として永遠に記憶されるだろう。かの知里幸恵のように。」と結びました。二月は、チカップさんの遺作となった『カムイの言霊——物語が織り成すアイヌ文様』(現代書館)が出版されたばかりでした。

私がアイヌ文様刺繍家・チカップ美恵子、伝統工芸彫刻家・伊澤修一、詩人・戸塚美波子さんをはじめとするアイヌ民族と本格的に出会い、親友として交流するようになったのは、一九八四年に京都市で開催された「第一回被差別少数者会議」の沖縄代表として招聘されたときからでした。沖縄側からは、彫刻家の金城実氏や牧師の金城孝次氏も参加していました。アイヌ民族と琉球民族は、たちまち兄弟姉妹のように仲良くなり、とことん飲み語り合いました。

その後のチカップさんたちとの交流は、アイヌ民族と琉球民族の本格的な親善・連帯・交流史を切り開いてきた歴史であったと言えます。八六年には、第三回被差別少数者会議を沖縄で開催しました。日程のなかに米軍嘉手納《かでな》基地大包囲行動を組み入れ、在日朝鮮民族、被差別部落の方々とともに、アイヌ民族も「人間の鎖」による基地包囲行動に参加してもらい成功しました。

また、八七年には喜納昌吉《きなしょうきち》氏を中心にした「うるま祭り」に四〇名余のアイヌ民族団を招待して「アイヌ・沖縄文化交流の夕べ」を開催し、那覇市民会館大ホール満席の参加者に大きな感動を与えることができました。私たちは、いっしょに輪になって喜び踊りました。

一方、私は南風原《はえばる》文化センターの企画運営委員としてチカップさんの「アイヌ文様刺しゅう展」をはじめアイヌ伝統工芸展を企画・推薦してきました。この南風原町立文化センターでの伝統工芸展を中心とした交流事業は、毎年開催されすっかり定着しています。

そのような交流過程で、私たちは九五年に「アイヌ・モシリとウルマを結ぶ会」を結成しました。そして、北海道ウタリ協会と連帯して「北海道旧土人保護法」（明治三十二年制定）という恐るべきアイヌ民族差別法律を撤廃させ「アイヌ新法」を制定させる運動に取り組みました。ウタリ協会の粘り強い運動の結果、ようやく九七年五月に「アイヌ文化の振興並びにアイヌの伝統等に関する知識の普及及び啓発に関する法律」という「アイヌ文化振興法」＝「アイヌ新法」が国会で成立し、「北海道旧土人保護法」は廃棄されました。その運動のなかで、私たちはアイヌ民族最初の国会議員・萱野茂氏の当選を勝ち取りました。

北海道ウタリ協会との親善・交流はさらに深まり、私たちは糸満市真栄平《まえひら》区の「南北の塔」前でアイヌ民族沖縄戦戦没者の慰霊祭である「イチャルパ」にも参加するようになりました。沖縄戦と「南北の塔」に関しては、私が「アイヌ民族出身兵士」という題で『沖縄をどう教えるか』(解放出版社、二〇〇六年)に詳しく書いてあります。二〇〇五年の段階で、ウタリ協会による「沖縄戦戦没アイヌ民族兵士の調査」では、四三名までしか判明していません。

そのアイヌ民族兵士と沖縄住民との友情のシンボルである「南北の塔」は、一九六六年に建設されました。沖縄戦南部の激戦地であった真栄平の区民は、四六年に米軍の捕虜収容所から部落へ戻ると同時に、屋敷の内外に散乱する戦没者の遺骨約二〇〇〇柱を集めて部落東はずれの自然洞窟(通称アバタガマ)に葬りました。その遺骨を移して、六六年に慰霊塔を建設したのです。

そのとき、アイヌ民族出身の兵士であった弟子《てし》豊治さんと真栄平区民の友情がよみがえり、アイヌ同胞から志金を集めて協力したので「南北の塔」と名づけられました。ウタリ協会主催の「南北の塔」前での慰霊祭は、一九八五年から二〇〇五年までおおむね五年ごとに行なわれ、私たちも毎回参加し現在まで続いております。

さて、周知のように二〇〇八年六月六日に日本の国会は国連の勧告を受け入れ全会一致で「アイヌ民族を先住民族と認め、地位向上などに向け総合的な施策に取り組むことを求める決議」を採択しました。アイヌ民族は、北海道ウタリ協会の名称を「北海道アイヌ協会」へ改称しました。また、同年十月三十日に国連の人権委員会は日本政府に対し「アイヌ民族及び琉球民族を国内立法下において先住民族と公的に認め、文化遺産や伝統的生活様式の保護促進を講ずること」を勧告する審査報告書を発表しました。そして、私たちはいまアイヌ民族と連携し国会でアイヌ民族と同様「琉球民族を先住民族として認める」決議を勝ち取る運動を進めています。

アイヌ民族から学ぶ

一、アイヌモシリへ

今年の夏も、アイヌモシㇼ（人間の住む静かなる大地）へ渡り、多くのアイヌ民族と出会い、交流し、学習し、調査する機会に恵まれました。

私たち「アイヌモシㇼとウルマを結ぶ会」は六月の時点で「社団法人北海道ウタㇼ協会」（笹村二郎理事長）から協会創立五〇周年記念事業への臨席を求める案内状をいただいていました。しかし、七月になっても出席する代表がなかなか決まらず、結局、私がその大役を引き受けることになったのです。

私は今回、小学校二年生の息子と三年生の姪子をいっしょに連れて行くことにしました。彼らには、小学生の段階からアイヌ民族の文化や生活、歴史を学ばせたかったし、アイヌ民族の子どもたちとあそび交流してもらいたかったからです。また、二人は空手と琉球古武道を学んでいるので、けいこ着とヌンチャクを持たせ、琉球文化の一端も紹介してもらおうと思っていました。

さらに、アイヌモシㇼの一部である北海道の大自然を体感し、日本列島の多様性を実感してくれれば、という願いもありました。十九歳になってしか初めて汽車に乗れなかった私たちの体験や、ヤマトゥ（日本）を画一的にしか捉えきれなかった知識や感性を、次の世代はどんどん乗り越えてほしいのです。

八月八日に東京経由で札幌に着くと、さっそくアイヌ民族の友人で詩人、伝統工芸家でもあるチカップ美恵子さんが迎えてくれました。彼女は子どもたちのために、新札幌にある水族館見学をプレゼントしてくれました。沖縄の子どもたちには、初めて見る、ラッコやオオカミウオたちを見て大喜びでした。

北海道ウタリ協会の事務局にあいさつしたあと、私たちは竹内渉、明美御夫妻と再会し、竹内家で二泊三日お世話になり、生活をともにすることができました。竹内家にも章吾（小六）、洸史（小四）、智秋（小二）、隼人（四歳）の四人の男の子がおり、子どもたちはすぐに仲良しになりました。

その日の夜七時から、私たちはさっそく「札幌アイヌ語教室」へ案内されました。そこでは澤井アクさんを中心に「アイヌ語劇」の練習が始められました。参加者は二十人近く。竹内家の子どもたちも全員立派な出演者です。沖縄の子どもたちもいっしょにアイヌ語を勉強しました。

一度滅亡しかけた言語を保存し、拡大していく作業は、大変な努力が必要なのだということを身をもって知ることができました。沖縄の子どもたちは、「アイヌ」という言葉が「人間」という意味だということを知って、「ぼくたちは沖縄アイヌなんだね」と話していました。

二、琉球民族も先住民族である

翌八月九日の午後一時から〈北海道厚生年金会館〉で「国際先住民の日・記念シンポジウム」が開かれました。主催は社団法人北海道ウタリ協会、そしてコーディネーターはアイヌ新法特別委員会委員長の澤井アクさん。パネリストは上村英明（市民外交センター代表）、手島武雅（九州女子短期大学助教授）、相内俊一（北海道教育大学岩見沢校助教授）の諸氏でした。会場は北海道各地から参集したアイヌ民族の代表で埋め尽くされ三百名余の参加者であふれていました。

私たちは、このシンポジウムで一九九三年十二月二十一日に国連総会で採択された「世界の先住民の国際一〇年」の決議文に基づく、第十一回「先住民に関する国連作業部会」委員によって合意された「先住民族の権利に関する国際連合宣言」の草案を学習することができました。それと関連させながら一九八四年五月二十七日、社団法人北海道ウタリ協会総会において可決された「アイヌ民族に関する法律（案）」を「北海道旧土人保護法」廃棄、「アイヌ新法」制定へ向けて検討し論議することができました。

私は、特に国連総会が一九九四年十二月十日から二〇〇四年十二月三十一日までを「国際先住民の一〇年」と位置づけ「先住民に関する国連作業部会」が着実に成果をあげていることに感銘を受けました。そして、我が琉球民族も県議会やあらゆる団体、個人が「先住民の権利に関する国際連合宣言（案）」を真剣に検討する必要性を痛感しました。

私たちは、当然のこととして「琉球民族は日本列島における先住民族の一つである」と宣言すべきではないでしょうか。そのことは近代の日本と琉球との関係において支配↕被支配、差別↕反差別、同化↕異化、加害↕被害というウラミ、ツラミの情念から「ヤマトゥ↕ウチナー」の二項対立の狭い枠にとらわれた思考方法や思想を解放する大きな力を与えるものだと思われます。つまり、私たちは無理に日本民族と同化することなく自立・独立し世界の先住民族の一員として国連に代表を送り、国際交流の道が開かれるからです。

さいわい、今年（一九九六年）八月一日にジュネーブの「国際先住民部会」で沖縄人の松島泰勝さんが、「先住民宣言と沖縄の自決権」について初めて発言・報告を行なっています。

三、ウタリ協会創立五〇周年

すでに、在日朝鮮人の徐勝《ソスン》さんも「沖縄へのメッセージ」（「琉球新報」八月十六日号）で沖縄の闘いや思想は「反差別だけでは不十分だ」と鋭く指摘しています。そして、アイヌ民族は「反差別」だけでなく、明確に「先住民族としてのアイデンティティと誇り」をもって自立・自決の道を歩もうとしているのです。世界の先住民族の一員として。

日本政府や国民の大多数は「アイヌ民族は日本列島の先住民族である」と認めたがりませんが、国連ではすでに認知されて代表権を獲得しているのです。私たち琉球民族は、いつまでも「本土並み」や「同じ日本民族として扱え」と要求していくのでしょうか。

それとも、「世界のウチナーンチュ」の海外同胞約三〇万人近くを含め、堂々と「先住民族」を名のり、世界の先住民族とともに国際的地位の向上へ向けて歩むのでしょうか。その点「先住民族の権利に関する国際連合宣言（案）」の第三条は「先住民族は、自決権を有する。その権利に基づき、彼らは、自らの政治的地位を自由に決定し、自らの経済的、社会的および文化的発展を自由に追求する」と唱えています。また、第二十条や第三十一条は特に注目に値します。現在の軍事基地と人権の問題や基地経済からの脱却の国際的な解決の一つの方向がここにもあります。

さて、シンポジウムが終わると同時に、午後二時二〇分からは「北海道ウタリ協会・創立五〇周年・記念式典・祝賀会」に招待されました。厚生年金会館ロイヤルホールで開かれた式典はウタリ

（同胞）協会各支部代表五百人近い参加のもとに北海道知事・堀達也、北海道議長・中川義雄をはじめ、参議院議員・萱野茂、元内閣官房長官・五十嵐広三を中心とした衆参国会議員十八名、そして北海道議員多数の臨席のなかでとり行なわれました。

とりわけ、感動的だったのは今年まで三十二年間理事長の大役を務められた野村義一前理事長への「表彰状贈呈」と、その受賞スピーチでした。私は開式直前に行なわれた「物故者への黙禱」や野村エカシのあいさつを聞きながら、アイヌ民族の長い苦闘の歴史を思っていました。

私たちは、祝賀会のプログラムのなかで「アイヌモシㇼとウルマを結ぶ会」からの記念品を紹介し笹村二郎理事長に贈呈することができました。創立五〇周年を祝う記念品には藤村玲子作の紅型を額入りで贈りました。また、高嶺朝典《たかみねとものり》と宮城郁乃《あやの》が空手とヌンチャクを演武して琉球文化で祝賀しました。

その日の夜はホームステイ先の竹内家で釧路や登別、千歳の支部から参加したアイヌ民族と夕食をともにしながら、歌や踊りの交流会となりました。

四、アイヌ民族文化祭

そして、翌八月十日には札幌市の〈かでるホール〉で開かれた「第九回アイヌ民族文化祭」に参加することができました。この文化祭のテーマ・スローガンは「ヌヤン（聞きなさい）・ヌカラン（見なさい）・ピラサレヤン（広げなさい）」です。

当日のプログラムは北海道教育委員会教育長・南原一晴や札幌市長・桂信夫をはじめとする「来賓挨拶」のあと、「アイヌ古式舞踊」、「トンコリ演奏」、「口承文芸」、「アイヌ語劇」、「アイヌ文化ゼミナール」、「民族衣装の紹介」、「フィナーレ」と多彩な演目がくりひろげられました。

アイヌ古式舞踊では、千歳、三石、札幌、静内、様似の五保存会からの唄と踊りが披露されました。私は、生まれて初めて新井田セノイ・フチによる「アペフチのユーカラ」と加納沖氏の「トンコリ演奏と歌」を直接聞くことができました。

舞台で楽しそうに、誇らしげに披露されるアイヌ民族文化の数々。その歌声と衣装の美しさ。私は、琉球弧の民俗芸能の輪舞と比較しながら心地よいリズムにひたっていました。ここでも、沖縄の子どもたちは空手とヌンチャクを演じて拍手喝采を浴びました。

五、アイヌ民族の情の深さ

アイヌモシㇼでの最終日の十一日は沙流群門別町のウタリ協会に招待されました。吉田昇支部長御夫妻が、わざわざ札幌市まで迎えに来て下さいました。門別ウタリ文化保存会は今年の二月に沖縄研修におみえになり、普天間高校や南風原文化センターで文化交流を行ない、深い感動を残していました。

私たちは門別町の広大な自然や牧場に案内され、子どもたちは吉田家の子どもたちと交流し、乗馬や釣りを楽しんでいました。また、夕方からは保存会による歓迎会も開いて下さりました。

この四泊五日のアイヌモシㇼの一部・北海道交流旅行で受けた感動は、まだまだ言葉で充分に表わすことはできません。ただ、交流を重ねるたびにアイヌ民族の情の深さに感謝するばかりです。そして、ともにこの〈東アジア列島〉の先住民族である、アイヌ民族と琉球民族の永遠の友好と交流を祈らずにはいられません。ニヘーデビタン・ヤイライケレ。

感動したアイヌ語弁論大会——アイヌモシリ紀行

雪のアイヌモシリ（本当の人間が住む大地）へ行ってきた。いまは日本語で「北海道」と呼ばれているあの北国への旅だった。すでに一九九八年十一月二十六日の「沖縄タイムス」紙でも報じられたように、北海道アイヌ協会の主催による「第十一回アイヌ民族文化祭」に、琉舞かなの会・高嶺久枝練場の一行が特別ゲストとして招待されたため、私も司会・解説係として同行したのだ。アイヌ民族文化祭は毎年一回ずつ開かれてきた。今年（一九九八年）は十一年目で、初めて襟裳岬の近くの浦河町で開催された。これまで特別ゲストとしてサハリンや台湾の先住民族が招待されたことがあるが、琉球舞踊が招待されるのは今回が初めてである。

雪の十一月二十八日、浦河町総合文化会館の大ホールは八百人余の観客で立ち見の出るほどの大盛況であった。舞台では国指定の重要無形文化財であるアイヌ古式舞踊が繰り広げられ、アイヌ語劇や民族衣装の紹介も行なわれた。琉舞かなの会一行十五人は三題の演目を披露した。まず「松竹梅鶴亀」でアイヌ民族文化祭を祝福し、高嶺久枝が琉球の愛の心を「かなーよー」で表現した。また、高嶺創作による「世栄《よざか》い太鼓」でアイヌ民族との末長い友好と交流の祈りをささげた。

アイヌ民族古式舞踊は浦河、三石《みついし》、門別、静内、新冠《にいかっぷ》、平取の七つの文化保存会が厳かで楽しく力強い民族舞踊を披露してくださった。いずれも重要無形文化財の技能保持団体だが、演目や演技、民族衣装に地域的な個性や差異がありじつに感動的だった。あの「鶴の舞」や「雨ツバメの舞い」よ。

また、旭川アイヌ語教室によるアイヌ語劇「フーリ・カムイ」も立派な創作劇であった。音響にはトンコリ演奏の加納オキさんも出演し、照明もプロ級でアイヌ語を知らない私たちにも充分理解でき、全国公演やビデオ化して紹介してほしいできばえであった。

一方、その日の午前中に財団法人アイヌ文化振興・研究推進機構の主催による「第二回アイヌ語弁論大会」があり十三組十五人が出場した。直接聞くだけでは意味がわからないアイヌ語だが、日本語訳されたパンフレットと照合しながら、出場者たちの生活や自然、ふだん考えているアイヌ民族問題などへの訴えに耳を傾けた。一度滅亡しかかったアイヌ語が大切に復活されていく過程をみて、大きな感動を受けた。そして、我が琉球語の未来について考えさせられた。このアイヌ語弁論大会の成績発表もアイヌ民族文化祭のステージで行なわれ、最優秀者三人が表彰された。

琉球舞踊への感動は、交流会の会場で爆発した。沖縄交流団の金城睦《きんじょうちかし》団長のあいさつが終わるやいなや、浦河町長や笹村協会理事長の名刺交換やあいさつぜめにあった。最後は、全出演者三百人余が一つの輪になってリムセやカチャーシーを踊りまくった。

総勢二十一人に膨れ上がった沖縄交流団は疲れを感じる暇もなく、翌日は門別町へ移動し、富川公会堂で門別ウタリ（同胞）文化保存会主管の「琉球舞踊とアイヌ古式舞踊の集い」を大成功させた。ここでも「高平良万歳《たかでーらまんざい》」をはじめ十一演目を披露した。

アイヌ民族が「滅びゆく民族」と表現され無視、差別されてきた歴史はもはや終わりつつある。とりわけ昨年（一九九七年）「アイヌ新法」が制定されてから、アイヌ民族文化の振興と交流の事業が活性化している。アイヌ民族と沖縄人・琉球民族との交流もますます盛んになっていくだろう。

カムイノミと古式舞踊

私は、今年（二〇〇九）の九月十三日に札幌市豊平川の西河川敷で開催された「第二八回アシㇼチェプノミ（新しい鮭を迎える儀式）」に参加してきた。女房と二人、札幌アイヌ文化協会から招聘されたのだ。この、札幌の「アシㇼチェプノミ」に参加するのは、三回目である。

私の住む「うるまネシア（琉球群島）」から、飛行機で五時間以上かかって「アイヌモシㇼ（人間の住む静かな大地）」のチトセ空港に降り立つ。北海道は、何度来ても懐かしく、かつ淋しい。

まず、沖縄・琉球では見ることのできない広大な大地と山々、そして黒土と白樺林。気持ちが大きく開放されていく。一方、こんな豊かなモシㇼ（静かな大地）がヤマトゥンチュ（和人）に占領され、アイヌ民族から奪われている淋しさ。また、私もモシㇼを植民地支配している日本国民の一人であることの悔しさと恥ずかしさ。

私たちは、千歳空港から札幌市の「アイヌ生活館」へ案内され、まず前夜祭に参加した。

前夜祭でも、囲炉裏を前にカムイノミ（神拝み）が行なわれた。儀式のあとにいただいた、獲れたてのサンマの刺身のおいしかったこと。

本儀式の当日は、天気が心配された。朝のうちは雨だったが、お昼ごろからは曇り空に変わった。

豊平川の河川敷では、久しぶりに会うアイヌ民族の友人たちが、一生懸命準備していた。いつもお世話になっている竹内夫妻がいる。もはや、長老格になった小川さん夫妻。登別支部の上武さん一行。上川支部からは伊澤さん一家も駆けつけてくださった。お土産をいただいてばかりいる佐々木さん等々。

今年のアシㇼチェㇷ゚ノミは、若い結城孝司さんが司祭を務めた。第一回アシㇼチェㇷ゚ノミの実行委員長であった、故・結城庄司さんのご子息である。私の友人で、札幌アイヌ文化協会会長である豊川重雄エカシが老齢のためお見えにならなかったのは残念であったが、孝司さんがアイヌ語で一生懸命お祈りのことばを唱えているのを見て、カムイノミの伝統がしっかり受け継がれているのは頼もしく、嬉しかった。

私もトゥジ（刀自＝女房）も、アペフチカムイ（火の神様）がおわします囲炉裏端の指定された席に着いて儀式に参加した。アシㇼチェㇷ゚ノミ実行委員会の「ご挨拶」には、「カムイが人間の世界につかわしてくれた大切な贈り物である鮭の到来を祝い、感謝と祈りを分かち合うことで、アイヌ民族とシサム（和人）、また諸民族が互いの文化・宗教を尊重し、理解を深める一助となりますよう心より願ってやみません」と述べられている。

私は、指名されてヌササン（祭壇）の「アットイ　カムイ（海の神）」へイナウ（御幣）を捧げた。また、ピリカトノト（美しい神酒）を捧げながら私は祈った。「海の神様。すべての神々よ、今年も大切な鮭の贈り物をありがとうございました。また、一年の豊かな食べ物と健康をお恵み下さり感謝しております。海の神よ、すべての神々よ、今後ともアイヌモシㇼをはじめ琉球群島の海や山、そして全世界の大切な自然をお守りください」と。私は、琉球民族を代表する気持ちで心の底から祈った。

儀式が終わると、各地の歌や踊りの奉納であった。上川支部は、「弓の舞」を演じた。登別支部が、「鶴の舞」をはじめ古式舞踊を復活させて参加したのが嬉しかった。アラスカ・ネイティブのボブ氏が歌ってくれた。私のトゥジは、琉球舞踊の「かなーよー（愛する人よ）」と「鳩間節《はとま》」を奉納した。

アイヌ民族と交流するたびに、諸民族にとっていかにカムイノミと古式舞踊が大切か教えられる。とくに、アイヌ民族や琉球民族の伝統的信仰と文化は、自然崇拝と祖先崇拝を土台としている。私たちにとって、太陽や月、星、海、山、川、水、火、土、蛇、ネズミ、牛、馬等々、宇宙のすべてが神々である。そして、かけがえのない群島―世界には文字通り「やおよろず（八百万）の神々」が満ち溢れている。

私は何度もアイヌ民族のエカシやフチ、琉球民族の「タンメー（おじいさん）」、「ウメー（おばあさん）」たちが伝えてきた大切な教えに立ち帰る。その核心点は、カムイノミと伝統芸能のなかに込められている。

君よ、友よ、カムイノミに真剣に立ち返れ。そして、大地をしっかりと踏みしめ全身で楽しく踊ろうではないか。

❀サハリン（樺太）紀行

サハリン（樺太）紀行

一、国境の島へ

生まれて初めて、ロシア・サハリンへ行って来た。まだまだ自由に旅行を楽しむ余裕はない。残り少ない夏休みと、二十年に一度しかもらえないリフレッシュ休暇をいただいて、北方の国境の島へ行って来たのである。

アイヌ文化振興・研究推進機構の招待を受けて「マイノリティーフォーラム'98 inサハリン」に沖縄代表団三人のうちの一人として参加してきたのだ。かつて「樺太」と呼ばれて、日本の植民地であったサハリン。しかし、そこは北海道や千島列島がそうであるようにもともとは「アイヌモシリ（人間の住む静かなる大地）」と呼ばれ、アイヌ民族をはじめとする先住民族の故郷であるのだ。

私は、九月十三日、川上英幸団長をはじめとするアイヌウタリ（同胞）と函館市で合流し、十四日に四十五人乗りのプロペラ機でサハリンへ渡った。

二、国家に引き裂かれた家族

約二時間でたどり着いたユージノサハリンスクの空港には、戦後四十三年ぶりに再会することができた押杵石松《おしきねいしまつ》（六三）さんのお姉さん一家が迎えにみえていた。アイヌ民族の押杵姉弟は日本敗戦の混乱のなかで、お姉さんの国子（六七）さんがサハリンに残り、石松さんは北海道に引き揚げた。それから、四十三年間も音信不通であったのだ。

国子さんはすでにロシア人と結婚して娘さんや孫たちに囲まれていた。石松さんとの再会は、今回で戦後二度目である。クニコさんは日本語を聞くことはできたが、もうほとんど話せなくなっていた。私たちは石松さんといっしょに、クニコさんが同居している娘のイリーナさんの家庭を訪ねた。クニコさんは函館からおみやげにもってきた和食弁当をおいしそうに食べていた。石松さんは、日本語がほとんど通じない姪っ子の家に滞在することになった。

三、「樺太アイヌ」の子孫たち

バスでホテルへ向かう道筋では、まず白樺とポプラの大木の並木が目についた。太い樺の木、「樺太」。小雨まじりの天気はさすがに肌寒く、風邪気味の体調が気になる。一週間余の長旅なので、まず健康に気をつけて無事に帰れることを祈っていた。

翌日は曇り空。それでも私たちは渡辺トミ子さんの家を探しながら訪問した。渡辺さん一家は、トミ子さんと娘のナターシャさん、そして兄さんの源二さんが「樺太アイヌ」と呼ばれたアイヌ民族の子孫である。

ロシア人、朝鮮人、ニブヒ、ウィルタ、ナナイなど、多民族地域のサハリン州でもアイヌ民族として登録しているのは「わずか三人だけだ」と聞いた。南樺太が日本の領土だったころ、日本政府が開発のため「樺太アイヌ」を北海道の石狩川流域に強制移住させた結果がこの状況だ。

トミ子さんはロシア人の夫との間にナターシャさんを授かっていた。そのナターシャさんが作家の李恢成さんの従兄弟と結婚していた。戦前の教育を受けたトミ子さんは日本語とロシア語の二ヵ国語を自由に話していた。アイヌ語はすでに話せなくなっている。

さかんにチェーホフやピウスツキ、ネフスキー、ドストエフスキー、を想っていた。シベリア、サハリンを彷徨ったことのある大きな魂たち。かつて「監獄島」と呼ばれたサハリン。私はチェーホフの『サハリン島』を読み返したくなった。

四、李恢成の故郷へ

九月十七日、いよいよ作家李恢成の故郷ホルムスク（真岡）を訪ねる一日旅行に出発する。李恢成さんは、十六日の午後、日本からのフォーラム参加者一行とともに到着した。私は出迎えの空港で十余年ぶりに李さんと再会することができた。

承知のように、李恢成さんはサハリン生まれの朝鮮人だ。在日朝鮮人で初めて「砧を打つ女」で芥川賞を受賞した。彼の小説やエッセーは故郷サハリンを舞台にしたものが多い。私は李恢成の『サハリンへの旅』や「サハリン再訪」などを読んでいたのだが、サハリンにおける朝鮮人の民族問題については実感をもって充分理解はしていなかった。

今回のサハリン・フォーラムでの大きな楽しみの一つは、李さんの基調講演が聴けることと、李さん自身が故郷のホルムスクを案内してくれることだった。自分の好きな作品の舞台を作家自身に案内してもらうことほど幸せな旅はない。

私たちは広大な鈴谷平原を横切って、旧瑞穂村・現在のチェプラノ村の近くでバスを降り朝鮮人虐殺犠牲者二十七名のささやかな慰霊祭を行なった。旧瑞穂村では一九四五年八月二十日から二十二日の間に日本人軍属や村人の手によって二十七名の朝鮮人が虐殺されたのだ。

日本人たちは、敗戦の恨みを晴らすため、ソ連軍に協力的である朝鮮人を虐殺したという。しかも、日本が無条件降伏した八月十五日ののちに。私は沖縄・久米島における朝鮮人谷川さん一家の虐殺事件を想起していた。

そして、沖縄から持参した泡盛をたっぷり慰霊碑にささげた。この慰霊碑は、李恢成さんが「八月の碑」という小説に描いた碑だ。朝鮮民族、アイヌ民族、琉球民族、日本民族が合同で慰霊祭を行なうことで、民族排外主義の過ちが少しでも克服できたら、と祈らずにはいられなかった。

私は、改めてサハリンでは八月十五日後の二十二日まで戦争が継続していた事実に注目した。沖縄での降伏調印式が九月七日であったのと同様に。国境・辺境の島々の歴史的悲劇の共通性よ。

五、多民族国家ロシア・サハリン

熊笹峠と呼ばれた峠を越えると眼下にホルムスクの街と海が見えた。李さんが「あれがタタール（韃靼）海峡だよ」と教えてくれる。私は大学時代に読んで感動した安西冬衛のたった一行の詩

てふてふが一匹韃靼海峡を渡つて行つた　（「春」）

を思い出した。ああ、ついに韃靼海峡を自分の眼で見ることができたのだ。

昼食後はホルムスクのバザール（自由市場）へ出かける。サハリン滞在中の自由時間はできるだけバザールへ買い物に出かける。そこは一九六〇年代の露天の頃の那覇市・平和通りの雰囲気だ。市場経済制度はまだ導入されたばかりである。

バザールでは野菜や果物、花を中心に朝鮮民族の女性たちが小さな店をたくさん出している。そして六十代以上のおばさんたちはほとんど日本語が通じる。戦前の植民地教育を受けたせいだ。私は主に果物や花などを買う。

それにしても、サハリンのバザールを歩くと、改めてサハリンの多民族性を実感させられる。一番多いのがロシア民族、その次が朝鮮民族、そして先住民族のニブヒ、ウィルタ、ナナイ、アイヌと続き、日本民族はもちろん中国系やアラブ系の人々までが移住している。

民族のルツボだけあって、大多数の人々が混血している。そのせいか、女性も男性も目を見張るような美人が多い。地元の人々は「サハリンが唯一モスクワに勝てるものがある。美人の女性が多いことだ」と自慢するそうだ。

多民族同士がバザールですれ違っても誰も振り向こうともしない。その点、外国人と会ったらジロジロ見るか逃げだそうとする人が多かった、かつての日本社会とは大きな違いだ。私も、すっかりアラブ系ロシア人と間違えられたのか、さかんにロシア語で話しかけてくる。ロシア語を知らない私は、しかたがないのでウチナーグチ（沖縄語）で答えていた。

六、マイノリティー・フォーラム

今回のサハリン旅行の主な任務である「マイノリティー・フォーラム'98 in サハリン」は九月十八日から三日間の日程で始まった。

ユージノサハリンスク（豊原）市のロジーナ文化会館での開会式にはサハリンTVやNHKをはじめ「読売新聞」、「毎日新聞」、「北海道新聞」など多くのマスコミが取材に来て、市長の歓迎の挨拶もあった。サハリン州議会にはニブヒをはじめ先住民族の特別議席が設けられているという話が強く印象に残った。

フォーラムの楽しみの一つは李恢成さんの記念講演であった。李さんは「サハリンでの少数民族の出会い」と題して講演し、文化的、文学的、思想的にとても重要な問題提起をなさった。

まず、「マイノリティとは何か、人間はどうすれば共生できるか」と問いかけたあと、「さて、マイノリティとマジョリティの真の共生は何によって可能なのでしょうか。私は理論家でも学者でもありませんので、深い知恵のある話をすることはできません。けれども、文学者の一人として人間の心のありかをもとめる仕事にかかわっている以上、人間のどういう思想や行動が他者にたいして有意義な価値を生み出し、人間の認識を豊かにするかを追求したいのです」と述べられた。

そして「自民族中心主義の危険な風潮」を克服し、「民族内部の民主主義」を徹底し、政治的な人間よりも文化的人間になれるように努力しようと訴えました。「マイノリティの民族運動は、文化的人間としての行為であるとき、大きな道徳的意義を発揮すると思うのです。私たちは、自分自身の解放を願うと同時に他者の尊厳を大切にし、その苦しみを癒すことのできる人間としてともに生きていきたいものです」と講演をしめくくった。

午後は「日本のマイノリティ」についてのフォーラムに入った。まず、大阪の趙博《ちょうぼく》さんが「日本における在日コリアンの歴史と現在」と題して、在日朝鮮人の諸問題を報告した。

続いて、私が「琉球民族の場合」と題して、主に琉球民族の歴史と言語、現在の沖縄問題を報告した。準備したレジュメはあらかじめロシア語に翻訳されていたが、通訳の時間も入れて一時間しか発表時間がなかったため、軍事基地問題や女性と人権の問題、教育・文化の問題ぐらいしか報告できなかった。

最後にチカップ美恵子さんがアイヌ民族の立場から「歴史に翻弄された民族たちの人生の機微にふれるアイヌモシリの旅で故郷をおもう」という題で報告を行なった。そして、会場の参加者との質疑応答と討論へ移っていった。

七、希望あふれる若者フォーラム

二日目・十九日の午前中は「サハリンのマイノリティ」についてのフォーラムがあった。まずニブヒ族のキム・ユンシンさんが四回も名前が変わった自分史を報告した。ニブヒ語の「マヤク」から日本語の「マサコ」、ロシア語の「マリア」、朝鮮語の「ユンシン」と名前が変わった背景には、サハリンの先住民族の苦難の歴史が刻み込まれていた。

サハリン郷土史博物館の副館長タチヤナ・ローンさんが「二〇世紀サハリンの民族」と題してサハリンの諸民族の歴史と諸問題を包括的に報告してくれた。また、日系人でサハリン大学歴史学部助教授のソフィア・リムさんが「一九二〇年代サハリンの民族学校の歴史」を学術的に報告した。

今回のフォーラムは、主に日本とサハリンの先住民族の歴史と現状を報告しあった。そして民族文化の保存と伝承、民族教育のあり方、多民族同士の異文化交流と共生のあり方を討論した。

そのなかで圧巻は午後に行なわれた「若者フォーラム」であった。二十代、三十代の先住民族の若者たちが、自己紹介をし、二十一世紀をどのように切り開いていくか、楽しそうに真剣に議論していた。

全世界には、約三千五百の先住民族がいると言われている。その先住民族の若者たちが相互交流し、ともに立ち上がるとき人類と地球の歴史はまったく新しい段階を迎えるだろう。そんな明るい希望が湧いてくる「若者フォーラム」であった。

八、時間を忘れた交流の夕べ

サハリン・フォーラムの最終日、二十日の夜は民族文化の交流の夕べであった。アイヌ民族やウィルタ民族をはじめ、夕食のときから民族衣装に着替え始めている。

琉球民族のマーちゃんや金城君も三線の調弦やエイサーの準備に飛び回っている。プログラムは帰りの夜行列車の都合でニブヒやウィルタの民族芸能から始まった。なによりも民族衣装や歌声が美しい。

続いて、アイヌ民族の芸能。こちらは大集団だ。何度もリムセの踊りの輪が作られる。若者たちのムックリも上手い。「樺太アイヌ」の渡辺トミ子さんも民族衣装でいっしょに踊っている。

朝鮮民族は趙博さんがプロの力量を披露する。ギターと太鼓でフォークソングや民謡、パンソリまで歌う。「アリラン」に合わせて、みんな即興で踊り出す。

最後は琉球の歌と踊りの番であった。しかし、会場になったツーリストホテル・レストランのロシア人従業員や一般客の飛び入り参加もあり、プログラムは大きく膨れ上がっていった。

琉球側は、まず私の歌と三線で「安波節」。マーちゃんと掛け合いで「トゥバラマー」。マーちゃんの西表民謡と自作曲の弾き語り。そして最後は、みんなでエイサー、カチャーシーの乱舞となった。

文化交流会はレストランでお開きになっても、それぞれの部屋に押しかけて続けられた。会議と同時に文化交流が盛んで楽しいことが先住民フォーラムの大きな特徴である。先住民族にとっては、文化と生活と闘いは切っても切り離すことはできないのだ。

韓国紀行

火の島から——済州国際学術大会・報告

那覇国際空港を飛び立ったアシアナ航空便は、与論島沖まで北上したあと、進路を大きく北西へ変えソウルへ向かった。

私は、貴重なわずかの夏休みを利用して去る（一九九八年）八月二十一日から二十四日の間に開かれた「済州《チェジュ》四・三第五〇周年記念　国際学術大会」に沖縄代表団二十人の一人として参加してきた。

ソウルで一泊し、昨年（一九九七年）十二月ユネスコの「世界遺産」に登録されたばかりの宮殿・昌徳宮をはじめ、立命館大学教授・徐勝《ソスン》氏が不当にも十九年間拘留された監獄跡などを見学したあと、いよいよ「火山島」チェジュドウへ向かった。

ソウルから飛行機で南下して約四十五分ぐらい、済州空港はさすがに暑かった。生まれて初めてのチェジュ島だ。ミカンの木が目立つ。

昨年、台湾シンポジウムで会ったなつかしい知人たちが迎えてくださる。済州道議会の副議長だった金先生。事務局長の龔《カン》さん。作家の玄基栄《ヒョンギヨン》先生。

初日の午後五時から始まった歓迎式は、約四百人近い参加者による「済州島四・三犠牲者に対する追悼行事」から始まった。一九四八年の「四・三事件」では当時の島民約三十万人のうち八人に一人の割合の三万余人の良民が虐殺されたという。

台湾における、一九四七年の「二・二八事件」から始まる「国家権力による白色テロル」にも見られるように、東アジアの島々の住民たちは日米政府やそれと結託した腐敗政権によって良民虐殺の悲惨な歴史体験を強いられたのだ。沖縄がそうであったように。

しかも、済州島の場合、その犠牲者は五〇年たった今日でも名誉回復や損害賠償が行なわれておらず、韓国の戦後史にもまだ正当に記述されていないという。

したがって、済州道知事や道議会議長などの歓迎の挨拶は「四・三事件犠牲者」が済州道はもちろん、韓国全国をはじめ、東アジア規模で明らかにされ、正当に研究・評価され名誉を回復していく第一歩を記す歴史的意義があったのだ。

これに対し、私たち沖縄代表団は大田県知事のメッセージを朗読し、泡盛や出版物などのお供え物を贈呈し、金城睦《きんじょうちかし》団長の挨拶で応えていった。

また、歓迎式にはノーベル平和賞受賞者の東チモールのJ・R・ホルタ博士の基調講演と田英夫衆議院議員の講演が大きな花を添え、韓国全国に強いインパクトを与えていった。台湾シンポジウムのときもそうだったが、私たち沖縄代表団はアジアへ行くと一国並みの歓迎を受ける。今回の済州島国際学術大会でもそうであった。

したがって、二日目の「主題一、東アジア冷戦と民衆」で新崎盛暉《あらさきもりてる》、「主題二、冷戦体制暴力と東アジア女性」で竹下小夜子や新垣安子の諸氏が報告したように、あらゆる学術報告、事例報告、分科会、交流会などで、沖縄代表団は韓国、台湾、日本代表団とともに肩を並べて大会をリードしていった。

今回の済州島国際学術大会の大きな特徴をいくつか挙げてみると、まず第一に学術報告が充実し、三ヵ国語に翻訳された「報告論文集」が出版され配布されたことである。第二に台湾シンポジウムでの浦崎成子氏などの強い提案もあって「東アジアの女性」の問題が初めて全体討論の大きな柱として議論されたことである。そして、第三に六つの分科会が設定され、より親密な交流と論議ができたことである。

私は、何よりもこの分科会が楽しみであった。「文芸と映像」という分科会に参加したのだが「沖縄で詩を書くこと」と題する発言レジュメを日本語と朝鮮語で準備して配布した。

参加者は詩人、作家、文芸評論家、映画監督、写真家、ジャーナリストなど多士済々であった。初めての分科会なので司会の陳映真《ちんえいしん》氏や任軒永《にんけんえい》氏もとまどい、結局自己紹介するうちに時間は過ぎ去ってしまった。最後にリクエストがあったので、私は持参した三線で「遊びションガネー」を歌い、虐殺された人々への鎮魂歌に代えた。

最終日は「済州四・三」五〇周年記念の歴史巡礼に参加した。このフィールドワークで私たちは初めて済州島の南西部を視察することができた。私にとって、四・三事件関連で犠牲になった人々の「百祖一孫」の墓地や、武装隊が立てこもった霊峰ハルラ（漢拏）山がとくに印象に残った。

国際学術大会は台湾、済州島と大きく発展した。そして、いよいよ来年は日本・沖縄大会、再来年は韓国・光州大会が予定されている。沖縄から光州へ。東アジア民衆の戦後史はしっかりと掘り起こされ、研究され、記録されなければならない。

激動の東アジアへ

一、復活光州

二〇〇〇年の五月、六月は嬉しい出来事が三つあった。

一つは五月十六日から二十一日まで韓国を訪問し、光州市で開催された「第四回東アジア国際シンポジウム」に参加することができたこと。二つ目は六月十三日から始まった歴史的な「南北朝鮮首脳会談」が予想以上の大成果を上げて無事終了したことである。そして、三つ目に六月十日沖縄の地で「二十一世紀同人会」が結成され、琉球弧の自立・独立論争をめぐる思想同人誌「うるまネシア」の発刊が決定されたことである。

台湾の台北市から始まった国際シンポジウムは、第二回韓国・済州島《チェジュ》、第三回沖縄と継続されてきた。昨年の沖縄大会で「沖縄から光州へ」の合い言葉が確認され、光州シンポジウムには韓国、台湾、日本、沖縄の四地域から四百人余が参加した。

光州への旅は気が重く、緊張しながら参加した。あの「光州事件」から二〇年が経ったのだ。光州広域市は一三〇万人余の大都市で沖縄県に匹敵する人口を擁していた。

一九八〇年の五月、光州市の目抜き通り錦南路（クムナンロ）は金大中《キムテジュン》氏を逮捕した全斗煥《チョンドファン》軍事政権への抗議のため二〇万余の光州市民で埋め尽くされた。この光州市民の反軍部・民主化闘争は全斗煥軍の武力弾圧により、数百名の死者、五千名を越える負傷者、二二〇〇名余の逮捕者という犠牲者を出し、金大中氏は死刑判決を受けた。

当時「光州事件」とか「光州暴動」と報じられた民衆の闘いは、一九九〇年に「光州民主化運動」として評価し直され、一九九五年には元大統領の全斗煥、盧泰愚《ノテウ》を「叛乱罪」で審判するようになった。そして、いまや金大中氏は大統領に選出され、光州は復活したのである。

このことは韓国の人々に「正義が世に貫徹される」という信念を与え、世界の平和と人権を求める人々に大きな勇気をもたらした。

今回の国際シンポジウムは「光州民衆抗争二〇周年記念行事」の一環として「復活光州、韓半島の統一と東アジアの平和に向けて」のテーマの下に開かれた。したがって、私たちは新陽パークホテルでの開会式を終わるとただちに光州市民の記念デモ行進に合流した。

夕方からの記念デモには十何万人の人々が参加したのだろう。錦南路は、子どもから大人までの市民で埋め尽くされた。私たちは沿道の市民に拍手で迎えられながら「南北頂上会談を成功させよう」、「沖縄に新たな軍事基地建設反対」、「天皇訪韓絶対反対」などの横断幕を掲げて松明デモをやった。

国際シンポジウム全体の内容と感想を述べる紙幅は残念ながらない。私の主な担当は文化・文学交流の夕べであった。沖縄から招待された喜納昌吉《きなしょうきち》とチャンプルーズは道庁前に設けられた大ステージで数万余の市民に「花」や「アリラン」、「エイサー」などを歌って感動を与えた。私は「文化交流の夕べ」で光州の犠牲者の鎮魂のために詩「老樹騒乱」を琉球語で朗読した。

全日程で出会った人々のなかで、強く印象に残っているのは「元従軍慰安婦」のナヌムの家のハルモニたちと、私たちを昼食会へ招待してくださった金大中大統領であった。

二、南北首脳会談

六月十五日の新聞朝刊を見てビックリした。「統一へ南北合意」、「連邦制度目指す」、「両首脳共同宣言に署名」と見出しの大活字が躍っている。六項目からなる「共同宣言の骨子」を読んで、朝鮮の南北首脳会談が予想以上の成果を上げて成功したことを喜んだ。

この骨子のなかにある「統一問題を民族間で自主的に解決」、「連邦制度の方向で統一を推進」という項目はきわめて重要で意義深い。これまでの南北統一が米国や日本、中国、ソ連などの政治力学に干渉されて失敗してきたからである。

今回の南北会談にもさまざまな評価があるが、日本のマスコミや国民が決して充分に理解していない一面がある。それは、朝鮮現地の人々の統一へ向けた民族的な悲願と決意の強さである。

三、激動する東アジアへ

韓国や台湾などを訪問して思うことは東アジアの冷戦構造が末期を迎え、分断国家体制が終わりを告げつつあるという現実認識のことだ。もはや戦後五十五年余の東アジアは激動しつつある。

ところが、日本だけこの現実に背を向け、日米同盟にしがみついて米国の軍事・外交路線の枠内から一歩も抜け出せず、アジアで孤立しつつある。その反動として、国内では「新ガイドライン関連法」等の反動諸立法を強行しながら。

私たち平和と人権を求める市民運動は国内的には少数派かもしれない。しかし、アジアの民衆運動と合流すれば圧倒的な多数派なのだ。私たちは今後とも琉球弧の地から「自立・独立論議」を巻き起こして、アジアの多数派へ合流するつもりである。

❀中国紀行

来るのが遅すぎた

去る(一九九五年)七月二十七日から八月三日までの一週間余、生まれて初めての中国大陸を旅行してきました。私たち、四〇名の沖縄の高校教師たちは「戦後五〇年」を記念する企画の一つとして、北京、南京、上海を訪問する旅に派遣されたのです。

訪問団の主な目的は三つ。まず第一に五〇年前の中国への侵略戦争を謝罪し、その戦災の傷跡を調査してくること。第二に、中国の高校教師たちと交流し、意見交換してくること。そして、第三に今後の継続的な友好・交流の足がかりを作ってくることでした。

一方、個人的には琉球王国の王府・首里《しゅり》城のモデルになった紫禁城《しきんじょう》や故宮博物館を見学したり、万里の長城を自分の眼で確かめ、実際に登ってみる楽しみがありました。さらに、学生時代から敬愛している魯迅先生の上海記念館を訪ね、墓参りする期待がありました。

中国から帰ってきて、そのカルチャーショックで、私の思考はまだプッツン状態の部分が続いています。「中国は、あまりにもスケールが大きすぎる」。だが、私の中国初体験の強烈な印象をなんとか整理して記録してみたいと思います。

私たちは、まず北京で中国侵略戦争の引き金となった「盧溝橋事件」の歴史的場所である盧溝橋と、その近くに建てられた「中国人民抗日戦争記念館」を見学しました。

周知のように、一九三七年七月七日の盧溝橋事件から泥沼のような中国侵略戦争が始まりました。その盧溝橋は車二台が通れる、予想よりも大きくて長い石橋でした。私にとって、学生時代の一九七〇年に華僑青年闘争委員会によって、いわゆる「七・七華青闘の告発」を受けて以来、「盧溝橋」は中国侵略戦争とともにずっと心に突き刺さっている棘のような重いキーワードでした。

その盧溝橋の橋の上に立ったのでしたから、ひとしおならぬ感慨がありました。その「盧溝橋遺跡保持費」として、私たちは「中国人民抗日戦争記念館」を訪問し、沖縄から持参した現金を寄付しました。記念館の張館長は、私たち一行を歓迎し丁重に案内して見学させてくださいました。

記念館の両脇にある一五メートル余の大きな壁から「紀念中国抗日戦争勝利五〇周年」と「紀念世界反法西斯戦争勝利五〇周年」と白文字で大書された赤い垂れ幕が掲揚されているのが強く印象に残りました。なるほど、日本人が「戦後五〇年」という言葉でアイマイにしようとしている「敗戦五〇周年」は、中国人民にとっては「抗日戦争勝利」「反ファッシズム戦争勝利」を祝う五〇周年の記念すべき年なのでした。私は「日本人の戦後意識や実態と大きくズレているな」と改めて思い知らされました。

北京から国内航空線に乗って一時間余、揚子江の大河を見下ろしながら南京へ降り立ったのは七月三十一日の午後三時半頃でした。私たちは、空港から「侵華日軍南京大屠殺遭難同胞記念館」へ直行しました。まず、私は日本で「南京大虐殺」と表現されている戦災が地元では「南京大屠殺」と表示されている事実に驚きました。屠殺された中国人は三〇万人余と言われています。文字どおり日本侵略軍によって、家畜のように、いやそれ以下の辱めを受けて屠殺されたのです。

私たちは、記念館でさっそく唐順山氏（八四歳）、伍氏（七一歳）の証言を聞きました。唐氏の証言は本多勝一著『南京への道』（朝日文庫）にも収録されています。唐氏は自らも日本軍の銃剣で数ヵ所刺され、八ヶ月も入院して助かった体験を語ってくれました。

また伍氏は、自分の肉親や友人が殺されていった目撃証言を涙ながらに話していました。通訳の若い女性・王さんも、思わず涙ぐみ声を詰まらせながらけんめいに訳してくださいました。お二人とも、話の結論部分で「南京屠殺の事実を日本人に、全世界に伝えてほしい」と強調していました。

証言を聞き、「中日友好基金」を贈呈し、記念館を見学してのちも、私はショックのあまり夕食を食べることさえできませんでした。「来るのが遅すぎた。五〇年後では遅すぎる」というくやしい思いと怒りで、自然に涙があふれてきました。

もう、大半の体験者や遺族の人々は死んでしまったのです。しかも、「南京大虐殺などなかった」「あれは侵略戦争ではなかった」と無恥、無責任に放言する大臣たちの住む日本からいっさいの謝罪や賠償も受けないで放置されたまま。

私たちは、よくヒロシマ、ナガサキ、オキナワの住民虐殺や、アウシュヴィッツのユダヤ人虐殺などを語り、涙を流します。しかし、日本の学校教育はアジアへの侵略戦争や「南京大虐殺」の歴史的事実をまともに教えようとはしません。私は、いまからでもすべての日本人が中国へ、とりわけ南京へ出かけ、まず事実から学ぶべきだと思いました。中国のいたるところに掲げられていた「前事不忘后事之師」という格言がいまでも重く心に残っています。

❀台湾紀行

国境を越える

一、年中・霧やもやに

高雄港は朝もやの中から突然現われた。台湾の島影を船のデッキから眺めながらゆっくり南上しようと考えていた思惑が見事にはずれる。台湾西海岸沖を船で南上しながら、ついに念願の台湾の島影を見ることはできなかった。三月という季節のせいなのだろうか。同室で二泊三日の船旅をした台湾の人々に聞くと、ほとんど年中、霧かもやに隠れて洋上から島影はあんまり見られないとの話である。生まれて初めて「南の国境」を越える。やはりと言うか、あたりまえのことか、「国境」は目に見える形ではほとんどない。ただ、与那国島と台湾の間の「ドゥナン海峡」洋上で、船のロビーにある壁時計の針が台湾日付に変更するために、時を刻むスピードを上げげただけだ。夜中の十時過ぎであった。ぼくは船のカラオケラウンジで同行の砂川氏やコックをやっている船員で友人の友利氏と「国境」を越えた祝杯を上げ、一人でデッキに出た。船のまわりは漆黒の闇。与那国の島影どころか、灯台の光も星明かりすらなかった。

台湾南端の最大の国際貿易港と呼ばれる高雄港に着いても、「国境」らしい「国境」は感じなかった。フェリー飛龍は出島になっている「加工輸出区」に接岸したため、「サンパン」と呼ばれるダグボートで本当の岸壁に渡らなければならなかったが、税関や出入国の管理官は実に親切で、あっさりと通過してしまった。もちろん、ぼくたちが船で到着したわずか三人だけの珍しい観光旅行だったせいかもしれない。それにしても、学生時代に日本本土へ船での往復のとき、鹿児島港や那覇港等で何度もパスポートと税関検査を受けたのだが、あのときよりはずっと楽に感じた。

二、旅行者はフリーパス

しかし、やはり地元の人たちは大変である。船には二百人近い台湾の人たちが乗っていた。彼らは皆、抱えきれないほどの荷物を持っている。船室でダンボール箱を開け、お互い中国語で相談しているのを見かけたが、その中身は運動靴や靴下、子供用ワンピースなどの日用雑貨品が主であった。そのなかでも、とくに印象的だったのは、婦人用帽子とリンゴを重宝していることであった。それらの品物は主に沖縄島や石垣島で仕入れたものだと話していた。

さすがに地元の人々には出入国管理官や税関は厳しいらしく、二列の長い人並みを作って順番を待っている。たとえ船は午前中に入港しても、荷物だけは検査が終わり課税されたあと、受け取るのはその日の夕方まで待たなければならないときが多いらしい。どこにもちゃっかりした人はいて、ぼくも友人も、台湾の婦人に二個ずつ荷物を預けられた。ご婦人方はおおらかで、たくましく感じられた。もちろん、四個の手荷物は「おみやげ」として合法的に無税でフリーパスであった。

今日も沖縄島や石垣島、あるいは基隆《キールン》や高雄の港や街角で、買い出しをしたり、荷物を降ろしたりしている台湾人や琉球人がたくさんいるだろう。民衆と資本と商品は、実にあっさり、たくましく

「国境」を越えるものだと実感した。それこそ生活の知恵であり、一種の商売感覚であるのかもしれない。なかには、船が出港するたび台湾へ渡っている人もいると聞いた。

三、深い交流の時代も

一九七二年沖縄の「祖国復帰」＝日本併合のころに雑誌「情況」に掲載された川田洋氏の論文で「沖縄の日本復帰とは、歴史上初めて台湾と沖縄に明確な国境が敷かれることを意味する」という趣旨の指摘があったことが、いまもって気にかかり忘れられない。

復帰前の沖縄と台湾の間には、どのような法律的網の目がかかっていたか十分には知らないが、少なくとも日米安保条約や米軍政府を背景に、軍事共同体制のもとにあったことは明らかである。一九七一年の日米政府による沖縄返還協定のなかで、日米安保条約による軍事同盟の範囲が韓国や台湾まで拡大されたことによって、大きな反対世論が起きたことは、記憶に新しい。

歴史的にふり返っても、琉球王国による進貢貿易時代から明治天皇政府による台湾侵略（一八七四年）と琉球処分（一八七九年）に至る過程までは、琉球と台湾には明確な「国境」はなかった。その後、一九四五年の大日本帝国敗戦まで、台湾も琉球も植民地状況下にあったことは周知の事実である。そして、敗戦直後の密貿易時代に象徴されるように、台湾と琉球、とくに八重山群島や与那国島は、かなり広く交流が行なわれていた。沖縄に水牛とパイナップル栽培を伝えたのは台湾人農民たちと聞いているし、漁民などは相互の海域で操業し、台風時など台湾漁船が与那国島や石垣島へ避難に来るのは珍しいことではなかった。

ところが、一九七二年の沖縄返還過程で、魚釣台列嶼（尖閣列島）をめぐる「国境」問題がきびしくなり、台湾では「魚釣台列嶼保衛運動」を契機に反米日帝国主義運動が高揚したそうだ。

今回、初めて台湾を旅行し、いままでの自分の思考が、いかに「日本本土と沖縄」、「米国と沖縄」という枠に縛られているか、強く反省させられた。

四、琉球国を一国並みに

どうやらぼくは、無意識のうちに台湾を無視したり軽視していたようだ。台湾の島影を見ようという発想のどこかには、台湾島を実際より小さく想像していた面があったことに気づかされた。台湾島は九州とほぼ同じ大きさなのだ。ぼくは、無知が差別意識へ転化しやすい苦い自己体験を思い返していた。台湾へ旅行するというと、職場や周囲の人たちは一種独特なまなざしを向けた。観光ツアーで行った友人、知人たちの台湾評は、あまりかんばしくなかった。

しかし、ぼくのカルチャーショックは大きかった。なによりも、その自然、歴史、生産物、文化が「ハワイとスイスをいっしょにしたようなパラダイス」と案内書の宣伝文句に謳われているように、雪も降れば珊瑚礁の海もある島は、圧倒されるほど豊富であった。あらゆる分野で世界のピンからキリまで重層的に展開する層の厚さが台湾社会なのだ。

そのなかでも、ぼくの視線を転換させるのにとくに重要な印象を与えてくれた何点かについて触れてみよう。一番うれしかったことは、出会った台湾の人々が、皆親切で人情が深かったことだ。文化と歴史の背景が違うとはいえ、人情の深さでは琉球人よりも深いのではと感じた。

それだけではなく、官民あげて現在でも琉球を一国並みにあつかってくれるのには面はゆい感じさえしたものである。中国語のなかに混ざっている「Luuchuu（琉球）」という発音が、懐かしさと同時にプライドをくすぐられる感じがした。帰りに利用した中正《ちゅうせい》国際空港には東京、大阪とは別に「琉球」行きのカウンターが独立して設けられてある。

五、間近にいる友人

一方、赤嶺守氏の案内で台湾大学を見学したときは、そのキャンパスのすばらしさと、沖縄への熱いまなざしを感じ、頭の下がる思いがした。たとえば、台湾大学が琉球国の外交記録書である『歴代宝案』をはじめ、貴重な中国琉球関係の歴史資料や文献を刊行しているのは周知の事実だが、大量に売れることはなさそうな発行物を刊行し続けるその情熱は、どこから湧き出てくるのであろうか。改めて、琉球と中国の深い歴史的関係に思いをめぐらしたものである。

台湾では何人かの芸術家と交流する機会がもてたが、そのなかでも小説家の黄春明《ホアンチュンミン》先生との出会いは強烈であった。黄春明氏は日本語訳にもなっている小説集『さよなら・再見《ツァイチェン》』（めこん社）で有名な台湾を代表する現代作家である。『さよなら・再見』という小説の内容と黄春明の台湾文学に占める位置については、すでに一九八四年の「新沖縄文学」第六〇号の特集「熱い眼差し——沖縄から台湾へ」で、上里賢一氏が「現実を直視する文学」という論文で紹介している。

もし、会うことができるなら、台湾でまっ先に会いたい作家であった。黄氏はぼくたちを琉球からの大事なお客様としてもてなしてくださった。彼との歓談のなかで一番インパクトを受けたのは、「一九七二年に琉球の人々は我々台湾同胞がいるのに、どうして日本に復帰したのですか」という趣旨の質問であった。彼はまた、「沖縄には第三世界派の文学者がどれくらいいるのですか。私は第三世界派文学者としてやっていこうと思っています」とも質問した。

その黄春明氏を、沖縄大学が「土曜市民教養講座」の講師として六月二十七日に招聘してくれるという。「台湾から見た沖縄と日本」というタイトルで行なわれる講演は、ぼくたちにとってきっと深い感動と示唆を与えてくれるにちがいない。

台湾から帰りの飛行機は、わずか一時間半で那覇空港に着いた。石垣島へ飛行機で行くのと五分ぐらいしか長くかからない。鹿児島や東京より、時間的にずっと近いのだ。ぼくの思考の振り子が大きくゆれ動いた。

六、重要な位置の琉球弧

沖縄の日本復帰後十五年、いま日本でも沖縄でも「国際交流」が盛んに宣伝され、アジアのなかの沖縄についてさまざまな議論が展開されている。確かに今後、日本、朝鮮、中国、フィリピン、インドネシア、ミクロネシアなどと、アジア太平洋地域での琉球弧の位置というものは、ますます重要になってくるだろう。

すでにぼくは、一九七九年に「大げさに言えば『ぼく達は琉球弧から垂直に世界へ飛翔するのだ』という姿勢でいきたい」（第一詩集『夢の起源』あとがき）と書いておいた。いま、そのことを一つひとつ実行する段階にきている感じがする。この十年間、ぼくは北は奄美大島から南は与那国島までの島々を旅行し「琉球弧」のイメージを自分のなかに定着させ、豊かにするようつとめてきた。その過程を、「琉球弧巡礼の旅」とも名づけてみた。これからは自分の思考を「琉球弧と日本」、「琉球弧と中国」、「琉球弧と台湾」、「琉球弧と朝鮮」などと、大きな幅をもたせていきたいものだと思っている。

アジア太平洋圏のなかで琉球弧は「国境・民族・国家」を相対化し解体していく重要な位置を占め

てくるであろう。その突破口が中国（台湾）の歴史的関係を振り返り、反芻し、民間交流を深めるなかから見つかっていくと思う。

文化のテトラ交流——台湾国際シンポジウムに参加して

一、独立国あつかいの琉球団

台湾シンポジウムへの参加は楽しい旅になるはずであった。台湾は何度行っても食べ物はうまいし、人情が深いからだ。そして、陳映真《ちんえいしん》や黄春明《ホワンチュンミン》という、なつかしい友人たち、台湾を代表する作家たちに会える楽しみがあった。

しかし、今回はシンポジウム一日目の早朝に、突然岳父の訃報が入り、日程の途中で帰らざるをえなかった。それでも、事務局や友人たちの手配で航空券を切り替え、家族の配慮もあって、なんとか岳父の出棺には間に合わすことができた。深く感謝している。

正味二日余のシンポジウム参加なので、全体的な印象は語れないが、どの日程を見ても台湾、韓国、日本と同様、沖縄から参加した十人の代表団が一国並みに接待され、発表の機会が与えられたのには感動した。台湾事務局は我々琉球団（団長・金城睦《きんじょうちかし》）のために、観光バス一台をチャーターして空港で迎えてくださった。

二、東アジア四ヵ国・地域交流の始まり

今回の台湾シンポジウムは台湾で獄中三十四年を闘いぬいた林書揚《りんしょよう》と、韓国で十九年を闘いぬいた徐勝《ソスン》という二人の〈政治犯〉の友情と熱意に共感した人々の力で実現した。シンポジウムのタイトルは「東アジアの冷戦と国家テロリズム」という重い表現になったが、その内容は東アジアの戦中、戦後史を発掘、分析し、総点検して再評価しようという試みであると言えよう。

重要なことは、このような試みが第一回目として約三百余名の参加のもとでスタートしたことである。これはおそらく東アジアにおける戦後民衆史の発掘と交流に向けて、また戦後国際関係史の相互点検に向けて、初めての試みになるであろう。

このシンポジウムは、来年の夏に韓国の済州島《チェジュ》で、再来年は日本で、そしてその翌年は再び韓国の光州市で継続して開催されることが確認されている。

三、共感を呼んだ琉球団の報告

シンポジウムは二月二十二日午前九時開始の「総論」の部から始まった。まず、林書揚（台湾地区政治受難人互助会）の「開会の辞」があり、続いて姜萬吉《カンマンギル》（高麗大学教授）の「韓国国家テロリズムの現代史的背景」の報告があった。井上清（京都大学名誉教授）の「東アジアにおける冷戦と日本」、徐勝（立命館大学講師）の「民衆主体の冷戦終結を目指して」と続いた。我が琉球からは金城睦（弁護士）の「沖縄と台湾」が報告され、大きな共感の拍手で迎えられた。

午後に入ると「現代史」の部に移り、四名のレポートが発表された。浦崎成子（基地・軍隊を許さない

行動する女たちの会）の報告「沖縄の女たちの経験」は参加者に驚きと、強いインパクトを与えた。

一日目の夜は「歴史の証言」の部で、台湾、韓国、琉球から六名の戦後史体験の報告があった。川満信一（琉球大学講師）の「沖縄・言論弾圧と米軍支配」報告は自作詩「証言台」の朗読もあり、大きな感動の拍手が湧き上がった。

四、文化のテトラ交流

私が報告したのは、二日目の夜に開かれた「文化座談会」の部であった。この座談会は台湾の作家、陳映真の司会で進められ、五名の座談がくり広げられた。

台湾からは「悲情城市」で有名な映画監督の侯孝賢《ホウシャオシェン》、韓国からは〈済州島四・三蜂起・一九四八年〉を文学テーマにして注目されている玄基栄《ヒョンギヨン》が、日本からは哲学者の花崎皋平、そして琉球から私が加わった。

今回の台湾シンポジウム全体の事務局長を務めた陳映真は忙しすぎて、座談会の充分な打合せはできなかった。しかし、さすが構想力にすぐれていて、座談を進めながら、ドラマチックにまとめてくれた。

私たちは、陳映真にリードされて「自分の戦後体験が、どのように文学や映画、思想、芸術として表現されたか」を話しあった。前半は自分の生い立ちと一九五〇年の朝鮮戦争前後における各個人の体験を報告しあった。そして後半は一九六〇年代からベトナム戦争前後、現在までについて意見を交換した。

司会者は、五人の発言に共通するテーマとして、台湾における「本省人と外省人」、韓国における

「大陸部と済州島」、日本における「日本人とアイヌ民族」、「本土と沖縄の島・地域差別の問題」に話をまとめていった。

最後に、玄基栄が「済州島の民謡」、候孝賢が「台湾の大衆歌謡」、陳映真が「台湾原住民族の歌」、花崎皋平が「ソーラン節」を歌い、私が詩「喜屋武岬」を琉球語で朗読して、お開きとなった。

その後、済州島代表団からは日程外の交流申し込みがあり、二回の交流会をもつことができた。

代表団は、済州島と琉球との歴史的体験の類似性を指摘し「来年はぜひ、数十名以上の規模で済州島に来て欲しい」と重ねて要請した。私たちも、なんとかその熱意に応えたいものだ。

沖縄人の誇りを――黄春明との対話

一、台湾一周

私は、八月九日から十三日の間「沖縄大学又吉学級『台湾近現代史』学外学習」の旅に参加し、「台湾のなかの沖縄史跡巡り」の調査と、独自の文学調査を行なうことができた。

生まれて初めて、高雄市から台湾最南端の屏東《びょうとう》県を廻り墾丁《こんてい》を経て、台東県から花蓮《かれん》県、宜蘭《ぎらん》県、台北《タイペイ》市へと東海岸を北上してきた。これで、ひと通り台湾を一周することができた。ここまで来るのに、二十年近い歳月がかかった。

今回の学習旅行で、最大の成果はやはり、台湾出兵の口実にされた琉球人台湾遭害者たちを祀ってある「琉球人墓」にお参りできたことであった。墓は屏東県車城郷統捕に「大日本琉球藩民五十四名墓」という碑文とともに建てられていた。明治政府初の海外出兵であった台湾出兵。ここから、日本、琉球、台湾、アジアの不幸な近・現代の歴史／関係が始まったのだ。

二、黄春明氏との歓談

私は、台湾旅行のもう一つの目的に、台湾・中国を代表する作家の黄春明《ホワンチュンミン》先生と再会し、ともに病気中の陳映真《ちんえいしん》先生をお見舞いしようと考えていた。しかし、陳先生は北京の病院に入院しているそうで、今回は面会できなかった。

さいわい、黄春明氏とは最終日の午前中、台北市のホテルで再会することができた。同僚の漢那《かんな》敬子さんや津波古《つはこ》あおいさんもいっしょに歓談した。黄先生は、日本語で会話ができるのだが、内容が難しい表現になると津波古さんに通訳してもらった。

黄春明と会うのは、一九九九年の東アジア国際シンポジウム・沖縄大会に招聘して以来であった。そのとき、彼は最新のベストセラー小説『放生』を恵贈してくれた。彼の近況を尋ねると、宜蘭県の大学で教えながら、小説や詩、そして「歌仔戯」という郷土歌劇を書くのに忙しいと語っていた。一方、絵やマンガを画いたり、Tシャツのデザインまで事業化していた。私たちは、そのオリジナルTシャツをおみやげにいただいた。

私たちは、短い時間ながら黄春明が現在考えている文学や思想について質問し、お話を聞くことができた。彼は、環境問題や現代文明批判にも積極的に取り組んでいる。過疎化が進む故郷の宜蘭県の山々にスモモの木を植えて「桃源郷」を造ろうという運動も、その一つだ（この構想は事情があって、現在は中断しているということであったが）。

黄春明の現代文明や台湾の状況、そして漢民族への批判は厳しいものがある。彼は、漢民族の宗教が関帝廟《かんていびょう》や媽祖廟《まそびょう》などの「廟」信仰に見られるように功利主義的であり、「心の環境」を良くすることが大切だと述べていた。

また、現代文明は西洋思想を中心にあまりにも人間中心主義で「天下にできないことはない。やろうと思えば何でもできる」という傲慢な考え方が強すぎると批判していた。

むしろ、これからの文明はたとえばアメリカ・インディアンの考え方のように「胸無大志」をもち、自然のままに、あるがままに環境と共生して進まなければならないと話していた。

そのために、黄春明は知識よりは「知恵」を大切にし、「謹慎」すなわち周到に注意深くものごとを観察し、考えていこう、老人たちのもっている知恵に耳を傾けよう、と強調していた。彼は、現代文明に対しては「悲観」しているが、それは「絶望」ではないと語っていた。

私は、去る七月に台湾から沖縄に来た韓国の作家・黄晳暎《ホワンソギオン》と会ってどんな話し合いをしたのか質問した。東アジアの文学者・表現者のネットワーク作りに関する相談の結果を聞きたかったのだ。台湾側から陳映真を中心に発刊している雑誌「人間」に黄春明たちも協力する形で呼応することになったという。これで、韓国の黄晳暎、台湾の陳映真、日本の小田実を中心にしたネットワークが具体的に見えてきた。沖縄の私たちはどうするか、対応が問われてくるだろう。

黄春明は、自作の詩についても熱っぽく話してくれた。ひとつは宜蘭県の「亀山島」をシンボルにした詩であった。もう一つは、彼が創作した「子守唄」だった。近いうちに「詩集」にまとめるつもりだという。これまた、楽しみである。

最後に、沖縄の人々に言いたいことを質問すると、さりげなく「沖縄の心、沖縄人としての誇りを忘れないように」と強調した。相変わらずエネルギッシュに活躍する黄春明は、自分で運転する車で台北市から宜蘭県へ向かった。また、すぐに会えるような感じで。

❖フィリピン留学記

フィリピン留学記

一、フィリピン留学より

私は沖縄県人材育成財団の東南アジア派遣留学生の一人として、一九九〇年六月から十一月までの半年間、国立フィリピン大学の大学院で学ぶ機会を得ることができました。沖縄に帰って来て、早三ヵ月近くなろうとしていますが、まだフィリピンと沖縄の社会・生活の落差に一種のカルチャーショックを感じ、とまどっています。

いまようやく、フィリピンで体験したことや学んだことを文章に整理しつつありますが、六ヵ月の生活をどのように語ったらよいのでしょうか。まず、一言で強調しておきたいことは「とても有意義で楽しかった」ということです。

私は留学に出発するとき、二つの研究テーマをもっていました。一つは琉球弧の基層文化のなかにある東南アジア的要素を、フィリピン文化と比較することで検証してくることです。私は、〈文化の土台と発現〉を①何を、どのように食べ②何処に住んで、どのように排泄し③どのようにSEXをし、家族やコミュニケーションを作りあげているかという視点から観察し考えてきました。そのなかでもとくに自然とのコミュニケーションの一つである「太陽・月・星への信仰」に興味がありました。

もう一つは、東南アジアにおける理科教育の実情を視察し比較研究することです。このテーマは、私の教育実践と直接結びついています。私はフィリピンや東南アジアの化学教育の実情を調査することで、学校教育や理科教育について考察してみようと思っていました。

多くの人々のご協力のおかげで、私は大きな収穫をあげることができました。まず大学院ではアジアセンターで文化人類学の講義とセミナーに参加し「フィリピン社会と文化」のゼミでホカノ博士とソブリチェア博士から学んできました。また、ヘルナンデス博士の理科教育法の講義を聴くことができました。

とりわけ、ホカノ教授の講義では「フィリピン人の価値観と文化」について最新の研究成果を学びました。私はその内容を興味深く聴きながら「沖縄人の価値観と文化」について比較考察していました。たとえば、ホカノ博士によればフィリピン人の価値体系で一番中心の核にあるのが「ＡＳＡＬ（アサール）」であるという説でした。それは琉球語で言う「チム（肝）」であり、日本語では「腹」に相当する概念です。「チムの文化」としてのフィリピン文化。

その他にも比較しておもしろかったのは「ウタン・ナロォオブ（恩義）とウンジ（恩義）」や「ヒヤ（恥）とハジ」、「パキキサマ（お互い様）とユイマール（結い）」、「ハロハロ文化（雑種混合文化）とマンチャー・ヒンチャー文化」などで、似たような価値観と文化がたくさんあります。これから整理して、ぜひ論文に書こうと考えています。

一方、大学外ではフィールドワークのための旅行をすることができました。七月の「ルソン大地震」のおかげでルソン島の中・北部や山岳地帯には行けませんでしたが、南部のラグナ州や、米軍基地の街オロンガポ市などを訪ねました。またビサヤ地方のセブー島も視察しました。なかでも圧巻だったのは、フィリピン南部のミンダナオ島やスールー諸島への調査旅行でした。

その間に私は、三本のレポートを書き、三回の講演をやり、五百枚近いスライド写真を撮影・作成することができました。現在は、それらを「報告書」としてまとめつつありますが、三月十日にいま南風原《はえばる》文化センターで開催中の「フィリピン展」の企画のなかで、その一端を報告するつもりです。

二、フィッシュポンドのほとり

学生寮の裏にあるフィリピン人たちの家々から聞こえてくるニワトリの鳴き声で目がさめる。午前六時、まだ六月の太陽は昇っていない。ヤシの葉っぱはダランと垂れ下がったままである。

それでも私は、木製のベッドにゴザを敷いただけの寝床から起き上がり、ルームメイトの中国人留学生の鄧《デン》君を起こさないように気をつけながら、一人で朝の散歩に出かける。大学構内とは言っても、国立フィリピン大学のキャンパスは広い。

だいたいこのキャンパスは、どこまでが構内なのかはっきりしない。大学内をジプニー定期路線が走り、構内のあちらこちらにフィリピン人たちの集落（バランガイ）があり、その集落の広場で上半身裸になってバスケットボールに夢中になっている子供たちや、トタンぶきの家々に干されている洗濯物を見ていると、ここがほんとうに大学構内だろうか、という気になってくる。

あとで知ったことだが、そこの住人はほとんどが不法占拠という形でバランガイを作ったという。しかし、「スクゥオーター（不法占拠者）」と呼ばれる彼らの大部分は、大学職員やガードマン、清掃人、洗濯屋などと、なんらかの形で大学と関わりをもっているため、簡単に追い出すわけにはいかないそうだ。

それゆえ、キャンパス内が一つの街の機能をもっている。その全体像はなかなかつかめないが、おそらく徒歩では二、三時間かけても一周することは無理だろう。私の散歩コースも、せいぜい三〇分ぐらいの範囲に限られている。

もうすぐ、創立八〇周年を迎えるフィリピン大学（UP）は、いたるところにアカシアやマンゴー、ヤシなどの大木が繁り緑が濃い。とりわけアカシア並木は緑のトンネルを作り気持ちがいい。治安が悪いと言われるフィリピンでも、このキャンパス内は別天地だ。構内から外へ出なければ、一週間でも、一カ月でも安心してのんびり暮らせる。友人たちに言わせれば、一大リゾート地帯である。なるほど、早朝のキャンパスでは牛の群がゆったりと草を食べている。

ようやく空が明るくなったころ、私は数冊の本を持って「インターナショナルセンター」と呼ばれる私たちの学生寮のフィッシュポンドのほとりへ行って、一人煙草をくゆらしながら瞑想にふけったり、読書を始める。そうだ、私はフィリピンに来ているのだ。これは夢ではないだろう。

思えば数年前から、私は沖縄を脱出したい願望に駆られていた。どうやら私の脱出願望は、約十五年ぐらいの周期をもっているようだ。十九歳のときに、日本へ留学するために初めて沖縄から脱出した。足かけ八年間、静岡県で生活して一九七六年に沖縄へ戻ってきた。そして、十余年間も沖縄で生活してみると、またぞろ、この島国から脱出したくなってきた。

この十余年間、私は沖縄で主に詩と批評の表現活動を行なってきた。沖縄は一九七二年に再び日本に併合された。周知のように、この歴史の転換は「沖縄返還」と呼ばれている。それ以来、沖縄は再び日本の「国内植民地」と化した。おそろしい勢いで政治、経済、教育、文化など、あらゆる領域で沖縄と日本の同化、画一化、系列化が進んでいった。東京を中心とする日本の文化や価値観がすさまじい量と速さで押し寄せてきている。

私は、この時流に抵抗し、背を向けてきた。できるだけ、日本の文化や価値観と付き合わず、影響されないように努力してきた。ひたすら自らの足下を凝視《みつ》めようと思っていた。時間の許すかぎり、北は奄美群島から南は八重山群島までの琉球弧の島ジマを訪ね歩いた。これを私は「琉球弧巡礼の旅」と呼んでいる。そこで私が視、体験し、受感したことを詩や評論という形で表現してきた。

しかし、十余年も経ってしまうと、私の感性も生活意識も、だんだん沖縄社会にどっぷりとつかり、それと馴れ合ってきているのを自覚するようになってきた。沖縄に対する問題意識がどんどん平準化されていくのを自省した。

一方、初めてお隣の台湾へ旅行することによって、私の発想が日本や東京に背を向けることにより、逆にあまりにも「日本―沖縄」という構図に縛られすぎていることに気がついた。私は意識のうえでも、生活感覚上も、あまりにも北の方ばかり気にしすぎていたのである。

なんとか南方へ脱出したかった。そこで「東南アジア留学」試験に挑戦してみようと決心した。すでに職場や家庭に縛られている貧乏人としては、奨学金を利用するしか方法がない。だが、その選考試験に合格することは簡単ではなかった。

まず、大学時代以来ほとんど勉強したことのない英語の独学を始めた。しかし二回とも不合格であった。年齢制限上、最後のチャンスであった今回は、ひそかに一年間「語学センター」へ通って受験勉強をやった。三度目の正直で、やっと国立フィリピン大学の大学院に短期留学が許されたのである。

おかげで、すばらしい半年間を手に入れることができた。なんと言っても、たっぷりと時間的余裕がある。私はフィリピン社会に対するカルチャーショックは、ほとんど感じていない。むしろ、自分の幼少の頃の沖縄にタイムトリップしているような錯覚すら覚えるのだ。

フィリピンは貧しい国と言われている。ほんとうにそうなのだろうか。たしかに物質的には貧しい人々が多い。だが、なぜ彼らはあんなにも明るく、エネルギッシュで、やさしいのか。

ここで、私たちが敗戦後四十五年余で、得たものと失ったものをじっくり考えてみたいと思っている。私はいま、「日本―沖縄」という構図を、フィリピンや東南アジアの地から相対化することができつつある。

三、六〇年間の時間と空間

フィリピンに来て、マンゴーのおいしい食べ方を発見した。よく熟れたマンゴーを二、三個冷蔵庫で冷やしておき、午後三時か四時頃のちょうど一番暑いとき、おやつ代わりに食べる。

しかも、いちいち皮をむかないでスプーンを直接立てて、一さじ一さじゆっくりすくって食べるのだ。これはほんとうにおいしい。天然のアイスクリームである。一さじごとに、冷たさと甘さが口中にひろがっていく。

フィリピンは言うまでもなく、マンゴーの名産地だ。とくにセブー島はマンゴーの特産地で、島じゅうにたわわに実った大木が見うけられる。マンゴーの生ジュースや干しマンゴーの加工工場も集中している。民家の庭や道に、マンゴーの熟れた実が落ちていても拾おうとする人もいないぐらいである。

その黄金のマンゴーを一さじ一さじ味わうように金子光晴の『マレー蘭印紀行』（中公文庫）を読んでいく。マニラに着いて数日、まだ話し相手が一人もいない頃、私の孤独をなぐさめてくれるのは金子光晴であった。

思えば、私がしきりに東南アジアへ、できればインドネシアかフィリピンへ脱出したかったのも金子の詩集『女たちのエレジー』の「洗面器」という詩から受けた強烈な印象が、一つの原因であった。

洗面器のなかの
さびしい音よ。

くれていく岬《タンジョン》の
雨の碇泊《とまり》

ゆれて
傾いて
破れたこころに

いつまでもはなれぬひびきよ。
人の生のつづくかぎり。
耳よ。おぬしは聴くべし。

洗面器の中の
音のさびしさを。

金子の自叙伝三部作『どくろ杯』、『ねむれ巴里』、『西ひがし』はすでに読んであった。そして『マレー蘭印紀行』だけは、直接東南アジアの地で読もうと、大切に大切に取ってあった。熱帯のとろけるような時間のなかで、一頁ずつ一頁ずつ惜しむように読んでいく。改めて、金子光晴の観察眼の凄さと、文体の美しさに打たれる。彼の視線は、人間と生命の実存の最低限のギリギリまで下降していく。東南アジアの自然と、そこに生活する人間と自分の、あるがままを描写して構成する。

海を見ようと思って私が早朝、事務所へ下りてゆくと、うすい下シャツ一枚に汚れた白ズボンを穿《は》いた男をかこんで、事務所の人達が話をきいていた。琉球人の漁夫で、シンガポール沖合いの、こゝから二里ばかりのところで舟がこわれ、泳いできたのだと云っていた。疲れないのかと傍からたずねると、陸を歩くとかわらぬと答えた。鱶が多いから怖ろしくないかときけば、鱶は怖ろしくないが、海の底を歩いているとき、うっかり足を硨磲（しゃこ）に挟まれたら大変だ。足を切落さなければ助からないと語った。澳門の沖で難破したとき、十日間漂流して支那の海岸に着き、人の住まない海べりを猶五日もあるいたときのことを話した。そのとき、じぶんの着物の襟垢をなめてしのぎながら、これほどうまいものはないとおもったという。（中公文庫・八七頁）

金子は一九三〇年前後のベンゲランで、当時南洋移民で出稼ぎに行っていた琉球人の漁夫の一人と会っている。その琉球人とは、名高い糸満漁民であったのか、久高漁民であったのか。いずれにしても、東南アジアの文字通り「海を歩いて」活躍する彼らのたくましい姿が描かれている。そして、金子の興味は、漂流して「じぶんの着物の襟垢をなめて」「これほどうまいものはないとおもった」琉球人漁夫の体験を記録する。

自らも放浪の旅をして、帰国した金子が最も心を許して付き合った詩人が琉球人の山之口貘であった。彌生書房刊の『山之口貘詩集』に載った金子の名跋文「貘さんのこと」を読むと、その根拠がよくわかる。「僕らはすぐ友人になった。さまよえる二人づれだったからである」と金子は書いている。また「僕じしんが、日本人でも、ロシア人でも、マレイ人でも、どうでもよい存在だったからである」とも言い放つ。実感のこもった告白だ。

昨今、日本でのフィリピン人に対する話題と言えば「ジャパゆきさん」と呼ばれる娘たちの暗いイメージが中心だが、金子は「コーランプルの一夜」で「娘子軍《あねさま》」と呼ばれていた「からゆきさん」の体験談に聞き入っている。

ホテルは、女たちの客をつれ込む部屋貸宿である。白いレースの蚊帳のほころびをつくろいながら彼女は、ふるい記憶をたどり、たどり、彼女の友人達のおちこんでいった凄惨な末路や、怖ろしい「蟻地獄」のことを、私のきゝ出すまゝに、きゝとりにくい島原地方のなまりで語るのであった。（中公文庫・一一〇頁）

昔「からゆきさん」、いま「ジャパゆきさん」か。明治から現在まで約百数十年。日本の「近代」とは何であったのか。金子光晴がマレー半島、シンガポール、ジャワ、スマトラを放浪してから六十余年になる。

しかし、その描写はフィリピンで読んでも真に迫ってくる。金子はジャワ人たちが洗面器にカレー汁を入れて売ったり、また広東の女が洗面器にまたがって尿をする姿を詩っている。私もまた、バシラン島で洗面器に尿をやり、スールー海で洗面器からタピオカの夕食をいただいたりしたものである。

東南アジア、六十年を経てもなお、変わらない時間空間と変わらない構造が視え隠れする。そして急激に壊れゆくもの。

❀インドネシア紀行

南の根源へ

一、インドネシアへ

それは昨年（二〇〇一年）六月、突然一本の電話から始まった。国際交流基金ジャカルタ日本文化センター職員の鈴木勉氏から「インドネシア国際詩人会議への参加の可能性」について打診があったのだ。

インドネシアで初めての国際詩人会議に日本を代表して参加し、この間私たちがアジアで形成してきた文化交流のネットワークとリンクさせて欲しいとの要請であった。ただし、主催者がNGOのコムニスタ・ウタン・カユ（KUT）という文化運動体なので旅費や参加費は出せないから、国際交流基金の助成をもらってくるようにとのことであった。

そこで、一九九七年から同人誌活動をともにしている「KANA」同人のメンバーで行こうと考え、真久田正、おおしろ建の三名の名前で申請をした。さまざまな紆余曲折を経て、国際交流基金から「助成金内定通知書」が届いたのが、今年の三月末であった。準備期間は一ヵ月を切っていた。それでも、四月二十五日に三名とも沖縄発、関西空港経由でインドネシアへ出発することができた。バリ島へ直行し、そこからジャカルタへ向かった。

ジャカルタ国際詩人会議では、私が沖縄語の詩の朗読を、真久田正が八重山語による詩の朗読、おおしろ建が俳句の朗読を行なう予定で準備した。私たちは、沖縄の詩や俳句が日本代表としてどのように迎えられるのか、興味は尽きなかった。

二、ジャカルタ国際詩人会議

ジャカルタへ着くと国際交流基金ジャカルタ日本文化センターの西田所長や堀川晃一氏をはじめとするスタッフが国賓並みの対応をしてくださった。私たち三人の出番は、最終日の四月二十八日であった。そこで、二十六日と二十七日の日中は日本文化センターの研修室でカンヅメ状態で朗読する作品のインドネシア語への翻訳の確認作業に追われた。

観光する時間はなかったが、助成金をいただいて出張している身分であり、おまけに自分の詩が初めてインドネシア語へ翻訳される現場に立ち会っているわけだから不満はなかった。これで、私の詩は英語、中国語、朝鮮語、インドネシア語へ翻訳されたことになる。

夕方からは、会場のテアトル・ウタン・カユへ行ってジャカルタ国際詩人会議に参加する。開会式で私たちは、沖縄からおみやげとして持参した泡盛とお菓子、沖縄紹介の出版物を贈呈することができた。

この国際会議には、オランダ、イタリア、南アフリカをはじめ十ヵ国から二一人の詩人が出演した。プログラムは毎晩二部構成で進められ、前半、後半とも最初に音楽の演奏があり、続いて自作詩の朗読とパフォーマンス、そして討論と質疑応答という内容で進んだ。三晩の合計で六部の構成であった。

各パートでの討議の柱は主催者が準備してあった。ちなみに、二十六日の前半は「詩人の言語とその社会」、後半は「詩とマイノリティ」であった。二十七日の前半が「抒情性と社会性」、後半が「詩と言語的相違性」であった。

さて、私たちの出番である二十八日夜の前半はハープの演奏から始まった。そして、まず真久田正が八重山語での「プール（豊年祭）」と「ばんちゃぬふっちゃー（私たちの長兄）」をはじめ五篇の詩を朗読した。真久田の朗読がウケたので、私は気を強くした。続いておおしろ建が「満月の森は地球の耳となる」をはじめ三〇余句の俳句を朗読した。

私は、まず三線を弾いて「安波節」を歌い沖縄文化を紹介したあと、沖縄語で「老樹騒乱」、「夢の黙示」、「喜屋武岬」を朗読した。

その後、討論と質疑応答に入ったのだが、私たちに課せられた主題は「詩と文化的均一性に対する疑問」という内容であった。主催者が事前に配った主題の説明には英文で「日本はこれまで、文化的アイデンティティが明瞭な国として知られていたが、違うことが再発見されている。過去の均質化はそれなりのコストを伴った。この理由により、日本の同化政策により文化的ルーツを断絶させられた沖縄の詩人たちの声が、とても重要である。インドネシアの聴衆にとってこのことはきわめて重要なトピックである」（高良訳）と書かれていた。

三、南からのネットワーク

私たちの詩の朗読と質疑応答は、言葉の障害を越えながら、おおむね好評だったと思う。引用した主題の説明文にもあるように、なによりも主催者側の日本の歴史と文化、そのなかにおける琉球弧の歴史と文化の位置と役割に対する認識の深さに驚くと同時に感動した。私たちは世界遺産に登録された琉球の歴史と文化を大いにアピールした。

インドネシアは言うまでもなく、ジャワ原人やスンダランドに見られるように古モンゴロイドの原郷である。そして、その歌や踊り、織物や染め物は琉球文化のルーツの一つと言われている。

今回、とうとう南の根源の一つであるインドネシアともネットワークが繋がり始めた。これで、台湾、フィリピン、インドネシアの友人たちの顔と活動が具体的に視えるようになってきた。南からのネットワークを拡大し、島国的に閉塞しようとする日本の歴史と文化を相対化していきたいものだ。

✿ブラジル紀行

黄色と緑に囲まれて

一、ブラジルへ

生まれて初めて、南米大陸・ブラジルを訪問した。ブラジルへ行きたい、という夢をもってから四〇年以上が経ってしまったが、やっと実現した。

何度か、あきらめたこともあった。とくに、二〇〇八年の「ブラジル移民一〇〇年記念祭」に参加するため模合《もあい》までして旅費を準備していたが、病気になり残念ながら断念したときは、もう一生行けないだろうとさえ思った。

南米へ行きたいと思い始めたのは、小学生の頃からだっただろうか。親戚の人々が、ペルーへ移民に行った。同期生の何人かが、ボリビアをはじめ南米移民へ行くため転校した。私は将来、探検家になりたいと夢想していた。

大学生になると、沖縄と移民の歴史を強く意識するようになった。『ゲバラ日記』を読んでいると、ボリビア移民へ行った同期生が気になった。G・ローシャ監督のブラジル映画「アントニオ・ダスモルテス」を何度も観て、赤土の大陸を想った。文化人類学の名著、レヴィ＝ストロース『悲しき熱帯』で思考の転換を迫られた。ノーベル文学賞をもらったG・マルケスの『百年の孤独』を噛みしめた。七〇年前後の学生運動に挫折したときは、南米へ移民したいとも考えた。

今回のブラジル紀行は、友人の大城和喜・前南風原《はえばる》文化センター館長に誘われた。彼の誘いは簡単で、南風原町宮城区から移民へ行った与那嶺一徳氏からの招聘があり、空手・古武道の先生方といっしょに行こうとのことであった。それ以外は、招聘の意味やブラジルでの日程等はなんの説明もなかった。私は、全面的に和喜を信頼して同行することにした。

出発するに際し、私は自分なりに四点ほどの目標を立てた。第一に、初めての南米への旅、まずはブラジルの空気を吸い無事帰ることである。そして、自分なりに海外移民の調査。とりわけ、ブラジルにおける空手や琉球舞踊、島唄等の琉球文化の現状について。

私が「移民の調査」と言えば大げさではある。ただ、私はこれまで『与那原町史』の移民篇、南風原文化センター企画運営委員、玉城《たまぐすく》村史編集委員等の仕事を通して移民調査との関わりは続いている。そして、私はなによりも「世界のウチナーンチュ（琉球民族）」の現況について強い関心をもっている。

ブラジルは、遠くて近かった。六月二十四日、いよいよ那覇空港から私一人だけがJALで出発。成田空港まで三時間。成田からニューヨークまで約一四時間。ニューヨークからサンパウロまで約一〇時間。合計すると、機中だけでも約二七時間。それに、乗り継ぎ手続きや待ち時間を加えると、移動だけでも二日がかりであった。おまけに、日付変更線を越え「時差ボケ」が加わるので、時間感覚がわからなくなる。それでも、移民たちの船旅よりはずっと近い。

今回、私だけは同行六人といっしょの航空便が予約できなかった。しかたなく、一人で那覇からサンパウロまでＪＡＬ一本で乗り継いで行った。初めて行くニューヨーク・ケネディ空港での乗り継ぎが一番心配であった。しかし、米国への入国手続きをしているとき、さいわい移民で行ったウチナーンチュの赤嶺さん家族を見つけることができた。那覇市小禄《おろく》出身の赤嶺さん一行六名は、沖縄へ里帰り旅行をしてきたとのことであった。そのおかげで、私は赤嶺さん一行のあとをついてサンパウロまで安心して旅行ができた。

サンパウロ空港で与那嶺さん一行に迎えていただき、遅れて到着した和喜一行六名を待ち合流した。沖縄小林流《しょうりんりゅう》・空手道協会の中村清祐、城間明昌、糸数政廣、津森薫の先生方と、古武道の城間良和・南風原町文化財保護委員の本隊がシカゴ経由で無事到着した。

私たちは、サンパウロで休む間もなく一徳先生が手配した車でサンビセンテ市へ向かった。ブラジル時間で、二十五日の午後五時にようやく市内のレストランで遅い「昼食」をごちそうになった。ステーキと野菜サラダとライスの歓迎だ。

ホテルで着替えると、すぐに式典場であるコンベンションセンターへ向かう。午後七時頃から、小林流志道館与那嶺道場の創立二〇周年記念式典が始まった。私たちは、来賓席に案内された。

二、空手、琉舞、エイサー

与那嶺道場の創立二〇周年記念式典は、那覇市とサンビセンテ市の姉妹都市締結三五周年記念と兼ねていた。それゆえ、来賓席にはサンビセンテのパルシオ市長夫妻や地元選出の国会議員も列席していた。

また、カルチャーセンターになっているホールの入口通路には、ブラジル語に翻訳された松尾芭蕉、与謝蕪村、小林一茶の俳句色紙が飾られ、会場全体がジャパン・沖縄ナイトという雰囲気であった。参加者は、一千人を超えていたのではなかったか。

式典は、空手着姿の子どもたち四人が並んで持つブラジル国旗と、那覇市、サンビセンテ市の市旗の入場から始まった。そして、沖縄県人会婦人部が紅型《びんがた》衣裳の琉舞「かぎやで風」、「四つ竹」を披露した。私は、ブラジルで踊られる「かぎやで風」を観て目頭が熱くなった。

日系婦人会は、日本舞踊を披露した。そのなかには、サンバの曲で踊る日舞もあった。踊りのあとは、空手・古武道の演武が続いた。与那嶺道場の各支部ごとに、子どもからお年寄りまで小林流志道館の空手着を着けて実演した。また、隣国アルゼンチンからは小林流志道館宮里道場の教師たちが二〇人以上参加して、型、組み手、板割り等の迫力ある空手を披露した。さらにミシガンからは米国志道館伊波道場の先生方も参加して演武した。

沖縄から同行した、小林流志道館の中村、城間、糸数、津森の先生方は、さすがに本場の空手を披露し大きな拍手を受けた。また、古武道の良和が「舞方棒術」を力強く実演した。ブラジル、アルゼンチンの各道場の先生方も、本場の空手道を学ぼうと熱い視線で注目していた。

式典の最後は、琉球國まつり太鼓ブラジル支部のエイサーが締めくくった。このエイサーシンカ(メンバー)には、日系の三世、四世はもちろん、それ以外のブラジル人の若者たちも混ざっていた。なるほど、太鼓中心のエイサーを演ずるのは、言葉の違いなど容易に乗り越えられるのだろう。

ブラジルは、夜型社会だ。式典は、夜の九時近くから始まり、終わったときは一一時を過ぎていた。ブラジル第一夜の空には、大きな美しい満月が照り輝いていた。南半球の満月も東から昇り、西空へ沈んでいくのを見て、あたりまえながら不思議な感覚になった。

翌二十六日から三十日までは、創立二〇周年を記念した空手大会や国際セミナーを中心に行動する。二十六日は、サンビセンテ市の体育館で空手国際大会が開かれた。参加者は、四、五歳ぐらいの幼児から壮年までの選手たちで、主に型の試合を行なった。沖縄勢の私たちは、なんと表彰係に選ばれ子供たちに金、銀、銅のメダルを授与する仕事を務めた。

小林流志道館の空手国際セミナーは、二十八日の朝から三十日の昼までスポーツセンターで開催された。私は、これほどたっぷりと空手の稽古を見学したことはない。セミナーの受講生たちは子どもからお年寄りまでだが、中心はブラジル、アルゼンチンの教師たちであった。

それにしても、与那嶺一徳範士、アルゼンチンの宮里昌栄範士、米国の伊波清吉範士、沖縄の中村清祐範士、城間明昌範士をはじめとする小林流志道館の先生方の指導はすばらしかった。私は、基本体操から始まり、型の練習、組み手の稽古と、先生方の自然体から繰り出す技の指導と鍛錬を写真に撮りながら堪能した。

ブラジル人、アルゼンチン人が一生懸命稽古しているのを見て、改めて琉球の空手文化のすばらしさや可能性について考えさせられた。空手もまた、心身鍛練が中心なので言葉の違いや国境を越えて人類全体の文化になりつつある。『沖縄空手古武道事典』（柏書房）によれば、世界の空手人口は五〇〇〇万人を越えているという。

三、共通語はウチナーグチ（沖縄語）

今回の与那嶺道場創立二〇周年記念行事には、小林流志道館の先生方が世界各地からブラジルへ結集していた。地元はもちろん、アルゼンチンからは宮里昌栄、昌利親子の率いる宮里道場の先生方二〇名。米国志道館からは、伊波清吉先生一行。沖縄・日本からは、中村、城間、糸数、津森の先生方である。

私は、二十六日から三十日まで、たっぷりと琉球空手の海外普及の現場を見学したのだが、その期間を通じて重大な文化現象を発見した。海外の先生方や、その弟子たちは移民へ行って二〇年や五〇年以上が経っていた。それで、日本語よりはブラジル語（ポルトガル語）やアルゼンチン語（スペイン語）、英語等を日常語にしていた。とくに、その弟子たちは日本語は不自由にしか使えなくなっている。

ところで、ブラジル語、アルゼンチン語、英語、日本語では、お互いの共通語がない。アルゼンチンの先生方は、ポルトガル語を充分には知らないのである。また、ブラジルでは英語は無視されがちであった。空港やホテルのカウンターで英語を使っても、英語が話せる人でも聞かないふりをしていた。

さて、そこで与那嶺、宮里、伊波先生方との共通語は「ウチナーグチ（沖縄語）」であった。私もポルトガル語やスペイン語は知らないが、沖縄語であればスラスラ会話ができた。南米、北米の移民社会での共通語はウチナーグチであった。ペルー、ボリビア、キューバもスペイン語圏だが沖縄語であれば一世、二世たちと自由に会話ができるそうだ。

アルゼンチンの宮里道場は、〇九年に創立五〇周年を迎えたという。今回、おみやげにその『記念誌』をいただいた。同誌によると、アルゼンチンだけで一四の支部道場がある。さらに、アルゼンチン以外にペルー、チリをはじめ、スペイン、イタリア等と一〇ヵ国に支部道場が拡がっている。注目すべきは、その弟子たちが沖縄語や日本語で指導されていることだ。

とりわけ、宮里昌栄先生の指導方法は徹底していて「ニジリ（右）」、「ヒジャイ（左）」、「チキ（突け）」、「キリ（蹴れ）」と沖縄語で号令していた。宮里道場の「修道心得」には「合理合法、共存共栄」とともに、「忍び忍びしゃ　誰やてん忍ぶ　忍ぬばらん忍び　忍びしど忍び」の琉歌が掲げられている。今回、奇しくも宮里、伊波、城間の三先生方は西原《にしはら》町棚原のご出身であった。したがって、この先生方の会話はもっぱら沖縄語であった。おかげで私（たち）も、この一週間で幼年から中学時代までに使ったほどの沖縄語の世界にたっぷりと浸ることができた。

さて、私はブラジル滞在の最終日七月二日に与那嶺一徳先生とエンリケ・城間さんのご案内で、ジキア鉄道沿いのイタリリー市に新垣正一タンメー（お爺さん）を訪問することができた。新垣タンメーは、南風原町津嘉山から一九二九年にブラジルへ移民し八一年目を迎えていた。今年で九二歳を越えたという。

正一タンメーとの会話も、もっぱら沖縄語であった。タンメーは、沖縄のこともかなり忘れてしまったと話していたが、「津嘉山ぬ、あぬヒージャーガー（樋川）や今んあみ」とくりかえし聞いていたのが印象的だった。また、日本語もあまり覚えてないが「浦島太郎」の伝説を全部ポルトガル語で話してくださったのには驚いた。録音機を持ってないのが残念だった。みんないっしょに、童歌「ちんさぐぬ花」をくりかえし歌ったのが一番の思い出となった。

今回、初めてブラジルへ行き改めて琉球語とその文化について考えさせられた。海外移民で行った一世たちは、琉球語を共通語にして海を越え、国境を横断し互いに助け合いながら今日までの歴史を創り上げてきた。二世たちは、琉球語を学びなんとか聞くことはできる。三世、四世たちは、空手や琉球舞踊をはじめ母国・母県の歴史と文化を学ぼうとしている。そのとき、本場・沖縄の私たちの琉球語はどうなっているだろうか。

あとがき

第二評論集『琉球弧（うるま）の発信』（御茶の水書房）を一九九六年に上梓してから一五年が経ってしまった。この間、雑誌や新聞、パンフレット等に執筆した評論やエッセイがだいぶ溜まった。

このまま未整理で散逸するのも惜しく、また友人たちからの要望もあって、一冊に編集・出版することにした。まず、『魂振り——琉球文化・芸術論』と『言振り——詩・文学論』という二冊の姉妹編を出版しようと思い、編集作業を始めた。

その頃、未來社の西谷能英社長と那覇市で出会った。西谷社長には、詩集『絶対零度の近く』の書評を野沢啓のペンネームで書いてもらったことがあった。友人の出版祝賀会で語り合っているうちに、未來社が『魂振り——琉球文化・芸術論』の出版を引き受けて下さることになった。

本書は、三部に分けて編集されている。第一部には、「琉球文化論」の理論的な文章を集めた。第二部では、「琉球芸術論」の具体的な事例を絵画、写真、芸能分野への批評文で展開した。絵画では、八人の作家たちにお願いして図版も掲載できた。八人の先輩・友人たちの積極的なご協力に心より感謝している。第三部は、「比較文化論」として琉球文化と日本文化やアイヌ民族文化、外国文化との比較を試みた。また、異文化接触・交流の具体例として、北はサハリンから南はブラジルまでの紀行文を収録した。

したがって、本書は私なりの体験的文化人類学、生活誌的文化人類学のレポートの側面をもっている。実は、私は学生時代に文化人類学を専攻したい夢をもっていたが、時代が悪く実現できなかった。それでも、国立フィリピン大学院へ短期留学して文化人類学のゼミも受講した。しかし研究者にはなれなかった。それゆえに、本書の文化・芸術論は異文化交流や異分野交流の実践的な報告と言ってもよい。私の主戦場である「詩・詩人・文学論」に関しては別の一冊『言振り——詩・文学論』にまとめることにした。

このような評論集の出版を引き受けて下さった未來社には、重ねて御礼を申し上げたい。とりわけ、西谷能英社長や長谷部和美さんは、わがことのように編集作業を進めて下さった。また、沖縄県史料編集室の元同僚である漢那敬子さんには、『沖縄生活誌』（岩波新書）に引きつづき校正作業でお世話になった。漢那さんの厳密な校正作業に、敬服すると同時に深く感謝している。

多くの友人、知人たちのご協力で本書は無事生まれた。あとは、できるだけ遠くまで歩んで行ってほしいと祈っている。スディガフー（孵で果報）デービル＝ありがとうございます。

高良　勉

二〇一一年六月　梅雨明けの南風原町にて

琉球民族とアイヌ民族との交流
　劇団文化座公演プログラム「銀の滴　降る　降る　まわりに　首里　1945」
2010年12月
アイヌ民族から学ぶ　「琉球新報」1996年8月27日・28日
感動したアイヌ語弁論大会　「沖縄タイムス」1998年12月30日
カムイノミと古式舞踊　「アフンルパル通信」2010年3月10日
サハリン（樺太）紀行　「沖縄タイムス」1998年11月2日〜4日
火の島から——済州国際学術大会・報告　「琉球新報」1998年9月8日・9日
激動の東アジアへ　「毎日新聞」（西日本版）2000年7月14日
来るのが遅すぎた　「アジアの戦争被災地訪問交流（中国の旅）」1995年7月
国境を越える　「沖縄タイムス」1987年6月12日・13日
文化のテトラ交流——台湾国際シンポジウムに参加して
「琉球新報」1997年4月7日
沖縄人の誇りを——黄春明との対話　「沖縄タイムス」2002年9月11日
フィリピン留学記1　「琉球新報」1991年2月28日
フィリピン留学記2　「飾粽」1991年4月
フィリピン留学記3　「飾粽」1991年7月
南の根源へ　「毎日新聞」（西日本版）2001年5月11日
黄色と緑に囲まれて　「KANA」第18号　2010年9月

高次の幻想世界へ――川平恵造個展・展評　「琉球新報」1986年7月12日
朱夏の輝き――川平恵造個展・展評　「琉球新報 1998年10月12日
緊迫する抽象度――川平恵造個展・展評　「琉球新報 2001年8月24日
雪と夏――川平恵造個展・展評　「沖縄タイムス」2002年12月10日
あっけらかんと明るく――金城明一個展・展評「琉球新報」1986年10月14日
二分法を超えて――前田比呂也個展・展評　「琉球新報」2002年2月15日
描かねば――宮良瑛子個展・展評　「琉球新報」2007年5月28日
重層的な問い――金城満個展・展評　「沖縄タイムス」2009年1月28日
四元素の彼方へ――大嶺實清個展へ
「TAKUMI ART NEWS」1986年10月
布との対話――ファブリケーション展・展評　「琉球新報」1986年11月8日
神々と人間の根源へ――比嘉康雄評伝　比嘉康雄展『母たちの神』2010年8月
魂は不滅――シンポジウム「比嘉康雄と沖縄」に寄せて
「琉球新報」2009年7月29日
比嘉康雄の思想と実践　「琉球新報」2010年11月4日
島クトゥバと記録／記憶――琉球弧を記録する会『島クトゥバで語る戦世』書評　「沖縄タイムス」2003年12月20日
サッテーナラン――比嘉豊光『赤いゴーヤー』書評
「琉球新報」2004年10月24日
中平卓馬と琉球弧　「沖縄タイムス」2004年4月20日
我が中平卓馬　「EDGE」第13号　2004年7月
多面体のエネルギー――森口豁写真展・展評
「ギャラリー・ボイス」2010年5月
写真の群島へ――石川直樹写真展・展評　「沖縄タイムス」2010年4月30日
琉球芸能と琉球語　「国立劇場おきなわ」2006年3月
琉球の文化と芸能
「平城遷都1300年祭沖縄フェスタ」奈良沖縄県人会 2010年8月
奄美・宮古・八重山の歌が沖縄島で市民権を得るまで
「けーし風」第15号　1997年6月
無冠の巨星　「けーし風」第27号 2000年6月
しよんだう・考――「高嶺久枝の会」へ
「高嶺久枝の会　あけず舞・はべる舞」2002年11月
月・星・太陽・讃――「第四回新城知子の会」へ
「第四回新城知子の会」1987年7月
創作の原点――「第五回新城知子の会」批評　「琉球新報」1989年12月1日

第３部　比較文化論

琉球文化と日本文化　「神奈川大学評論」2006年11月
ウソと無恥の日本文化・思想『危機からの脱出』(御茶の水書房) 2010年4月
群島論の可能性の交流へ　「琉球新報」2009年11月27日
岡本太郎『沖縄文化論』を読みなおす「季刊　東北学」第13号　2007年11月

初出一覧

第１部　琉球文化論

琉球王国と世界遺産　「ちくま」（筑摩書房）2004年5・6・7月号
世界遺産へ　「毎日新聞」（西日本版）2000年4月14日
世界遺産登録　「沖縄タイムス」2000年12月23日
世界遺産登録へ向けて　「南海日日新聞」2007年7月13日
琉球文化の可能性　「神奈川大学評論」1996年11月
ガジマルを渡る風――人類の進化と文化遺伝子への一考察
『ジャンルを越えて　米須興文教授退官記念論文集』（英宝堂）1998年4月
うるまの伝説　『琉球弧の民話』（童心社）1996年11月
美らしま　清らぢむ　「琉球新報」2003年5月14日
御嶽―その聖なる空間　「天使館」1993年4月1日
島々と神々の諸相　『沖縄を深く知る事典』（日外アソシエーツ）2003年2月
仏教とアニミズム　「大法輪」2010年2月号
奄美への恋文――21世紀への序奏　「南海日日新聞」2000年5月10日
琉球弧の文化交流　美術館開館記念展『沖縄文化の軌跡』2007年
世や直れ　「世界」1997年10月号（岩波書店）
新しい島言葉の時代へ　「琉球新報」2006年9月9日
標準語励行・方言札とは　「沖縄タイムス」2009年9月18日
伝統文化と観光　「沖縄タイムス」2009年4月30日

第２部　琉球芸術論

直線・面・螺旋――安谷屋正義展・展評　「沖縄タイムス」2011年3月1日
躍る魂の微元素たち――第6回山城見信展に寄せて　「琉球新報」1986年9月
渦巻く時間・空間に浸る――山城見信個展・展評
「沖縄タイムス」2001年12月5日
くりかえしのなかの豊かさ――城間喜宏個展・展評
「琉球新報」1987年12月21日
表現意識への挑戦――大浜用光展・展評　「沖縄タイムス」1986年6月20日
生・エロス・祈り――喜久村徳男個展・展評
「沖縄タイムス」1986年12月5日
飽くなき挑戦――喜久村徳男個展・展評　「琉球新報」2002年6月21日
銀色の挑戦――新垣安雄個展・展評　「沖縄タイムス」1997年12月6日
島の根・宇宙の根――新垣安雄展・展評　「Third Street」2002年2月
弾丸と珊瑚――新垣安雄展へ　「新垣安雄展2010」2010年5月
マックスVSファントム――真喜志勉個展へ　「沖縄タイムス」1984年3月
線と色彩の交響楽――大浜英治展・展評　「琉球新報」1987年6月13日
衝撃と親密さ――宮城明個展へ　「Third Street」2002年5月
根源的な問い――宮城明個展へ　「ギャラリー・ボイス」2007年1月
テーマと色彩の激突――第6回ウエチヒロ展・展評　「琉球新報」1994年5月

●著者略歴

高良　勉（たから・べん）

詩人・批評家。一九四九年、沖縄島玉城村生まれ。静岡大学理学部化学科卒。日本文藝家協会会員。日本現代詩人会会員。前県立高校教諭。詩集『岬』で第7回山之口貘賞受賞。一九八五年、第19回沖縄タイムス芸術選賞受賞。著書に第6詩集『サンパギータ』、第7詩集『絶対零度の近く』、第8詩集『ガマ』、第9詩集『アルテアーガー　高良勉詩選』、NHK生活人新書『ウチナーグチ（沖縄語）練習帖』、岩波新書『沖縄生活誌』など多数。

魂振り――琉球文化・芸術論

発行――――二〇一一年七月十五日　初版第一刷発行

定価――――本体二八〇〇円＋税

著　者――高良　勉

発行者――西谷能英

発行所――株式会社　未來社
東京都文京区小石川三―七―二
電話　〇三―三八一四―五五二一
http://www.miraisha.co.jp/
email:info@miraisha.co.jp
振替〇〇一七〇―三―八七三八五

印刷・製本――萩原印刷

ISBN978-4-624-60112-6 C0095

（消費税別）

仲里効著
フォトネシア

〔眼の回帰線・沖縄〕比嘉康雄、比嘉豊光、平敷兼七、平良孝七、東松照明、中平卓馬の南島への熱きまなざしを通して、激動の戦後沖縄を問う。沖縄発の初めての本格的写真家論。　二六〇〇円

仲里効著
オキナワ、イメージの縁（エッジ）

森口豁、笠原和夫、大島渚、東陽一、今村昌平、高嶺剛の映像やテキスト等を媒介に、沖縄の戦後的な抵抗のありようを鮮やかに描き出す〈反復帰〉の精神譜。　二二〇〇円

西谷修・仲里効編
沖縄／暴力論

琉球処分、「集団自決」、「日本復帰」、そして観光事業、経済開発、大江・岩波裁判……。沖縄と本土との境界線で軋みつづける「暴力」を読み解く緊張を孕む白熱した議論。現代暴力批判論。　二四〇〇円

岡本恵徳著
「沖縄」に生きる思想

〔岡本恵徳批評集〕記憶の命脈を再発見する――。近現代沖縄文学研究者にして、運動の現場から発信し続けた思想家・岡本恵徳の半世紀にわたる思考の軌跡をたどる単行本未収録批評集。二六〇〇円

上村忠男編
沖縄の記憶／日本の歴史

近代日本における国民的アイデンティティ形成の過程において「沖縄」「琉球」の記憶＝イメージがどのように動員されたのか、ウチナーとヤマトの論者十二名が徹底的に論じる。　二二〇〇円

喜納昌吉著
沖縄の自己決定権

〔地球の涙に虹がかかるまで〕迷走する普天間基地移設問題に「平和の哲学」をもって挑みつづける氏が、沖縄独立をも視野に入れ、国連を中心とする人類共生のヴィジョンを訴える。　一四〇〇円